公共政策正向排斥：
理论建构与中国经验

Positive Exclusion of Public Policy:
Theoretical Construction and Chinese Experience

钟裕民　著

中国社会科学出版社

图书在版编目（CIP）数据

公共政策正向排斥：理论建构与中国经验 / 钟裕民著. -- 北京：中国社会科学出版社，2024.12. -- （中国社会科学博士后文库）. -- ISBN 978-7-5227-4262-5

Ⅰ. D601

中国国家版本馆 CIP 数据核字第 2024HT7717 号

出 版 人	赵剑英
责任编辑	范娟荣
责任校对	刘　娟
责任印制	李寡寡

出　　版	中国社会科学出版社
社　　址	北京鼓楼西大街甲 158 号
邮　　编	100720
网　　址	http://www.csspw.cn
发 行 部	010-84083685
门 市 部	010-84029450
经　　销	新华书店及其他书店

印　　刷	北京君升印刷有限公司
装　　订	廊坊市广阳区广增装订厂
版　　次	2024 年 12 月第 1 版
印　　次	2024 年 12 月第 1 次印刷

开　　本	710×1000　1/16
印　　张	20.25
字　　数	343 千字
定　　价	108.00 元

凡购买中国社会科学出版社图书，如有质量问题请与本社营销中心联系调换
电话：010-84083683
版权所有　侵权必究

第十一批《中国社会科学博士后文库》编委会及编辑部成员名单

（一）编委会

主　任：赵　芮

副主任：柯文俊　胡　滨　沈水生

秘书长：王　霄

成　员（按姓氏笔画排序）：

卜宪群　丁国旗　王立胜　王利民　王　茵
史　丹　冯仲平　邢广程　刘　健　刘玉宏
孙壮志　李正华　李向阳　李雪松　李新烽
杨世伟　杨伯江　杨艳秋　何德旭　辛向阳
张　翼　张永生　张宇燕　张伯江　张政文
张冠梓　张晓晶　陈光金　陈星灿　金民卿
郑筱筠　赵天晓　赵剑英　胡正荣　都　阳
莫纪宏　柴　瑜　倪　峰　程　巍　樊建新
魏后凯

（二）编辑部

主　任：李洪雷

副主任：赫　更　葛吉艳　王若阳

成　员（按姓氏笔画排序）：

杨　振　宋　娜　陈　莎　胡　奇　侯聪睿
贾　佳　柴　颖　焦永明　黎　元

《中国社会科学博士后文库》
出版说明

为繁荣发展中国哲学社会科学博士后事业，2012年，中国社会科学院和全国博士后管理委员会共同设立《中国社会科学博士后文库》（以下简称《文库》），旨在集中推出选题立意高、成果质量好、真正反映当前我国哲学社会科学领域博士后研究最高水准的创新成果。

《文库》坚持创新导向，每年面向全国征集和评选代表哲学社会科学领域博士后最高学术水平的学术著作。凡入选《文库》成果，由中国社会科学院和全国博士后管理委员会全额资助出版；入选者同时获得全国博士后管理委员会颁发的"优秀博士后学术成果"证书。

作为高端学术平台，《文库》将坚持发挥优秀博士后科研成果和优秀博士后人才的引领示范作用，鼓励和支持广大博士后推出更多精品力作。

《中国社会科学博士后文库》编委会

摘　　要

公共政策是国家治理的核心工具，公共政策排斥是实施该核心工具的常用手段。为实现、增进和维护社会公正和促进公共生活良性运行的需要，国家有必要充分运用公共政策正向排斥这一重要手段：或是将不应当享受政策益处的社会成员、群体或区域排除在政策受益范围之外；或是否定、遏止、排斥某种不当价值、理念或行为。可见，公共政策正向排斥是公共政策排斥的应然属性，其本质是依据社会公正原则的价值分配方式。基于政治哲学角度，公共政策正向排斥应遵循必要性、合法性、合理性要求。

本书以公共政策正向排斥为研究对象，以公共政策正向排斥的理论构建与实践检视为主线，运用文献研究和案例研究相结合的研究方法，在阐释公共政策正向排斥概念体系的基础上，建构公共政策正向排斥的理论框架，实证考察公共政策正向排斥的中国实践，探究当下中国公共政策正向排斥的阻滞因素，提出推进公共政策正向排斥的具体路径与实践应用。

本书的研究发现主要有以下六点。(1) 排斥性是公共政策的本质属性，制定与执行一项公共政策，旨在或是把某些社会成员、群体或区域排斥在政策受益范围之外，或是否定、排斥某些社会成员的不当价值或不当行为。(2) 公共政策正向排斥应遵循必要性、合法性、合理性要求；但是，公共政策正向排斥又是相对的、历史的，因而，理解公共政策正向排斥的内涵要坚持相对主义与普遍主义相统一的方法论。(3) 公共政策正向排斥与政策供给之间具有很强的耦合性，基于政策供给角度，制度环境、社会网络、互动结构是公共政策正向排斥的主要阻滞因素，公共政策正向排斥的实施效果是政策前台的制度环境、政策后台的博弈格局和界面的互动结构共同作用的结果。(4)促进公共政策负向排斥到正向排斥转换，要从官僚体系变革、社会网络优化、外部环境建设、政府能力建设、决策行为制约等角度优化政策供给。(5)基于政策排斥的整体性分析框架，构建以制定保障性住房排斥标准、保障性住房的正向排斥管理、保障性住房的负向排斥治理及相关配套制度为内容的管理体系是优化中国保障性住房管理的根本路径。(6)实现社会公正要坚持遏制与治理政策负向排斥和积极推动政策正向排斥并行策略。

关键词：公共政策排斥；公共政策正向排斥；理论建构；中国经验

Abstract

Public policy is the core tool of national governance, and the public policy exclusion is a common means of implementing this core tool. In order to achieve, enhance and maintain social justice and promote the healthy operation of public life, it is necessary for the state to fully utilize the important means of the positive exclusion of public policy: or exclude social members, groups or regions who should not enjoy policy benefits from the scope of policy benefits; or deny, restrain, or reject certain inappropriate values, ideas, or behaviors. It can be seen that the positive exclusion of public policy is a natural attribute of public policy exclusion, and the essence of the positive exclusion of public policy is the value distribution based on the principle of social justice. From the perspective of political philosophy, the positive exclusion of public policy should follow the requirements of necessity, legitimacy, and rationality.

This book takes the positive exclusion of public policy as the research object, with the theoretical construction and practical examination of the positive exclusion of public policy as the main line. Following the overall idea of "defining the conceptual system-examining China's practice-constructing an analytical framework-examining blocking factors-proposing implementation paths-verifying theoretical applications", using a combination of literature research and case studies, based on the explanation of the conceptual system of positive exclusion of public policy, constructing the theoretical framework of positive exclusion of public policy, empirically examining the Chinese practice of positive exclusion of public policy, exploring the blocking factors of positive exclusion of public policy in China, proposing specific paths to promote the transformation from negative exclusion to positive exclusion of policy, and exploring the practical application of the theoretical framework of positive exclusion of public policy in the management of affordable housing.

The research findings of this book mainly include the following six points. (1) Exclusion is an essential attribute of the public policy. The formulation and implementation of a public policy aims to exclude certain members, groups, or regions from the scope of policy benefits, or deny or exclude inappropriate values or behaviors of certain members of society. (2) The positive exclusion of public policy should follow the requirements of necessity, legality, and rationality; However, The positive exclusion of public policy is relative and historical, therefore, understanding the connotation of positive exclusion of public policy requires adhering to the methodology of relativism and universalism. (3) There is a strong coupling property between the positive exclusion of public policy and policy supply. From the perspective of policy supply, institutional environment, social network, and interactive structure are the main obstacles to the positive exclusion of public policy. The implementation effect of positive exclusion of public policy is the result of the joint action of the institutional environment in the policy front, the game pattern in the policy back, and the interactive structure at the interface. (4) To promote the transition from negative exclusion to positive exclusion in public policies, It is necessary to optimize policy supply from the perspectives of bureaucratic system reform, social network optimization, external environment construction, government capacity building, and decision-making behavior constraints. (5) The fundamental path to optimizing the management of affordable housing in China is to establish a comprehensive analysis framework based on policy exclusion, which includes the development of exclusion standards for affordable housing, positive exclusion management for affordable housing, negative exclusion governance for affordable housing, and related supporting systems. (6) To achieve social justice, we must adhere to a parallel strategy of containing and governing negative exclusion policy and actively promoting positive exclusion policy.

Key Words: Public Policy Exclusion; Positive Exclusion of Public Policy; The Oretical Construction ; Chinese Experience

引　言

在社会学视野中，排斥常常指个体或群体所遭受的不利状况。然而，这种研究取向中的"排斥"观念却偏离了"排斥"一词的本义，因为"排斥"既可以指排除好的物品或某一物品好的部分而带来不良的结果；也可以指排除坏的物品或某一物品坏的部分而带来良性的结果。从公共政策角度看，排斥的中性意蕴（即排斥性）正是揭示了政策的本质，即在资源稀缺的条件下，作为社会资源重要分配主体的政府，不可能对所有社会成员的利益要求予以满足，这就需要政府运用政策手段将部分社会成员或群体排除在政策利益范围之外，以更好地实现政府的执政目标。如何把不应得到政策利益的个人与群体排斥出政策受益范围，如何有效排斥不当行为、不当观念以促进公共生活的良性运行，理应成为公共政策排斥的重要议题，因此，从公共政策视角来研究排斥问题，具有重要的学术价值和实践价值。

公共政策是国家治理的核心工具，公共政策排斥是实施该核心工具的常用手段。在资源稀缺的条件下，为实现、增进和维护社会公正和促进公共生活良性运行的需要，国家有必要充分运用公共政策正向排斥这一重要手段：或是将不应当享受政策益处的社会成员、群体或区域排除在政策受益范围之外；或是否定、遏止、排斥某种的不当价值、理念或行为。可见，公共政策正向排斥是公共政策排斥的应然属性，其本质是依据社会公正原则的价值分配方式。公共政策正向排斥是具备必要的、合理的、合法的政策排斥。推动公共政策正向排斥，对于实现、增进和维护社会公正和促进社会文明进步具有重要意义。

如下原因决定了发挥公共政策正向排斥功能是必要的。

其一，资源稀缺性。由于社会资源的稀缺性，作为社会价值分配主体的政府不可能对所有社会成员的利益和利益要求予以满足，这就需要政府运用政策对不同社会成员或群体的利益和利益要求进行区分和选择,以协调不同社会成员或群体之间的利益矛盾或冲突。

其二,社会的复杂性。随着全球化、信息化和网络化时代的到来,在西方新自由主义思潮影响下,个人主义、利己主义、享受主义、拜金主义等不良价值观日益侵蚀着大众生活,而传统社会遗留下来的官僚主义、形式主义、宗派主义依然根深蒂固。在复杂社会条件下,迫切需要政府为主的公共机构在区分"正当价值"和"不当价值"的基础上,将社会生活中的不当价值和不当行为纳入政策的排斥范围,以促进社会公共生活的良性运行和经济社会的健康发展。

其三,政策受众需求的增长变化。马斯洛认为人的需求包括五个层次:生理需求、安全需求、社交需求、尊重需求及自我实现需求。马斯洛的需求层次论说明了人类需求的内在性与递增性,虽然这种递增性并不一定是循序逐级上升的。在政策受众需求的增长变化和政府能力有限的悖论面前,需要政府运用政策手段限制或排斥民众的不合理需求,以期能更加有效地利用有限的社会资源满足民众的合理需求,不断满足人们对美好生活的向往。

充分发挥公共政策的正向排斥功能是政府的应尽职责,也是政府存在的重要理由。

首先,充分发挥公共政策的利益排斥功能,实现最适当的利益诉求者在国家所主导的价值框架下"得其所应得"。譬如,基于解决困难群体住房问题的需要,政策主导者可依据收入、财富或能力等排斥基准,建立以优势人群或特定对象为目标的政策排斥清单,确立不应当享受政策利益的个人、群体、阶层、地区的范围,把已获得较丰裕收益者、竞争能力较强者排斥出国家相关政策扶助的范畴。

其次,充分发挥公共政策的行为排斥功能,实现社会有机体健康发展和社会文明进步。为了防范与遏止某些社会成员损及公共利益或他人利益,公共政策应明确把不当行为纳入排斥范围。一是,促进社会文明进步是公共政策的应然目标,因而,所有那些与现代文明相悖的行为,都应列入公共政策排斥的范围。二是,促进国家或地方经济发展是公共政策的应然使命,因而,要把那些不当的企业行为(如落后产能、落后的生产方式、落后的管理模式等)有序纳入公共政策排斥的范围。三是,维护公共安全和公共环境卫生也是公共政策所应致力的目标,那么,所有危害公共再次，充分发挥公共政策的价值排斥功能，保障国家的文化安全和长治久安。价值观作为社会意识系统的有机组成部分，是一定国家、社会的价值信仰、理想、标准和规范，是决定国家等社会共同体发展方向的最深层次要素。如果一个国家崇尚的是先进的价值观，那么，这个国家必将永葆青春和活力，永葆健康发展；反之，这个国家必将被历史淘汰。发挥公共政策的价值排斥功能，一方面要牢固确立马克思主义在意识形态领域中的指导地位，把反马克思主义的错误思潮明确纳入政策批判范围。另一方面，坚决摒弃与社会主义核心价值观相悖的价值理念。要广泛弘扬中华优秀传统文化，坚决摒弃迷信、愚昧、颓废、庸俗等色彩的文化糟粕。

学界对政策排斥相关主题的研究主要呈现两条路径：一是社会学路径。西方学界对排斥性的研究集中于社会排斥性。西方学者普遍认为，政策因素是社会排斥产生的主要归因（Rodgers，1995；Littlewood & Herkommer，1999；Gore，1995；Kabeer，1999；Joan Subirats，2003），但这种研究取向仅从社会政策的角度来研究排斥性问题，而没有从公共政策的层面审视问题，更没有提出公共政策排斥性问题。二是政治学路径。美国著名政治学家、政治行为主义倡导人戴维·伊斯顿（David Easton）从政治学视角深刻论述了公共政策排斥的本质："一项政策的实质在于通过那项政策不让一部分人享有某些东西而允许另一部分人占有它们"（David Easton，1953）。这一研究路径的相关主题主要有"政策性排斥"（[美]戴维·波普诺，1999；唐钧，2002；彭新万，2007；周湘斌，2004；李保平，2008）、"制度排斥"（吴军、刘小珍，2009；周玉，2006）、"制度歧视"（仁喜荣，2007）、政策负排斥（黄健荣、钟裕民，2015），他们的论述在一定程度上指出了政策的排斥作用，特别是黄健荣、钟裕民已经对政策的正向与负向排斥作出了区分，并对政策负排斥进行了系统的研究，但是，对于政策正向排斥的研究还比较薄弱，对于政策正向排斥的概念、内涵、本质、标准、实现路径、实践应用等尚需进一步研究。公共政策正向排斥是公共政策排斥研究的一个新的学术空间。

基于以上认识，本书以公共政策正向排斥为研究对象，以公共政策正向排斥的理论构建与实践检视为主线，按照"厘定概念体系—考察中国实践—建构分析框架—透视阻滞因素—提出实现路径—验证理论应用"的总体思路，运用文献研究和案例研究相结合的研究方法，在阐释公共政策正向排斥概念体系的基础上，建构公共政策正向排斥的理论框架，实证考察公共政策正向排斥的中国实践，探究当下中国公共政策正向排斥的阻滞因素，提出促进政策负排斥到正排斥转换的具体路径，探索公共政策正向排斥理论框架在保障性住房管理中的实践应用。

本书主要研究如下内容。

1. 主要内容一：建构公共政策正向排斥理论框架

这部分主要研究"是什么"的问题。一是在研究排斥概念和政策功能的基础上系统阐析政策排斥性的概念，在阐释公共政策负排斥的基础上，揭示公共政策正向排斥的概念、内涵，进而从公共政策视角揭示了公共政策正向排斥的初步分析框架；二是揭示公共政策正向排斥是公共政策排斥的应然属性，其本质是一种符合公正原则的社会价值分配方式，具体体现为：或是不应当享受政策益处的社会成员、群体或区域排除在政策受益范围之外；或是否定、遏止、排斥某种的不当价值、理念或行为；三是揭示必要性、合法性、合理性是公共政策正向排斥的基本标准和实施路向，公共政策正向排斥应遵循必要性、合法性、合理性要求。

2. 主要内容二：当下中国公共政策正向排斥的实践

这部分主要研究"怎么样"的问题。一方面，通过文献分析、个案分析等研究方法，对当下中国推动公共政策正向排斥的主要领域、主要做法进行比较研究，总结当下中国推动公共政策正向排斥的基本模式与主要特点。另一方面，以公共政策正向排斥分析框架对当下中国推动公共政策正向排斥的主要做法进行评估，梳理当下中国推动公共政策正向排斥的主要经验，总结公共政策正向排斥的中国范式。

3. 主要内容三：检视公共政策正向排斥的阻滞因素

这部分主要研究"为什么"的问题。一方面，通过对中国新医改方案决策过程的案例研究发现，当下中国公共政策过程是官僚体系层面（政策前台）的制度环境、社会网络层面（政策后台）的博弈格局和两者界面的互动结构共同作用的过程。这种双层互动决策分析模型对研究公共政策正向排斥的影响机理与推进路径具有很强的适用性。另一方面，依据双层互动决策分析模型，公共政策正向排斥的实施效果是受政策前台的制度环境、政策后台的博弈格局和界面的互动结构的制约：在政策前台，体制转轨与行政型分权、功利主义决策价值取向、锦标赛式政治晋升机制、异体问责乏力的行政问责制等构成了阻滞公共政策正向排斥的制度环境；在政策后台，决策者的政策偏向、强弱群体之间的影响力差距及信息鸿沟、政策均衡的非中性等构成了阻滞公共政策正向排斥的社会网络因素；前后台的对话结构失衡、强弱群体利益实现程度不均衡、利益相关者参与决策的制度不健全、界面协商制度不完善更是阻隔了利益相关者特别是弱势群体在决策过程中的"发声"，从而阻滞公共政策正向排斥的实施。

4. 主要内容四：推进公共政策正向排斥的路径研究

这部分主要研究"怎么做"的问题。这部分旨在借鉴美国、英国、新加坡等若干典型国家或地区推动公共政策正向排斥有益经验的基础上，提出推动公共政策正向排斥须建构决策权力有效制衡、多元主体平等协商、官僚体系与社会网络有效互动的民主式公共政策供给模式：一是强化决策权力制衡；二是促进多元协作；三是改善互动环境与技术；四是提升政府决策能力；五是遏止决策异化。

5. 主要内容五：政策排斥分析框架在保障性住房管理中的应用研究

这部分主要验证"理论的适用性"的问题。研究认为，传统的保障性住房政策主要着眼于"谁应得到保障性住房"，而对"谁不应得到"和"谁没有得到"这两个问题关注不够，大大降低了保障性住房管理的有效性。基于"谁不应得到"和"谁没有得到"双重视角出发，建构政策排斥的整体性分析框架，对于分析中国保障性住房管理问题具有很强的适用性。运用此分析框架，构建以制定保障性住房排斥标准、保障性住房的正排斥管理、保障性住房的负排斥治理及相关配套制度为内容的管理体系是优化中国保障性住房管理的根本路径。

本书的研究力争实现如下目标。

1. 建构公共政策正向排斥理论框架。在阐析政策排斥与传统相似分析框架的基础上，揭示公共政策正向排斥的本质、内涵与推进路向，确立公共政策正向排斥理论框架。

2. 总结公共政策正向排斥的中国经验。以外贸负面清单、师德负面清单、市场准入负面清单为例，系统总结当下中国公共政策正向排斥的基本经验。

3. 探究当代中国公共政策正向排斥的阻滞因素。以双层政策供给模型为分析框架，从官僚层面、社会网络层面、治理界面三个层面透析"公共政策正向排斥"的阻滞因素，为推进公共政策正向排斥提供理论和实践基础。

4. 提出公共政策正向排斥的优化设想。以双层政策供给模型为分析框架，提出推进公共政策正向排斥的根本路径——民主式公共政策供给模式。一是推进公共政策正向排斥之官僚体系变革；二是推进公共政策正向排斥之社会网络优化；三是营造正向排斥政策运行的良好环境；四是推进公共政策正向排斥之政府能力建设；五是推进公共政策正向排斥之决策行为制约。

为了给社会公正问题寻求另一种分析视角，本书致力于建构政策排斥的基本分析框架。这一分析框架的研究假设尽可能耦合现代社会关系的事实，它的方法机理也尽可能反映社会的真实运行机制，同时也尽可能界定分析内容的理论边界，期望对政策排斥学的整体建构具有一定的参考价值。但是，然而限于篇幅的限制以及本人知识结构和学力的局限，这个分析框架仍然是属于一种粗线条的研究，很多方面亟待进一步深挖穷究，这也是本文下一步努力的方向。（1）本书研究偏向于理论分析框架的建构及对总体现状的宏观分析，而对某一具体政策排斥研究还很不够，比如个人所得税、教育公平、住房公积金、养老保险等具体政策的正向排斥经验研究，深入开展这些具体问题的研究是学生下一步的重要工作。另外，对不同政策类型的正向排斥研究也尚缺乏，实际上，不同的政策类型有着不同的排斥特点，如政治领域的公共政策、经济领域的公共政策、社会领域的公共政策具有不同的供给特点，分配型政策、再分配型政策、管制型政策、构成型政策也有不同的政策目标，其排斥机理也有所不同，本文所探究的排斥机理难以适用于每一种政策类型，开展政策类型视角下政策正向排斥机理的研究也是未来努力的方向。（2）由于专业与学识上的局限，关于公共政策排斥的基本理论和规律的研究还需进一步深入。（3）在资料收集上，由于官方政策供给过程的封闭性，无法接触到大量未解密的决策信息资料，同时由于精力、财力和学力的限制，无法取得大量的实证资料，文中采用的实证资料、统计数据、案例分析大多数来源于间接的途径，实证资料的缺憾尚需日后加以完善。

目　　录

导　论 ·· (1)
　一　研究缘起与研究意义 ··· (1)
　二　研究文献述评 ··· (6)
　三　研究假设、研究命题与方法体系 ·· (31)
　四　研究内容及主要创新 ·· (36)

第一章　公共政策正向排斥的概念体系与
　　　　　理论阐释 ·· (39)
　第一节　公共政策排斥性 ·· (39)
　第二节　公共政策正向排斥：命题再现 ···································· (46)
　第三节　公共政策正向排斥的应然性 ······································· (56)
　第四节　公共政策负向排斥：命题再阐释 ································· (67)

第二章　公共政策正向排斥的中国实践 ······································· (81)
　第一节　外贸负面清单管理：以上海
　　　　　自由贸易试验区为例 ··· (81)
　第二节　高校师德师风负面清单管理的
　　　　　主要实践 ··· (92)
　第三节　市场准入负面清单的具体实践 ································· (102)
　第四节　中国公共政策正向排斥实践的
　　　　　基本经验 ·· (135)

第三章　公共政策正向排斥分析框架：双层
　　　　政策供给分析模型 …………………………………（142）
　第一节　双层政策供给分析模型的建构依据 ……………………（142）
　第二节　双层政策供给分析模型的分析框架 ……………………（153）
　第三节　政策供给过程的验证及其适用性 ………………………（163）

第四章　公共政策正向排斥的阻滞因素：
　　　　政策供给视界的阐释 ……………………………（174）
　第一节　阻滞公共政策正向排斥的前台镜像：
　　　　　制度环境因素 ……………………………………………（174）
　第二节　阻滞公共政策正向排斥的后台演绎：
　　　　　社会网络因素 ……………………………………………（184）
　第三节　阻滞政策正向排斥的前后台互动界面：
　　　　　互动结构因素 ……………………………………………（193）

第五章　优化政策供给：推进公共政策正向
　　　　排斥的根本路径 …………………………………（201）
　第一节　强化决策权力制衡：推进公共政策
　　　　　正向排斥之官僚体系变革 ………………………………（201）
　第二节　促进多元协作：推进公共政策正向排斥之
　　　　　社会网络优化 ……………………………………………（208）
　第三节　改善互动环境与技术：推进公共政策正向
　　　　　排斥之外部环境建设 ……………………………………（216）
　第四节　提升决策水平：推进公共政策正向排斥之
　　　　　政府能力建设 ……………………………………………（225）
　第五节　遏止决策异化：推进公共政策正向排斥之
　　　　　决策行为制约 ……………………………………………（230）

第六章　理论应用：构建保障性住房管理的
　　　　正向排斥政策体系 ………………………………（237）
　第一节　保障性住房管理的政策排斥分析框架 …………………（237）

第二节　基于政策排斥框架的保障性住房管理
　　　　政策检视 ·· (242)
第三节　构建保障性住房管理正向排斥政策
　　　　体系的主要路径 ·· (251)

**结语　负向排斥到正向排斥之间：公共政策
　　　排斥议题的研究空间** ·································· (258)
　一　基本结论 ··· (258)
　二　建构政策排斥学：公共政策排斥
　　　研究的理论空间 ··· (261)
　三　促进合法性与公共性的融合：公共
　　　政策正向排斥研究的实践指向 ······················· (265)

参考文献 ··· (269)

索　引 ··· (288)

后　记 ··· (291)

Contents

Introduction ·· (1)
1   Research Origin and Significance ······························ (1)
2   Review of Research Literature ································ (6)
3   Research Hypothesis, Research Proposition,
    and Methodology System ···································· (31)
4   Research Content and Main Innovations ······················ (36)

Chapter I   Conceptual System and Theoretical Interpretation
   of Public Policy Positive Exclusion ·························· (39)
Section 1   Exclusion of Public Policy ···························· (39)
Section 2   Public Policy Positive Exclusion: Proposition
   Reproduction ··· (46)
Section 3   The Necessity of Public Policy Positive Exclusion ······ (56)
Section 4   Negative Exclusion of Public Policy: Reinterpretation
   of The Proposition ·· (67)

Chapter II   Chinese Practice of Public Policy Positive
   Exclusion ·· (81)
Section 1   Foreign Trade "Negative List" Management:
   A Case Study of Shanghai Pilot Free Trade
   Zone ·· (81)
Section 2   Main Practice of "Negative List" Management
   of Teachers' Ethics and Style in Colleges
   and Universities ·· (92)

Section 3　Specific Practice of "Negative List" of Market
　　Access ………………………………………………………（102）
Section 4　The Basic Experience of Public Policy Positive
　　Exclusion in China ………………………………………（135）

Chapter Ⅲ　Analysis Framework of Public Policy Positive
　　Exclusion: A Two-Tier Policy Supply Analysis Model …………（142）
Section 1　Construction Basis of Two-tier Policy Supply
　　Analysis Model ……………………………………………（142）
Section 2　Analysis Framework of Two-tier Policy Supply
　　Analysis Model ……………………………………………（153）
Section 3　Verification and Applicability of Policy Supply
　　Process ……………………………………………………（163）

Chapter Ⅳ　Blocking Factors of Public Policy Positive
　　Exclusion: An Interpretation From the Perspective
　　of Policy Supply ……………………………………………（174）
Section 1　The Foreground Mirror Image of Blocking Public Policy
　　Positive Exclusion: Institutional Environmental
　　Factors ……………………………………………………（174）
Section 2　The Background Deduction of Blocking Public Policy
　　Positive Exclusion: Social Network Factors ………………（184）
Section 3　The Front and Back Stage Interaction Interface
　　of Blocking Policy Positive Exclusion:
　　Interactive Structural Factors ……………………………（193）

Chapter Ⅴ　Optimizing Policy Supply: the Fundamental Way
　　to Promote Public Policy Positive Exclusion ………………（201）
Section 1　Strengthening the Check and Balance of Decision-Making
　　Power: Promoting the Bureaucratic System Reform
　　of Public Policy Positive Exclusion ………………………（201）

Section 2 Promoting Pluralistic Cooperation: Promoting the
    Optimization of Social Networks with Positive Exclusion
    of Public Policies ·· (208)
Section 3 Improving Interactive Environment and Technology:
    Promoting the Construction of External Environment
    of Public Policy Positive Exclusion ····································· (216)
Section 4 Improving Decision-Making Level: Promoting
    Government Capacity-Building of Public Policy
    Positive Exclusion ·· (225)
Section 5 Curbing Decision Alienation: the Restriction of
    Decision-Making Behavior to Promote Public
    Policy Positive Exclusion ··· (230)

Chapter Ⅵ Theoretical Application: Constructing the Positive
    Exclusion Policy System of Indemnificatory Housing
    Management ··· (237)
Section 1 Policy Exclusion Analysis Framework of Affordable
    Housing Management ·· (237)
Section 2 Policy Review of Affordable Housing Management
    Based on Policy Exclusion Framework ······························ (242)
Section 3 The Main Path to Building a Positive Exclusion Policy
    System for the Management of Affordable Housing ········ (251)

Conclusion Between Negative Exclusion and Positive Exclusion:
    Research Space for Public Policy Exclusion Issues ············ (258)
1 Basic Conclusion ·· (258)
2 Constructing Policy Exclusion Studies: Public Policy Exclusion
    Theoretical Space of Research ··· (261)
3 Promoting the Integration of Legitimacy and Publicness:
    Publicness the Practical Direction of Policy Positive
    Exclusion Research ··· (265)

Bibliograghy ………………………………………………（269）

Index ………………………………………………………（288）

Acknowledgments ………………………………………（291）

导　　论

一　研究缘起与研究意义

（一）研究问题的提出

首先，本书之所以选择将公共政策正向排斥作为研究对象，是因为公共政策正向排斥可以成为公共政策排斥研究的理论增长点。在资源稀缺的条件下，政策分配的结果将是一部分人获得利益，另一部分人未获得利益；或者是一部分获得较多的利益，另一部分人获得较少的利益。那么，"究竟把利益分配给谁、按什么原则进行分配"或"把谁从利益获得中排除出去、按什么原则进行排斥"就成了政府制定公共政策应考量的首要问题。因此，政策排斥是公共政策研究的一个重要纬度。近十多年来，中国一些学者就公共政策负向排斥的概念、本质、类型、形成机理及其治理路径进行了较为系统的研究，公共政策负向排斥已经成为中国公共政策研究一个重要议题。但是，作为公共政策排斥的应然向度，公共政策正向排斥的概念、内涵、本质、模式及阻滞因素、推进路径都应更深入地研究，公共政策正向排斥可以成为研究公共政策排斥研究的新增长点。

其次，本书之所以选择将公共政策正向排斥作为研究对象，是因为促进公共政策负向排斥向公共政策正向排斥转化是实现社会公正的实践路径。改革开放40多年来，围绕发展经济这条主线，中国政府制定和实施了一系列公共政策，使中国发生了翻天覆地的变化。但是，与此伴随的是社会分化日益突出，利益关系日益复杂，由此带来的社会风险也在日益增大。而其中基础性和深层次的风险就是来自社会发展成果分配不公所引发的一系列社会不公平现象：起点、机会的不公平，底层人群上升渠道受阻，贫富差距进一步扩大，官民权利差距进一步拉大等。那么，什么原因导致了这些社会不公平现象呢？我们认为，最根本的原因是公共政策负向排斥，即公共政策偏离了其应具备的公正价值目标，致使某些社会成员或社会群体不能公平享受某种权利和社会机会而走向社会边缘化的状态，"当制度机制系统化地拒绝对某些群体提供资源和认可，使之不能完全参与社会生活时，就会导致社会排斥。"[①] 比如，户籍政策、房贷政策、廉租房政策、大学招生政策、就业歧视政策、城市农民工子女入学政策等，导致某些社会成员的社会权利或政治权利或经济权利等未能得到公平有效的实现，形成强势利益群体与弱势群体之间政治、经济、社会权利严重失衡，以至于有些社会成员未能享受到社会的发展成果，甚至造成其进一步陷入贫困、机会不足和权利缺乏的境地。公共政策负向排斥不仅加深了贫富分化、阶层分化，而且给社会和谐带来了巨大挑战。因此，在当下中国，实现社会公正与和谐，必须从防范、遏制公共政策负向排斥入手，促进公共政策正排斥。

最后，本书之所以以政策供给视角来研究公共政策正向排斥问题，是因为政策供给是推进公共政策正向排斥的基础环节。从学理上分析，政策过程可分为政策制定、政策执行、政策评估、政策终结等环节。公共政策排斥就是政策主导者在政策形成、实施、评估、调整等各环节把被排斥对象的利益诉求排斥出去的过程。政策过程中的每个环节都可能影响公共政策排斥的性质与结果。比如，在政策供给环节中，政府基于公正理念，制定合乎公正的公共政策，将有利于推动公共政策正向排斥的结果。反之，如果强势利益群体把持了政策供给权力，那么可能导致具有负向排斥性公共政策的出台，从而导向政策负向排斥的结果。当然，公共政策正向排斥之结果还需要公正的政策执行和政策评估等机制来保障，如果政策执行部门对好的政策阳奉阴违，那么，也可能导致公共政策偏离正向排斥的轨道，导致公共政策负向排斥的产生。从过程角度看，政策供给环节是基础性环节，也是决定性环节。政策供给"失灵"是公共政策正排斥偏离产生的基础性原因，如果出台的政策本身就是一项缺乏公正的政策，那么政策

[①] 石彤：《中国社会转型时期的社会排挤——以国企下岗女工为视角》，北京大学出版社2004年版，第27页。

执行等后续环节将难以避免走向负向排斥的结果。因此，推进公共政策正向应首先从政策供给环节着手，建构利益相关方平等参与决策的决策平台，从政策供给的体制与机制上最大程度地保障弱势群体的政策参与权和政策思想库的建议权，增强公共政策的正当性和包容性，从而有效促进公共政策正向排斥。

（二）研究的理论价值

在资源稀缺的条件下，人们总是希望获得较大的利益份额，因此各利益群体或个体之间难免产生利益冲突。如果这些冲突激化，就会产生社会的不稳定。为减少社会成员之间的利益摩擦，就需要政府用政策来调整现实的利益关系。正如恩格斯所言："政治权力不过是用来实现经济利益的手段。"[①] 现实中，这种政策分配或调整的结果将是一部分人获得利益，另一部分人未获得利益；或者是一部分获得较多的利益，另一部分人获得较少的利益。那么，"究竟把利益分配给谁、按什么原则进行分配"或"把谁从利益获得中排除出去、按什么原则进行排斥"就成了政府制定公共政策应考量的首要问题。因此，政策排斥是公共政策研究的一个重要纬度，而且，政策排斥将关注对象直接指向利益受损对象，更有助于我们考察公共政策价值分配的公正性问题。

研究公共政策排斥性是探索一个新的学术论域，国内外学界尚无文献系统论及此议题。公共政策之排斥性，既是一项政策对政策受众的区分，也是一项政策对价值取向的选择。这是公共政策的基本属性。学界对政策排斥相关主题的研究主要呈现两条路径：一是社会学路径。西方学界对排斥性的研究集中于社会排斥性。西方学者普遍认为，政策因素是社会排斥产生的主要归因，但这种研究取向仅从社会政策的角度来研究排斥性问题，而没有从公共政策的层面审视问题，更没有提出公共政策排斥性问题。二是政治学路径。美国著名政治学家、政治行为主义倡导人戴维·伊斯顿从政治学视角深刻论述了公共政策排斥的本质："一项政策的实质在于通过那项政策不让一部分人享有某些东西而允许另一部分人占有它们"。这一研究路径的相关主题主要有"政策性排斥""制度排斥""制度歧

---

① 《马克思恩格斯选集》第四卷，人民出版社2012年版，第257页。

视"。他们的论述虽然在一定程度上指出了政策的排斥作用，但没有建构政策排斥性概念，更没有对政策的正向与负向排斥作出区分。可见，公共政策排斥是公共政策研究的一个新的学术论域。

一方面，与传统政策研究的"分配"话语体系不同，政策排斥分析框架把研究对象转向被排斥对象，研究被排斥对象是在哪一个环节、被什么方式排斥出去的，排斥的原则和程序是否公正，等等。本研究尝试研究政策排斥这一理论与现实问题，这本身便是对公共政策研究领域更深更广层次的拓展。另一方面，本研究认为，推进公共政策正向排斥是政府的应有之义，虽然，理论界和实践界都对负面清单制度等正向排斥议题已有探讨，但还未上升到理论层面，尚未建立有效的理论框架进行有力地解释，公共政策正向排斥作为对该议题的一种解释视角，不管是在理论的解释力上，还是在实践的应用性上，都应进行深入的研究。据此，构建能适应现实需要的公共政策正向排斥理论框架，研究公共政策排斥的应然模式，探索推进当下中国公共政策正向排斥的具体路径，不仅为政策排斥研究提出了一个新的视角，也为公共政策研究提出了一个全新的研究课题。

（三）研究的现实意义

首先，有助于推动理论界和实践界把目光更多地投向被排斥群体。公共政策排斥分析框架把人们的关注点转向被排斥对象，即被排斥群体正当权利是否缺失的问题。第二次世界大战（简称"二战"）后兴起的政策科学所建构的理论体系致力于探讨"谁获得、如何获得"的问题，而对于政策性排斥的核心问题——即谁没有得到，为什么没有得到，却显然疏于关注。与传统政策研究强调"谁得到"的话语体系不同，公共政策排斥分析概念反其道而行之，从"谁失去"的话语体系进行研究。公共政策排斥分析框架对被排斥一方权利的关注有助于推动公共政策朝着公平正义方向转变：公共政策伦理价值必须从功利向公正转变，实现由效率导向转变为公平与效率并重，更加注重保护弱势群体的正当利益。[①]

其次，有助于促进政府从经济政策管理转向社会政策管理。1978年以

---

① 崔浩：《功利主义价值取向的公共政策及其实践反思》，《浙江社会科学》2009年第4期。

前的近30年间，中国社会奉行的政策纲领是"以阶级斗争为纲"。1978年以后，又走向了另一条轨道：一切都"以经济为纲"，似乎只要能把经济效益搞上去，其他一切问题都迎刃而解了。与之相适应，以追求经济增长为导向，以 GDP 为核心，高投资为手段，采用拼资源的投资驱动型经济增长模式，成为改革开放之后20多年的政策导向。王绍光认为，在这一时期，中国只有经济政策，没有社会政策。[①] 这种导向直接带来了贫富差距扩大和社会不公平加剧，对社会和谐构成了巨大的挑战。公共政策排斥所重点关注的对象、领域（被排斥群体和社会领域）与社会政策关注的对象、领域不谋而合，正迎合了社会政策的关切，从而有助于推动政府从经济政策管理转向社会政策管理。正如迈克尔·希尔（Michael Hill）所说的那样，社会政策就是"影响公共福利的国家行为。"[②] 王思斌从与公共政策相区别的角度揭示了社会政策的特别关切，"社会政策可以被视为公共政策的组成部分，但是，与公共政策一般强调公共利益不同，社会政策更主要的是强调保护困难群体的利益，改善他们的生存状况，使其共享社会进步的成果"[③]。这种转向有助于促进政府把重心转移到民生领域，转移到维护社会公平正义上来。

最后，有助于强化政府的根本使命：推动公共政策正向排斥。确立政策排斥分析框架的根本目的在于，其在有效区分政策正排斥与政策负向排斥的基础上，加大对政策负向排斥的遏制与治理，力促政策负向排斥转化为政策正排斥，实现社会公正与和谐。公共政策排斥的社会政策导向直接把政府的目光引向对社会问题的关注，推动社会问题转变为政策问题，这将有助于强化政府对自身使命的认知，促进社会问题的解决，从而有效促进政策负向排斥向正排斥的转化。同时，推动公共政策正向排斥强调通过公平公正的政策设计和执行，使本来应当同等受惠于某项或某些政策的个人、阶层或群体不被排斥于政策受益范围，使每个人都能公正地获得某种权利或社会机会，促进社会各群体共享社会发展成果，实现社会公平正义。

---

① 王绍光：《从经济政策到社会政策：中国公共政策格局的历史性转变》，载《中国公共政策评论》第1卷，上海人民出版社2007年版，第22页。
② Hill, M., *Understanding Social Policy*, London: Blackwell Publishing, 2003, p. 3.
③ 王思斌：《中国正在走向社会政策时代》，《北京日报》2005年4月12日。

二 研究文献述评

虽然国内外学界没有提出政策排斥的概念，但作为研究社会排斥的一个分支，关于政策性社会排斥相关问题的研究一直都是社会学家积极探讨社会不平等问题的一个重要视角。

（一）国外相关研究

近几十年来，"社会排斥"作为一个具有较为确定意涵的学术术语，已经成为西方学者探索解决社会问题的新理论和新方法（见表1），并在欧盟委员会等官方机构的推动下，逐渐成为国际社会科学领域的一种研究潮流。自从20世纪70年代法国学者勒内·勒努瓦（Rene Lenoir）在《被排斥群体：法国的十分之一人口》一书中提出社会排斥概念以来，西方学界逐渐建构了"制度性社会排斥""政策性社会排斥"等概念来阐释公共政策对社会排斥的影响。在西方学者看来，社会排斥的成因主要有个人责任引发型、社会结构诱致型、公共政策影响型三类。公共政策作为影响社会问题的关键变量，自然成为西方学术界解释社会排斥成因的最重要视角。譬如，托德曼认为，社会排斥从本质上说是由制度性和结构性因素造成的，如人口流动、经济结构调整、歧视和公共政策[①]；戈登等通过对英国贫穷和社会排斥做大型调查后指出，公共政策影响社会排斥是多方面的，包括人们的收入、失业、消费、金融借贷、住房、健康、教育等[②]。根据西方学者的研究，社会排斥的形成蕴含着经济结构、人口、金融、住房、卫生健康等公共政策的作用逻辑，这种关系的紧密性可以使我们把社会排斥与公共政策的研究放在一起进行讨论，探讨它们互动的机制和过

[①] L. Todman, *Reflections on Social Exclusion：What is it? How is it Different U. S. Conceptualisations of Disadvantage? And, Why Might Americans Consider Integrating It Into U. S. Social Policy Discourse?* Italy：Social Policy Discourse, 2004, pp. 7 – 8.

[②] D. Gordon, et al., *Poverty and Social Exclusion in Britain*, York：Joseph Rowntree Foundation, 2000, pp. 68 – 70.

程。可见，社会排斥的成因不能只孤立地分析诸如社会网络和自身因素等社会根源，而是要重点考察公共政策对社会排斥的发生、发展以及结果的影响机理，从而揭示社会排斥的国家面向。正如有学者指出，需要专门研究新的公共政策对社会公平的不同影响，以便更好地了解这些变化对已经处于不利地位和边缘化的群体的影响①。通过对数据库的梳理和总结，围绕"公共政策如何制造社会排斥"这一核心议题，西方研究主要涉及三个方面：一是公共政策的权利分配差等化与社会排斥；二是公共政策的"社会机会封闭化"与社会排斥；三是公共政策的"能力塑造偏差化"与社会排斥。这三个方面成了国外学者研究公共政策对社会排斥影响的三个基本面向。国外关于公共政策对社会排斥的影响研究为后人更好地开展"社会排斥"等相关议题提供了研究基础和理论借鉴。

表1　以 Social Exclusion 等为检索词在各数据库中的检索结果　（单位：篇）

数据库	检索项	摘要	关键词	全文	文题
Cambridge Journals Online	Social Exclusion	681	73	121354	93
	Institutional Exclusion	3	0	75601	0
	Policical Exclusion	0	9	132863	0
EBSCOhost	Social Exclusion	22698	58976	126207	5685
	Institutional Exclusion	448	492	3593	42
	Policical Exclusion	1543	1717	13986	172
Wiley-Blackwell	Social Exclusion	13673	625	1642701	534
	Institutional Exclusion	2773	22	695487	72
	Policical Exclusion	1942	86	316497	444
Elsevier SDOL	Social Exclusion	—	212	256701	444
	Institutional Exclusion	—	3	310101	8
	Policical Exclusion	123	0	66332	25
Emerald	Social Exclusion	759	43	29000	98
	Institutional Exclusion	103	0	13000	3
	Policical Exclusion	123	0	18000	2

资料来源：根据1990—2023年文献检索所得总结。

---

① K. Lucas, A New Evolution For Transport-Related Social Exclusion Research? *Ournal of Transport Geography*, Vol. 81, 2019, pp. 73-75.

1. 公共政策的权利分配差等化与社会排斥

在西方主流学界看来，西方世界的社会排斥主要是施政者通过公共政策制造公民权利差等化导致的。阿拉森诺等就指出，如果我们在研究社会排斥中，没有意识到公民权利的意义，那么，讨论社会排斥的价值就要大打折扣。① 斯皮尔菲尔德则认为，歧视性政策、法律和行政措施是制造个人和集体身份权利差别、构建排他性公民身份、决定社会排斥类别的工具。② 在西方学者看来，权利分配差等化主要由两个机制促成，而权利分配差等化又将带来某些弱势群体或社会成员未能有效参与社会生活，甚至走向社会边缘化的后果。

（1）特权制造机制。"特权"指的是个人或集团凭借身份、政治、经济的优势地位在政治、经济、文化等领域所享有的特殊权利或权力。在西方的历史长河中，公共政策通过赋予贵族特权而形成权利差等化现象极为常见。在柏拉图那里，一个国家有三个组成部分：哲学家代表国家的理性，做统治者；军人代表着激情，从事保卫活动；生产者代表着欲望，从事粗鄙的生产活动。只要这三个等级各司其职、各守其序、各尽其责，国家的正义就能得到最好的保证。③ 在亚里士多德的眼中，统治者也是某些人的特权：有些人天生体质俊美，适合从事政治活动，适合当主人，但大多数人体质健壮却缺乏理智，适于劳役，天生适合当奴隶，奴隶接受主人的统治，既是有益的，也是正当的。④ 在古希腊的官员选拔政策中，官员是贵族的特权，奴隶和女性则不能获得政治职位。到了中世纪，以奥古斯丁、阿奎那为代表的神学家们用基督教神学来为特权的合理性进行辩护。奥古斯丁认为，奴隶要忠心地服从主人，"若是奴仆，就要服从于他们的主人，基督徒要服从于异教徒，善人要忠心地服侍恶人"。阿奎那也认为，在人类事务中，低级的人也必须按照自然法和神法所建立的秩序，服从地位比他们高的人，而这种等级秩序是神圣不可侵犯的，谁要是破坏这种秩序，便要受到上帝的惩罚。

即使到了18世纪的英国，议员仍然是有钱人的特权，1711年的英

---

① Saraceno & Walker, "The Importance of The Concept of Social Exclusion," *in beck, W., Maeson, L. V. D. &: Warker, A, eds., The Social Quality of Europe*, Bristol: Policy Press, 1997, p. 146.
② C. Sperfeldt, "Minorities and Statelessness: Social Exclusion and Citizenship in Cambodia," *International Journal on Minority and Group Rights*, Vol. 27, No. 1, 2020, pp. 94–120.
③ ［古希腊］柏拉图：《理想国》，郭斌和、张竹明译，商务印书馆1986年版，第154—157页。
④ ［古希腊］亚里士多德：《政治学》，吴寿彭译，商务印书馆1981年版，第16页。

国法律规定，郡议员必须每年土地收入在600镑以上，市镇议员每年不动产收入在300镑以上。1832年制定的《英格兰与威尔士人民代表法》虽降低了选民资产资格，但选举权只限于土地所有者和中产阶级，无产阶级和妇女仍无选举权。实际上，在西方很长一段时间，选举权都是有财产公民的特权，或者是男人的特权，例如，在美国，有财产男子有权在全国选举中投票的时间为1776年，而所有男子有权在全国选举中投票的时间为1830年，妇女有权在全国选举中投票的时间为1921年；在瑞士，有财产男子有权在全国选举中投票的时间为1848年，而所有男子有权在全国选举中投票的时间为1880年，妇女有权在全国选举中投票的时间为1971年；在荷兰，有财产男子有权在全国选举中投票的时间为1887年，而所有男子有权在全国选举中投票的时间为1917年，妇女有权在全国选举中投票的时间为1922年。① 1964年，美国宪法修正案第24条允许黑人参加各州基层和联邦选举，普选制似乎给了美国普通民众平等的选举权和被选举权，但是，西方研究揭示"需要耗费无数人力物力的'民主选举'，只能成为资产阶级相互角逐的游戏，普通人只能成为投票的看客"②。

在宣称崇尚文明的现代西方，特权现象也不鲜见。西方研究者发现，关于入学的小孩是不是贵族，也被英国的"伊顿公学"列入考虑要素。塞布洛通过对20世纪70年代初到2010年波特兰公立学校择校政策的研究发现，意识形态和市场工具使白人家长对种族排斥的偏好合法化，进而塑造有利于白人家庭享有教育特权的择校方案。③ 在美国，很长时间里，与黑人相比，白人似乎享有获得优质教育的特权。有学者对美国19个州的高等教育开展了一项关于消除种族隔离的研究，结果显示，"在20世纪90年代中期，只有仅9%的黑人学生能够有机会进入自己州的顶尖院校"④。

---

① [美]托马斯·雅诺斯基：《公民与文明社会》，柯雄译，辽宁教育出版社2000年版，第248—255页。
② [美]霍华德·津恩：《美国人民的历史》，上海人民出版社2000年版，第215页。
③ L. Serbulo, "The Kind of Things We've Heard Keep People in the District': White Racial Exclusion and the Evolution of School Choice Policies in Portland Public Schools," *Urban Studies*, Vol. 56, No. 15, 2019, pp. 3292–3307.
④ William A. Smith, Philip G. Altbach, Kofi Lomotey, *The Racial Crisis in American Higher Education: Continuing Challenges for the Twenty-first Century*, New York: State University of New York Press, 2002, pp. 77–99.

艾伦等人的研究也证明了这一现象，"肯定性运动以来，黑人进入顶尖学府的机会越来越少，而且减少的幅度不小"①。

（2）权利排除机制。除了赋予一部分人特权，公共政策还对某些人群合法权利进行剥夺而造成社会排斥的后果。19世纪以前的英国，妻子无独立占有和处分财产的权利，妇女结婚后，其婚前财产完全归丈夫支配，妇女应当以丈夫的住所为住所。与男人相比，妇女的经济和社会权利受到严重剥夺而导致其政治、经济、社会地位置于被从属的地位。近30年来，越来越多的西方学者关注了这一令人不满的社会排斥现象。洪朝辉就注意到公民权利遭受剥夺而导致的社会排斥问题，"穷人更多的是因为政策的原因使他们缺乏权利而遭到社会排斥"②。联合国开发署更是直截了当地指出，"社会排斥"是指"适当的保健、教育和其他非物质形式的福利等公民社会权利得不到承认，以及缺乏获得实现这些权利所必需的政治和法律渠道"③。

在西方学者看来，权利排斥贯穿政策过程的各个环节。有的学者认为，权利排斥发生于政策方案制定环节，希尔弗就指出，社会排斥是指"通过法律、制度、政策的明确规定，将一部分人排除在享有正常的社会权利之外"④来实现的。卡伯等从分类维度详细解释了政策本身内含的权利限制而导致的社会排斥效应：由政策造成人们参政权利缺失而引起的社会排斥可称为政治性政策排斥；由政策造成人们在获得劳动和生活资料的过程中遭受不公平待遇而引起的社会排斥可称为经济性政策排斥；由政策造成文化偏见而引起的社会排斥可称为文化性政策排斥；由政策导致人们

---

① Allen W. R., Teranishi R., Dinwiddie G., et al., "Kocking at Freedom's Door: Race, Equity and Affirmative Action in US Higher Education," *Journal of Public Health Policy*, Vol. 23, No. 4, 2002, pp. 440 – 452.
② ［美］洪朝辉：《论社会权利的"贫困"——中国城市贫困问题的根源与治理路径》，《当代中国研究》2002年第4期。
③ L. Todman, *Reflections on Social Exclusion: What is it? How is it Different U. S. Conceptualisations of Disadvantage? And, Why Might Americans Consider Integrating It Into U. S. Social Policy Discourse?* Italy: Social Policy Discourse, 2004, p. 6.
④ H. Silver, "Reconceptualizing Social Disadvantage: Three Paradigms of Social Exclusion," In Gerry Rodgers, Charles Gore and José B. Figueiredo eds., *Social Exclusion: Rhetoric, Reality and Responses*, Geneva: International Institute for Labour Studies, 1995, pp. 57 – 79.

社会权利缺失或社会关系破裂而形成的社会排斥可称为社会性政策排斥。①有的学者注意到了政策执行偏差导致的社会排斥。他们认为，即使有好的政策，但如果政策执行偏差也会造成公民权无法实现而形成社会排斥。如琼·苏比拉茨所言，"政策设计不合理是造成社会排斥的重要原因，但是，有时国家福利政策没有得到有效的执行也会导致公民权无法实现"②。卡伯也承认，政策"按既得利益群体要求进行运作，将使一些人的正当权益受到损害"③。

当然，绝大多数学者注意到的是政策直接制造权利不平等的现象，而阿马蒂亚·森认为政策制造权利不平等的过程可能是直接的，也可能是间接的。为此，他对政策导致的社会排斥进行了分类：有些政策甚至故意排斥一些人的权利而制造的社会排斥，可称为积极排斥；而由政策误伤造成某些人的权利被削弱而导致的社会排斥可称为消极排斥。④科丁顿注意到了无现金技术政策造成的社会排斥效应，他认为，支持无现金技术应用的金融政策将间接但永久地把那些公民身份不稳定的人排除国家支持范围。⑤

在权利分配差等化过程中，公共政策通过权利的赋予、变更来分配各种利益，实现对利益的调整。某些应当享受政策利益的被排斥群体因为应享权利得不到确认以及法定权利得不到实现，在各方利益博弈的场域中，通常处于劣势地位，利益得不到实现，未能有效参与社会生活，甚至走向社会边缘化状态。

2. 公共政策的"社会机会封闭化"与社会排斥

社会封闭就是政策主导者通过各种方式排除或限制其他人参与利益分配过程，保障自身已经获得的机会和利益。在公共管理生活中，进行社会

---

① N. Kabeer, "Social Exclusion, Poverty and Discrimination: Towards an Analytical Framework," *IDS bulletin*, Vol. 31, No. 4, 2000, pp. 83-97.

② Joan Subirats, "*Some Reflections on Social Exclusion and Public Policy Response: A Perspective from Spain*," Document Prepared for the Seminar on "Good Social Inclusion Practices: Dialogue between Europe and Latin America and the Caribbean," Milan, Italy, March 21-22, 2003. p. 3.

③ N. Kabeer, "Social Exclusion, Poverty and Discrimination: Towards an Analytical Framework," *IDS bulletin*, Vol. 31, No. 4, 2000, pp. 83-97.

④ ［印］阿马蒂亚·森：《论社会排斥》，王燕燕摘译，《经济社会体制比较》2005年第3期。

⑤ K. Coddington, "The Slow Violence of Life Without Cash: Borders, State Restrictions, and Exclusion in the UK and Australia," *Geographical Review*, Vol. 109, No. 4, 2019, pp. 527-543.

封闭是政策主导者常态化的管理手段。在社会封闭体系中，籍贯、出身、家世、身份、语言等要素常常成为获得某种社会机会的强大屏障或隔离带。正如利特尔伍德与赫科默所言，公共政策的"社会封闭"机制赋予强势阶层和群体共同的利益，而其他人则被排斥在外。① 西方学者发现，社会机会封闭化主要通过身份区隔、门槛设置两个机制来实现，而社会机会封闭化又将带来某些弱势群体或社会成员未能公平享受社会机会，最终形成阶层固化与逆淘汰的后果。

（1）身份区隔机制。马克斯·韦伯是较早研究社会身份区隔机制的学者。在20世纪60年代，韦伯就讨论了身份区隔的具体过程，在他看来，限制外部人获取教育、福利、住房等优质资源的渠道是维系既得利益群体利益的常见方式，"强势阶级和群体通过使用社会封闭手段限制外部人获取工作、优质的教育、好的福利救济、好的住房等资源的渠道，实现社会身份认同"②。韦伯在后期研究中进一步发现，婚姻、身份资格可以形成身份区隔，成为身份区隔的方式。③ 奈拉·卡伯直接把身份区隔与社会排斥联系在一起，他指出，当政策的"社会封闭"机制系统地限制某些群体获得社会资源和社会认可，使他们无法有效参与社会生活时，就会产生社会排斥。④ 卡伯还指出，政策运行可从社会封闭、政策偏见式动员和政策运行失控三个方面影响社会排斥。⑤ 近年来，随着研究的深入，研究者们发现，户籍、性别、教育模式、体育设施也能成为一种身份区隔的手段。王飞凌认为，一个人或群体所居住的地理空间将决定其权利多寡，进而决定其生活处境，中国的户口制度就是一种以"你居住在哪里"这种地理空间决定机制而制造的身份歧视。⑥ S. 科斯等注意到，荷

---

① P. Littlewood & S. Herkommer, "Identifying Social Exclusion: Some Problems of Meaning," In Paul Littlewood, et al., eds., *Social Exclusion in Europe*: Problems and Paradigms, Aldershot: Ashgate Publishing Limited, 1999, pp. 1 – 21.
② Max Weber, *Basic Concepts in Sociology*, New York: Philosophical Library, 1962, pp. 97 – 102.
③ [德] 马克斯·韦伯：《经济与社会》，林荣远译，商务印书馆1997年版，第72—75页。
④ N. Kabeer, "Social Exclusion, Poverty and Discrimination: Towards an Analytical Framework," *IDS bulletin*, Vol. 31, No. 4, 2000, pp. 84 – 86.
⑤ N. Kabeer, "Social Exclusion, Poverty and Discrimination: Towards an Analytical Framework," *IDS bulletin*, Vol. 31, No. 4, 2000, pp. 93 – 95.
⑥ Wang, Fei Ling, *Organizing Through Division and Exclusion*: China's Hukou System, California: Stanford University Press, 2005, pp. 25 – 86.

兰的地方政府通过将难民和移民排除在政府救济和工作机会之外的相关政策，来达到使其自愿离开的目的，但是，结果是进一步带来了难民和移民的贫穷和无家可归问题。① 博马蒂·托马斯等的研究也表明，移民妇女往往因性别、原籍国而导致健康不平等。② 佩雷拉·克里斯塔和佩德罗扎·胡安通过对西班牙的移民政策研究后认为，联邦、州和地方的法律和行政惯例通过限制移民获得医疗保险、现金援助、粮食援助和其他重要服务的权利和机会，进而导致移民的健康未能获得平等的保障。③ 还有研究表明，种族也能成为一种身份区隔的工具。美国的人口调查报告显示，2000年，黑人学生的高等教育入学比例为39%，白人为44%，两者有5%的差距，而对于拉美裔来说，这个差距拉到了惊人的23%。④

（2）门槛设置机制。为了占有社会权力、社会机会等各种社会资源，居主导地位的既得利益群体通过设置一系列门槛来维护、扩大和延续自身利益。在西方世界里，以财产、收入等为主的经济标准是获得某种权利和社会机会的最主要门槛。托尼就指出，遭受社会排斥的责任往往不在被排斥者本身，而可能是政府或公共机构设置的经济门槛，"人们可能因为金融机构的借贷门槛而不能获得信贷，也可能因为保险公司的入保门槛而受

---

① S. Kos, et al., "Policies of Exclusion and Practices of Inclusion: How Municipal Governments Negotiate Asylum Policies in the Netherlands, Territory Politics Governance," *Landscape Journal*, Vol. 21, No. 4, 2002, pp. 156–163.
　B. Julia & A. Matern, "Mobility and Social Exclusion in Peripheral Regions," *European Planning Studies*, 2019.
　A. Urbaniak & K. Walsh, "The Interrelationship Between Place and Critical Life Transitions in Later Life Social Exclusion: A Scoping Review," *Health & Place*, Vol. 60, 2019.
　T. Hall, et al., "Social Inclusion and Exclusion of People With Mental Illness in Timor Leste: A Qualitative Investigation with Multiple Stakeholders," *BMC Public Health*, Vol. 19, 2019.
　C. L. Navarro & G. M. Arce, "Revisiting the Concept of Social Exclusion: It's Relevance to Policies against Poverty in Latin America," *Revista Del clad Reformay Democracia*, No. 65, 2016, pp. 39–68.
　S. Kos, et al., "Policies of Exclusion and Practices of Inclusion: How Municipal Governments Negotiate Asylum Policies in the Netherlands," *Territory Politics Governance*, Vol. 4, No. 3, pp. 354–374.
② Bonmati-Tomas, et al., "Salutogenic Health Promotion Program For Migrant Women At Risk of Social Exclusion," *International Journal For Equity In Health*, 2019, Vol. 18, No. 1.
③ Perreira Krista and Pedroza Juan, "Policies of Exclusion: Implications For the Health of Immigrants and Their Children," *Annual Review of Public Health*, Vol. 40, 2019, pp. 147–166.
④ Brown M. C., *African American College Enrollment and Completion: A Decade of Progress. Still Not Equal Expanding Educational Opportunity in Society*, New York: Peter Lange, 2007. pp. 7–18.

到排斥"①。阿马蒂亚·森也注意到，在信贷政策中，某些人没有抵押物，无法利用信贷市场，对贷款人构成了工具性排斥。② 教育和住房领域是资本产生社会排斥效应的最常见领域。加里·奥菲尔德通过对20世纪70年代中期以来大洛杉矶地区学生入学经历的研究发现，4年制公立大学通过越来越严格的入学标准和高昂的学费，造成黑人和西班牙裔学生获得社区公立大学的入学机会越来越低。③ 普里斯等通过对英国经济适用房政策的实证研究认为，社会住房改革部门所推行的"降低保障性住房的分配比例，转向提高租金补贴"的政策手段，正在改变低收入者获得"负担得起"住房的机会，然而，这种政策也将使越来越多的利益相关人士因支付能力而被排除在经济适用住房之外。④ 在美国，经济门槛也是造成黑人及其他弱势群体未能获得平等教育的根本原因，"在美国的教育体系当中，抛开自己的能力或学习成绩之外，家庭收入、家庭的经济地位成为影响学生能否进入高等院校的最重要因素"⑤。唐纳德·E.海勒的研究更是直截了当地说明经济门槛对获得教育机会的影响，"在21世纪初期的美国，低收入阶层的中学生，只有54%的人可以进入大学，比高收入阶层的中学生足足低了将近30%，这放在美国这样一个人口众多的国家，绝对是一个惊人的数字"⑥。除了拥有一定的财产资本，城市的居住年限也常常成为外来人口社会权利的门槛。范·根特等的调查研究发现，为了减少贫困新移民的涌入，提高宜居性，荷兰《城市问题特别措施法》允许地方政府拒绝向居住在大都市区不足六年、没有工作收入的人发放居住许可证，这种政策规定直接限制了上述群体的住房保障权，但并没有明显改善居住的宜居性。⑦ 由于

---

① ［英］托尼·阿特金森：《社会排斥、贫困和失业》，丁开杰编译，《经济社会体制比较》2005年第3期。
② ［印］阿马蒂亚·森：《论社会排斥》，王燕燕摘译，《经济社会体制比较》2005年第3期。
③ Gary Orfield, Exclusion of the Majority: Shrinking College Access and Public Policy in Metropolitan Los Angeles, *The Urban Review*, Vol. 20, No. 3, 1988, pp. 147–163.
④ Preece, et al., "The Affordability of 'Affordable' Housing In England: Conditionality and Exclusion In A Context of Welfare Reform," *Housing Studies*, 2019.
⑤ Zhu feng CHEN, "Analysis on the Construction of the Teaching Management Team of Graduate Students in the Second-level Colleges of Colleges and Universities in the Social Transition Period," *Journal of International Education and Development*, Vol. 4, No. 5, 2020.
⑥ Donald E. Heller, "Equity and Excellence in American Higher Education," *The Journal of Higher Education*, Vol. 78, No. 2, 2007.
⑦ Van Gent, et al., Exclusion As Urban Policy: The Dutch "Act On Extraordinary Measures for Urban Problems," *Urban Studies*, Vol. 55, No. 11, 2018, pp. 2337–2353.

各种门槛障碍的存在，那些具有支配地位的社会群体就能在社会机会获得上很容易实现对外封闭，形成社会群体之间的权利差距，并通过继承或传递的方式形成社会排斥的代际传递，正如伊丽莎白和安德鲁斯认为，封闭式教育模式导致了英国以种族隔离和主流教育为特征的社会排斥问题。[1]

在社会封闭机制作用下，社会权利和社会机会分配以财产、收入、社会身份等社会因素为基准，使受到排斥的个人或群体未能公平享受某种权利和社会机会，导致其不能有效参与社会生活甚至被边缘化。优势阶层对权力与资源的垄断将严重破坏公平竞争原则，造成严重的阶层固化与逆淘汰，进而出现"农之子恒为农，商之子恒为商"现象。

3. 公共政策的"能力塑造偏差化"与社会排斥

随着社会排斥研究领域的拓展，政策导致的能力不足型社会排斥引起了阿马蒂亚·森、克莱尔、纳斯鲍姆等学者的关切。诺贝尔奖得主阿马蒂亚·森提出，可行能力是指"实现各种可能的功能性活动组合的实质自由"[2]。然而，森并没有具体分析一个人要拥有实质自由须具备哪些具体能力。纳斯鲍姆尝试对此作出阐释，他认为，人的能力素养包括"生命、身体健康、肉体完整性、理智、想象和思考、情感、理性实践、友好关系、与其他物种共生、娱乐、对自己环境的控制"[3]。而且，在纳斯鲍姆那里，可行能力是混合能力，"它们不只是栖息在个人体内的能力，还是由个人能力和政治、社会以及经济环境在结合后所创造的自由和机会"[4]。在森看来，要让人们摆脱贫困等痛苦处境，就要从"政治自由、经济条件、社会机会、透明性保证、防护性保障"[5]等方面塑造其可行能力。反之，能力塑造的偏差则可能导致弱势群体难以正常参与社会政治经济生活，例如，"不识字对一个人参与那些要求规格生产或对质量进行严格管理来说，是一个绝大的障碍。类似地，不会读报，或者不能与其他参加政治活动的人

---

[1] Done & Andrews, "How Inclusion Became Exclusion: Policy, Teachers and Inclusive Education," *Journal of Education Policy*, 2019.
[2] [印] 阿马蒂亚·森：《以自由看待发展》，任赜等译，中国人民大学出版社2013年版，第63页。
[3] Martha C. Nussbaum, *Sex and Social Justice*, Oxford: Oxford University Press, 1999, pp. 44–46.
[4] [美] 玛莎·C. 纳斯鲍姆：《寻求有尊严的生活——正义的能力理论》，田雷译，中国人民大学出版社2016年版，第15页。
[5] [印] 阿马蒂亚·森：《以自由看待发展》，任赜等译，中国人民大学出版社2013年版，第32—33页。

书面联系，对于政治参与也是一种限制"①。在西方学者看来，能力塑造偏差化主要由可行能力剥夺、能力塑造不足两个机制形成，而能力塑造偏差化将导致弱势群体不可避免遭受社会排斥的后果。

（1）可行能力剥夺。森强调，弱势群体拥有平等的决策参与能力对于治理社会排斥具有重要价值，"保障和实现妇女平等参与家庭决策将对妇女和社会产生直接影响"②。在森看来，对一个人可行能力的剥夺即是"不自由"，例如广泛存在的饥饿、可以避免的疾病、失业、过早死亡、极端贫困、人身束缚，以及类似的现象等都是不自由的体现，而解决人们的贫困和社会排斥问题，就是要提升人们的可行能力。森强调，贫困和社会排斥不仅是低收入问题，更是基本能力剥夺的问题，具体来说，当某一政策对被排斥对象构成直接的能力剥夺时，这种排斥将对被排斥对象的社会生活产生极大影响，从而形成建构性社会排斥；而且，可行能力与贫困、社会排斥可以相互转化，正如饥饿、营养不良、缺乏保健、缺乏基本的教育、缺乏就业机会、缺乏经济和社会保障，都使人们处于能力被剥夺的状态，这将进一步造成人们在保健、教育、就业、经济和社会保障方面处于不利地位。③ 克莱尔更为具体地指出，国家对公民决策参与能力的剥夺将直接导致社会排斥的发生，"他们可能由于无能力的原因而遭到排斥。特别严重的是，对于决定影响他们命运的决策，根本听不到他们的声音"④。秋彦古奇的研究发现，基于通过培训职业技能来激活就业的劳动力市场政策要求劳动者掌握就业技能的要求，这就导致低于这一技能标准的劳动者可能被剥夺就业能力从而产生长期失业并与劳动力市场失去联系的工人有可能被重新分类，进而造成这部分人粮食、教育、社会福利和住房的缺乏。⑤ 理克特和霍夫曼通过对瑞士严重精神疾病患者的健康调查发现，由于身体健康和就业能力被剥夺，患有严重精神疾病（SMI）的人很有可能

---

① ［印］阿马蒂亚·森：《以自由看待发展》，任赜等译，中国人民大学出版社2013年版，第32页。
② ［印］阿马蒂亚·森：《论社会排斥》，王燕燕摘译，《经济社会体制比较》2005年第3期。
③ Amartya Sen, *Development as Freedom*, NewYork: Alfred A. Knopf Inc, 1999a, p. 5.
④ ［英］克莱尔·肖特：《消除贫困与社会整合：英国的立场》，《国际社会科学杂志》（中文版）2000年第4期。
⑤ Akihiko Higuchi, "The Mechanisms of Social Exclusion In Modern Society: The Dilemma of Active Labor Market Policy," *International Journal of Japanese Sociology*, Vol. 23, No. 1, 2012, pp. 110 - 124.

被排斥在主流社会之外。① 朱莉娅等通过对德国勃兰登堡农村学徒通勤模式的研究得出,由于公共交通不足,农村地区的学徒工未能享受到与城市学徒工同样的交通便利,其通勤能力受到限制,导致其遭受一系列社会排斥的后果,破坏了在德国可以维持平等生活条件的原则。②

(2) 能力塑造不足。值得关注的是,研究者们格外重视研究政策的能力塑造不足对残疾人群等弱势群体的社会排斥效应。纳斯鲍姆强调社会对人们可行能力塑造的重要性,"我把可行能力分成两个部分,部分是内在的,即内在的可行能力,它是你通过教育、家庭关怀所发展出来的个人能力。当然这些能力可能已经有了,但如果社会不给你空间,你可能无法运用这些能力"③。在纳斯鲍姆的语境里,社会是一个广义的概念,它包含政府,显然,社会对人们特别是那些弱势群体可行能力的塑造包含了公共政策的塑造功能,"尤其关注那些传统上受排斥或被边缘化的群体"④。然而,公共政策的可行能力塑造不足则可能导致弱势群体难以摆脱被社会排斥的命运。帕罗迪等通过对意大利的调研表明,在残疾成员家庭特殊保护政策缺失的情况下,存在残疾成员的家庭被社会排斥的可能性增加了2.5%。⑤ 图帕雷夫斯卡等对1992年以来欧盟关于终身学习的政策文件进行定性研究后认为,弱势群体的识字和计算能力等基本技能的不足容易带来弱势群体的多重社会排斥风险。⑥ 里奇和米塞纳认为,加拿大的体育政策在农村体育可及性、鼓励农民参与体育运动等方面存在不足,由此带来农民体育设施使用边缘化问题。⑦ 艾克霍姆等则认为对公民体育能力提升的不充分

---

① D. Richter and H. Hoffmann, "Social Exclusion of People With Severe Mental Illness In Switzerland: Results From the Swiss Health Survey," *Epidemiology and Psychiatric Sciences*, Vol. 28, No. 4, 2019, pp. 427 – 435.

② B. Julia and A. Matern, "Mobility and Social Exclusion in Peripheral Regions," *European Planning Studies*, 2019.

③ 谭安奎:《古今之间的哲学与政治——Martha C. Nussbaum 访谈录》,《开放时代》2010 年第 11 期。

④ [美] 玛莎·C. 纳斯鲍姆:《寻求有尊严的生活——正义的能力理论》,田雷译,中国人民大学出版社 2016 年版,第 128 页。

⑤ G. Parodi and D. Sciulli, "Disability and Social Exclusion in Italian Households," *Social Indicators Research*, Vol. 144, No. 2, 2019, pp. 767 – 784.

⑥ E. Tuparevska, et al., "Equity and Social Exclusion Measures in EU Lifelong Learning Policies," *International Journal of Lifelong Education*.

⑦ K. Rich and L. Msener, "Playing on the Periphery: Troubling Sport Policy, Systemic Exclusion and The Role of Sport in Rural Canada," *Sport in Society*, Vol. 22, No. 6, 2019, pp. 1005 – 1024.

带来了体育运动的城市隔离和不平等问题。① 赫格博和布斐尔（2019）通过对丹麦、荷兰、挪威和比利时四国的比较研究发现，由于大多数政策工具对健康状况不佳的人的工作能力缺乏培训和扶持，导致这四国健康状况不佳的人的失业率都比较高。② 由于能力塑造的不足，"相对于白人而言，黑人在职业上的选择会非常受限，他们从事的工作多为仪器操作员、工厂制造员等体力劳动，同样，在工艺类制作或者更为精密的制作当中黑人的数量也会减少"③。而且，有研究发现，同一时期"美国黑人在本科毕业后的平均年薪只有40360美元，而白人为51099美元"④。

在能力塑造过程中，公共政策通过对弱势群体的能力扶持，提升弱势群体的可行能力，增强其自身能力摆脱被社会排斥的可能性。然而，由于能力被剥夺或能力提升的不足将导致那些能力上天然处于弱势的人们无法与能力正常者平等竞争某种社会机会，最终使其未能有效参与社会生活，并遭受社会排斥。其基本逻辑是，拥有经济和社会能力越强，可以获得越多的教育、医疗等资源，并拥有更多的向上流动的机会，而经济和社会能力越弱，就越缺乏发展机遇，向上流动的机会越被限制，从而产生能者逾强、弱者逾弱的"马太效应"，而且，政治和经济能力的缺乏反过来又进一步导致弱势群体被忽视和排斥，阻碍了弱势群体及其后代对良好的教育、就业等社会机会的获得，强化了贫困的代际传递，造成贫困累积，使贫困与社会排斥不断再生产。

（二）国内相关研究

关于公共政策正向排斥的研究，国内学界主要体现在政策性排斥或制度排斥与负面清单管理制度两个领域。

---

① Ekholm and Sol, "Mobilising Non-participant Youth: Using Sport and Culture in Local Government Policy to Target Social Exclusion," *International Journal of Cultural Policy*, Vol. 26, No. 1, 2019, pp. 1–13.
② K. Heggebo and V. Buffel, "There Less Labor Market Exclusion of People With Ill Health in 'Flexicurity' Countries? Comparative Evidence From Denmark, Norway, the Netherlands, and Belgium," *International Journal of Health Services*, Vol. 49, No. 3, 2019, pp. 476–515.
③ Council of Economic Advisers, *Changing America: Indicators of Social and Economic Well-being by Race and Hispanic Origin*, Washington, D. C.: US Government Printing Office, 1998.
④ Kinzie Jillian, "Review of Student Engagement in Higher Education: Theoretical Perspectives and Practical Approaches for Diverse Populations," *NASPA Journal*, Vol. 46, Issue 4, 2009.

1. 关于政策性排斥或制度排斥的研究

社会排斥理论自引进中国后,国内学者紧密结合国内实际,对政策导致的社会排斥进行了深入的研究。主要研究角度有:关于政策性排斥或制度排斥的研究,通过在 CNKI 数据库中以"社会排斥""政策性排斥""制度排斥"为篇名检索词进行全文搜索,我们大体可以看到国内研究的总体概况(见表2):一是通过多年的努力,社会排斥的研究方向已经成为国内学界研究社会不平等问题的重要解释框架;二是与国外研究视角相似,国内学界也没有采用政策负向排斥的说法,而是把制度排斥或政策性排斥看成是社会排斥的一个面向进行研究,通过政策性或制度性社会排斥的研究是近年来中国学者研究社会排斥问题的一个重要视角;三是针对制度或政策导致的社会排斥问题已经引起了国内学者的关注,但是,这一领域的关注还很不够,专门研究成果还不多,亟须学界加强对这一专门领域的研究。

表2　　　　　以"政策性排斥"等检索词的检索结果　　　　(单位:篇)

数量\内容	摘要	关键词	全文	文题
社会排斥	1114	1124	15646	1565
政策性排斥	10	8	127	15
制度排斥	98	22	1902	121
政策排斥	28	3	578	5

资料来源:根据1990—2020年中国学术期刊网文献检索所得总结。

关于政策性排斥或制度排斥,中国学者的研究主要涵盖了概念、本质、运行过程、治理对策等方面。主要研究角度有:

(1) 政策性排斥或制度排斥概念

关于政策负向排斥的概念,黄健荣从差等正义视角揭示了这一概念的本质,他认为,公共政策的差等正义,是指决策者或执行者在制定、执行公共政策时背离其应恪守之公共性、公正性和公平性铁律,对不同群体或阶层、不同地区实行双重或多重标准。① 同时,黄健荣还对当代中国城乡二元户籍制、所有制歧视、官民权利反差中的政策差等正义进行了深入批

---

① 黄健荣:《当下中国公共政策差等正义批判》,《社会科学》2013年第1期。

判。褚添有在《嬗变与重构：当代中国公共管理模式转型研究》一书中也指出，差等正义论竭力论证不平等统治的合法性，极力维护不公平、不自由的合理性，并将其贴上平等和正义的标签，把不平等视为平等、不公正视为公正、不自由视为自由，而这一理论却成为统治型政府制定政策与管理运行的支撑理论之一，由此不可避免导致政策的差等正义。①

与国外研究相似，中国的其他学者大多把政策性排斥作为研究社会排斥的一个子概念，主要形成了以下几种代表性观点：

一是政策缺失论。这种观点认为政策性排斥实质上就是政策失灵而导致的社会排斥。唐钧认为，所谓"社会排斥"，最早是针对大民族完全或者部分排斥少数民族的种族歧视和偏见，而这种偏见和歧视往往是建立在一个社会有意达成的政策基础上的。②周怡指出，社会政策也有可能制造贫困，比如解救贫困的政策因执行失误将可能再造贫困等。③还有学者更直截了当地指出，政策性社会排斥主要是由政府在制定政策过程中产生的，有一些是由不正当的政策导向或无意识的政策失误造成的。④

二是社会权利说。周湘斌借鉴阿马蒂亚·森的社会权利假设给政策导致的社会排斥作了界定，"政策性排斥，就是指在排斥性政策的作用下，一部分社会成员被推至社会边缘的机制和过程。"⑤潘泽泉也持这种观点，他认为，制度排斥意指某些公民被排斥出公民权利的范围，社会排斥的制度面向关注的是某些群体能否平等享受社会保护、基本服务、参与政治等权利。⑥

三是制度封闭说。周玉认为，"制度排斥"指借助国家体制权力，由国家或某些社会组织针对一部分社会成员的合法的制度封闭与隔离。⑦方巍则从制度封闭角度分析了制度排斥的形成机理，他认为，"城市对农民

---

① 褚添有：《嬗变与重构：当代中国公共管理模式转型研究》，广西师范大学出版社2008年版，第65页。
② 唐钧：《社会政策的基本目标：从克服贫困到消除社会排斥》，《江苏社会科学》2002年第3期。
③ 周怡：《贫困研究：结构解释与文化解释的对垒》，《社会学研究》2002年第3期。
④ 景晓芬：《"社会排斥"理论研究综述》，《甘肃理论学刊》2004年第2期。
⑤ 周湘斌：《我国社会转型时期农民群体的社会权利与政策性排斥》，《北京科技大学学报》（社会科学版）2004年第9期。
⑥ 潘泽泉：《农民工与制度排斥：一个制度分析的范式》，《长春市委党校学报》2009年第5期。
⑦ 周玉：《制度排斥与再生产——当前农村社会流动的限制机制分析》，《东南学术》2006年第5期。

进城就业加以种种限制就是为了维护城市居民在就业和社会政策方面的各种特殊利益,是优势群体凭借对弱势群体的封闭而取得自身利益最大化的表现。"①

四是制度过程论。吴军、刘小珍认为,制度性排斥就是"在社会转型过程中,由于社会政策不完善,造成部分社会成员被排斥到福利制度之外的系统性动态过程。"②彭新万从政策性排斥的角度分析中国农村长期贫困的形成过程:排斥性政策—能力剥夺—脆弱性—供给更多的排斥性政策—能力进一步被剥夺—进一步脆弱性(包括代际间的传递)的恶性循环,这种循环机制与其他致贫因素结合,最终使长期贫困形成。③

(2) 制度排斥或政策性排斥成因

随着社会排斥研究在中国的深入,关于制度排斥或政策性排斥形成机理的研究逐渐成为政策性社会排斥研究的新视角。李保平从政策封闭、政策变通、政策失范三个方面解释了政策性社会排斥形成的基本机理。④周玉深入地考察了制度排斥的形成过程,她认为,由户籍、劳动力市场的部门分割和社会保障制度等构成的对农民的制度排斥,主要是通过减少社会流动选择余地、增加职业边缘化可能和提高流动成本等途径来实现的;同时通过家庭和教育等中介物完成制度排斥的代际再生产。⑤仁喜荣则从权利贫困角度认为,国家对农民财产权、劳动权、获得物质帮助权、教育权等基本宪法权利的保障不力,导致了城市化进程中针对农民的歧视性制度安排。⑥还有一些学者从微观角度对制度排斥或政策性排斥形成机理进行了深入的实证研究。唐钧、王婴在研究中国低保政策的排斥机理后指出,中国低保政策的社会排斥主要是低保政策本身设计不合理所造成的,具体表现为政策设计和实施层面的规则缺憾、思想观念层面的规则缺憾、资源分配层面的规则缺憾。李斌的研究表明,住房本身并不制造社会排斥,但

---

① 方巍:《农民工社会排斥的制度内与制度外分析——杭州市的个案研究》,《学海》2008 年第 2 期。
② 吴军、刘小珍:《现代化进程中的制度性排斥:廉租房评估制度的反思与重建》,上海市社会科学界第七届学术年会文集(2009 年度)青年学者文集,2009 年,第 124 页。
③ 彭新万:《政策性排斥与中国农村长期贫困》,《经济理论与经济管理》2007 年第 5 期。
④ 李保平:《社会排斥的公共政策机制探源》,《社会科学辑刊》2008 年第 4 期。
⑤ 周玉:《制度排斥与再生产——当前农村社会流动的限制机制分析》,《东南学术》2006 年第 5 期。
⑥ 仁喜荣:《制度性歧视与平等权利保障机构的功能——以农民权利保障为视角》,《当代法学》2007 年第 2 期。

是与住房有关的制度却制造社会排斥,而住房政策制定和执行的异化导致住房政策的社会排斥。①徐斐、张超等则通过对高等教育收费政策的实证研究,揭示依据财力来分配社会权利是高等教育收费政策产生不公正的深刻根源。②还有学者认为,政策性社会排斥具有很强的代际传承性,一个家庭的社会资本、经济资本、文化资本等方面将决定其后代向上流动的机会,如一个家庭在某一资本方面严重匮乏,其后代遭遇排斥的可能性也将大大增加。

(3) 制度排斥或政策性排斥的治理对策

为了加强对政策或制度性排斥本土化研究,国内学者进行了大量的实证研究。这一研究理路主要从三个方面展开:

一是通过对某一制度或政策带来的排斥来揭示政策性排斥的过程与规律。比如,诸多学者专门论析了户籍政策、就业政策、住房政策、社保政策等单一政策带来的排斥现象,主要代表作有:唐钧、王婴的《城市最低收入保障政策过程中的社会排斥》、孙炳耀的《制度转型过程中的社会排斥和边缘化——以中国大陆的下岗职工为例》、许佳君、李方方的《经济适用住房的政策性排斥》、李斌的《社会排斥理论与中国城市住房改革制度》、浩春杏的《对住房公积金制度公正性的社会学探讨——社会排斥的理论视角》等。

二是通过对农民工等群体的制度或政策性排斥研究来揭示弱势群体产生的根本性原因。彭新万通过城乡居民收入来源的比较分析,进一步揭示教育、就业及公共福利等方面的政策性排斥是农村居民长期贫困的根源。③方巍指出,农民工在城市中面临的社会排斥不但来自城市及其相关制度,还来自制度之外的弱势群体自身内部的初级关系网络。④李芹、刘万顺认为,农民工由于不具备市民的就业身份,不仅不能享有制度提供的市民待

---

① 李斌:《社会排斥理论与中国城市住房改革制度》,《社会科学研究》2002年第3期。
② 徐斐:《高校高收费:福耶,祸耶——高等教育收费政策的实证分析》,《社会》2001年第7期;张超:《高等教育高收费:公共政策为何排斥社会公正》,《当代中国研究》2005年第3期。
③ 彭新万:《政策性排斥与城乡居民收入差距:基于1985—2008年的数据》,《理论与改革》2011年第1期。
④ 方巍:《农民工社会排斥的制度内与制度外分析——杭州市的个案研究》,《学海》2008年第2期。

遇，甚至正当的权益都不能够得到保障。① 许佳君、李方方在专门探讨经济适用住房的政策性排斥后指出，政策设计本身的不合理（如销售对象的控制不严密、价格过高、郊区布局等）直接导致了经济适用房的政策性排斥。② 王慧博则专门关注失地农民的政策性排斥问题，她指出土地征用政策上的漏洞和不公是失地农民受到排斥的直接原因。③ 潘泽泉以农民工为研究对象，认为农民工所遭受的制度性排斥，是城乡二元户籍分割制度、社会保障制度和医疗保险制度等综合作用的结果。④

三是学者们还就某一群体所遭受的政策性排斥问题提出了反政策负向排斥的建议。徐勇、项继权指出，当前解决农民工问题的重点首先就在于消除传统的城乡隔离和不平等的相关制度，消除对农民进城务工的歧视性规定，为实现城乡居民平权提供法制支持和制度保障。⑤ 银平均认为，消除农村贫困的关键在于改革国内现行的社会经济政策和制定新的社会政策，消除社会排斥导致的事实上的不平等，还农村一种公正和公平的环境。⑥ 周湘斌则强调，消除对农民的政策性排斥首先要赋予这个群体应有的社会权利，使他们得以共享改革成果。⑦ 周玉在揭示农民所遭受的制度排斥的形成机理后指出，现阶段消除农村社会流动机会不均、减少对农民的制度排斥，关键在于要化解制度分割，移除导致弱势阶层劣势再生产的中介物，包括改善教育贫乏、淡化身份制与增加对农村弱势阶层的外部认同。⑧ 闻英认为，消除农民的制度排斥要克服集体排他的倾向，给予农民工平等参与社会竞争的机会，允许并鼓励农民工建立自己合法的社团组织，构建农民工的社会保障体系。⑨

特别值得关注的是，近些年黄健荣等从公共政策视角对排斥问题展开

---

① 李芹、刘万顺：《农民工就业歧视的制度排斥及非制度排斥》，《城市问题》2009年第2期。
② 许佳君、李方方：《经济适用住房的政策性排斥》，《学海》2009年第1期。
③ 王慧博：《城市化进程中的失地农民与政策排斥问题研究》，《农业经济》2008年第3期。
④ 潘泽泉：《农民工与制度排斥：一个制度分析的范式》，《长春市委党校学报》2009年第5期。
⑤ 徐勇、项继权：《消除对农民工的制度歧视与社会排斥》，《华中师范大学学报》（人文社会科学版）2006年第6期。
⑥ 银平均：《社会排斥视角下的中国农村贫困》，《思想战线》2007年第1期。
⑦ 周湘斌：《我国社会转型时期农民群体的社会权利与政策性排斥》，《北京科技大学学报》（社会科学版）2004年第9期。
⑧ 周玉：《制度排斥与再生产——当前农村社会流动的限制机制分析》，《东南学术》2006年第5期。
⑨ 闻英：《农民工群体的社会门槛与社会排斥》，《学习论坛》2005年第9期。

了研究。黄健荣、钟裕民指出，政策是否符合社会公正或能否有利于促进社会公正，能否有利于优化资源配置并持续实现资源配置效率，是区分政策正向排斥与负向排斥之根本界标。① 钟裕民分别从公共政策负向排斥概念②、特征与类型③、形成过程与生成逻辑④、实践应用⑤等角度对公共政策负向排斥展开了研究，而且对"公共政策正向排斥"议题已有初步的讨论⑥。但是，对于公共政策正向排斥的概念体系、基本类型、阻滞因素、推进路径等还尚缺乏深入的研究。

2. 关于负面清单管理制度的研究

虽然国内没有专门以公共政策正向排斥为题的研究，但是，与其相似的概念——负面清单制度研究却已成为较为成熟的研究课题。负面清单管理是指通过限制、禁止某种公共行为，以保障国家安全与民生安全。负面清单制度研究主要体现在如下三个方面。

（1）学术规范负面清单制度。马玉超等将学术不端分为成果内容型不端与社会关系型不端两类，前者包括抄袭剽窃或篡改他人成果、伪造篡改数据等，后者包括不当署名与不当评审等⑦。白如江将科研数据学术不端定义为科研人员主观故意剽窃、伪造、篡改论文中有价值的数字形式的数据集合的行为。陈亮将学术不端行为分为显性、隐性两类，显性学术不端如伪造或捏造、抄袭/剽窃等，隐性学术不端指低水平重复、论文不当署名等。⑧ 郑晓梅等学者将学术不端及其边缘行为分为三类：一是学术不端行为，是指不能原谅、应受到惩戒的行为；二是学术不当行为，是指虽不

---

① 黄健荣、钟裕民：《公共政策排斥论：政策认知的新探索》，《江苏行政学院学报》2015年第4期。
② 钟裕民：《基于社会公正问题的政策排斥分析框架》，《教学与研究》2014年第9期。
③ 钟裕民：《公共政策负排斥：特征与类型的探讨》，《行政论坛》2014年第6期；钟裕民：《政治主导型政策负排斥：演变轨迹与形成机理》，《云南社会科学》2014年第5期；钟裕民：《资本主导型政策负排斥：演变轨迹、形成机理与治理路径》，《经济体制改革》2014年第6期；钟裕民、陈侨予：《身份主导型政策负排斥：演变轨迹与形成机理——以当代中国为视角》，《探索》2015年第5期。
④ 钟裕民：《公共政策负排斥的生成逻辑：基于政策供给的视界》，《学海》2018年第4期。
⑤ 钟裕民：《政策排斥分析框架及其应用：以保障性住房管理为例》，《中国行政管理》2018年第5期。
⑥ 钟裕民、陈辉：《公共政策正向排斥的应然向度：政治哲学的视域》，《学海》2020年第3期。
⑦ 马玉超、刘睿智：《高校学术不端行为四维度影响机理实证研究》，《科学学研究》2011年第4期。
⑧ 陈亮：《大学学术不端行为及其治理》，《吉首大学学报》（社会科学版）2018年第2期。

属于前款界定的典型学术不端行为，但属于主观故意的不鼓励、应提出警告并应杜绝的边缘行为；三是学术失当行为，是指其做法虽不严谨或有失学术风范，但尚未触及学术道德底线，属非主观故意且须尽量避免的边缘行为。① 如上研究为推进学术规范的正向排斥提供了基本标准。

（2）师德负面清单制度。马和民认为师德失范是教师从事教育活动时违反教师职业道德的"非正常行为"②。刘丛灵认为师德失范是因违反道德行为规范而导致的一种无序的状态③。还有学者对师德失范的基本表现进行了研究，胡珊认为教学行为失范主要表现在对待教学态度消极、教学规则意识淡薄、在教学中宣泄不良情绪等④；黄国坤等把在不注重自身言行举止和政治理论素养的提升、与学生存在不正当关系、未经高校批准从事影响教育教学本职工作的兼职兼薪行为等列举为师德失范行为；⑤ 戎华刚认为学术行为失范主要表现在为了评定高级职称而急功近利、捏造实验数据和实验结果、弄虚作假学术成果等⑥。上述研究为推进师德政策正向排斥提供了理论参考。

（3）市场准入负面清单制度。对市场准入实行负面清单管理是国际上的通行做法。中国主要针对境内一些特殊行业、领域、业务的市场准入和自由贸易试验区外商投资准入实行禁止或限制。有学者专门讨论了实行负面清单管理的价值，"市场准入负面清单制度的实施有利于提升企业全要素生产率，并主要通过增加研发创新投入和人力资本投入两条路径实现"⑦。但是，中国的外贸负面清单制度也存在个别措施不明确的问题，"第11项特别管理措施'卫星电视广播地面接收设施及关键生产'，究竟属于禁止外资准入还是限制外资准入？具体措施表述的留白，将给政府过多权限空间，容易形成权力寻租，导致外国投资者无所适从，影响投资环境。"⑧ 程波辉、雷

---

① 郑晓梅、张利田、王育花等：《期刊编辑和科研人员对学术不端及其边缘行为的界定、防范和处理认知的调查结果分析》，《中国科技期刊研究》2020年第4期。
② 马和民：《新编教育社会学》，华东师范大学出版社2009年版。
③ 刘丛灵：《师德失范现象产生的原因及对策》，《西部素质教育》2018年第4期。
④ 胡珊：《高校教师教学道德失范研究》，硕士学位论文，南京师范大学，2015年。
⑤ 黄国坤、林秀波：《高校师德失范现象分析与对策探讨》，《烟台职业学院学报》2020年第4期。
⑥ 戎华刚：《高校教师学术道德失范问题的实证研究》，《大学教育科学》2011年第6期。
⑦ 张悦、许永斌：《市场准入负面清单制度与企业全要素生产率》，《财贸研究》2023年第9期。
⑧ 陶立峰：《对标国际最高标准的自贸区负面清单实现路径——兼评2018年版自贸区负面清单的改进》，《法学论坛》2018年第5期。

杨认为，"中国版本负面清单在诸如特别管理措施数量减少、整体的行业覆盖范围缩小、对外资准入及核心限制类行业的准入降低等方面取得了一定的成效，但与国际主流负面清单仍存在差距，缺乏精深细致的清单研究，尤其对措施涉及的行业范围的控制严重不足"[①]。上述研究为进一步研究市场准入正向排斥的价值和标准提供了有益的理论依据。

（三）综合评析

从以上文献回顾可以看出，学者们把制度或政策性排斥作为社会排斥的核心面向进行了卓有成效的研究，积累了一定的研究成果，为进一步开展政策排斥的研究提供了一定的研究基础，主要表现在以下几个方面：

一是制度性或政策性社会排斥的提出，为我们考察弱势群体现状及其政策干预建立了一个分析视角。通过对成果的分析可以看到，多数研究聚焦于弱势群体基本权利的缺失状况，其中一些具体研究了社会排斥对象在就业、社保、救助方面所遭受的不公正待遇，特别是，有些研究专门讨论特定社会阶层遭受不公正待遇的制度根源，有助于进一步深化对社会排斥的研究，无疑为弱势群体遭受社会排斥的政策机制研究提供了有价值的理论参照。

二是研究议题广泛，为进一步开展政策排斥的理论研究提供了一定的经验基础。现有研究通过大量的规范分析和实证研究，广泛讨论了政策性排斥、制度排斥的含义、本质及其影响，比如李斌的《社会排斥理论与中国城市住房改革制度》、许佳君、李方方的《经济适用住房的政策性排斥》、浩春杏的《对住房公积金制度公正性的社会学探讨——社会排斥的理论视角》等就某一具体制度的社会排斥效应进行了富有意义的探讨，为进一步深入研究政策排斥的成因、本质、影响及其治理等提供了理论基础和经验材料。

三是为实施公共政策正向排斥提供了基本标准。特定领域或外贸的负面清单管理正是通过限制没有被准入的市场主体或外商投资主体进入某些特殊行业、领域、业务，从而有效地达到保障国家安全、民生安全、环境安全等目的。这与公共政策正向排斥的目的和方式是一致的，因此，对限

---

① 程波辉、雷杨：《中国自贸试验区负面清单实施效果评估——基于2013—2021年负面清单版本的内容分析》，《亚太经济》2022年第6期。

制或禁止市场主体准入和外商投资主体准入的范围、标准及其操作性界定的相关研究为外贸领域和特殊行业、领域推进公共政策正向排斥提供了有价值的参考标准。

四是有力推动了理论与实践、学界与官方的互动和融合。学术研究的根本使命在于有效地回应现实问题，推动现实问题的解决。在学界的推动下，西方国家越来越重视社会排斥问题的解决（他们把制度排斥或政策排斥看作社会排斥的一个重要方面），比如英国在1997年就专门设立了社会排斥办公室（the Social Exclusion Unit）以开展反社会排斥行动；法国也在1999年成立了贫穷和社会排斥监测部以研究、调查和评估相关反社会排斥措施。在中国，学界对社会排斥的研究启动于1994年（学者们也把制度排斥或政策负向排斥作为社会排斥的一个方面来进行研究）。1994年江小平翻译了法国学者N. 埃尔潘的《美国社会学家论城市下等社会阶层：受排斥与贫穷》一文是研究启动的标志性成果。2001年，姚洋在他的《社会排斥和经济歧视——东部农村地区移民的现状调查》一文中，从经济学视角深入研究了中国的社会排斥问题。2003年后，社会排斥逐渐成为中国学者研究中国社会问题的一个主流话语，与中国政府推动社会公平的进路遥相呼应、相得益彰。

但是，公共政策排斥的研究是一个新兴的研究领域，加之研究的时间不长，研究的内容还不够系统和深入，以下几方面还亟须进一步拓展和完善：

1. 作用机理：公共政策制造社会排斥的路径还有哪些？

西方学界从多个角度论析了公共政策异化影响社会排斥的作用机理。一是政策导致的权利不足型社会排斥，即公共政策通过制造权利不平等，制造人们之间的权利差别，使某些人在社会生活中处于不利处境。二是政策制造的社会结构型社会排斥，即通过排除或限制其他人参与的方式制造社会封闭，保障自身已经获得的机会和利益，致使他者未能公平获得社会权利或社会机会。三是政策影响的能力不足型社会排斥，即公共政策通过对某些人能力的直接剥夺或对弱势群体能力扶助的缺失，导致能力处于弱势地位的个人在社会生活中被置于不利处境。这三条路径及其影响因素的区分，一方面可以启发研究者关注公共政策作用社会排斥的复杂性与多维性；另一方面也提醒研究者应在"个人责任引发型、社会结构、公共政策影响"三维框架中更加关注公共政策的影响，拓展对社会排斥政策成因的探索。西方研究表明,在社会排斥的影响机制方面,公共政策是决定性因素,而且要通过权利、能力、结构等诸多中介变量来实现。然而,除权利、能力、结构等因变量外,还有哪些因变量,这些因变量的作用机理是什么,同时,产生这种公共政策的深层次制度、社会结构、文化根源是什么?还需要深入研究。另外,虽然西方学界采用规范分析、社会调查、案例分析等多种研究方法来研究公共政策异化对社会排斥的影响机理,但是,还需要用实证研究法、比较研究法、MATLAB仿真技术,建构公共政策影响社会排斥生成机理仿真模型,阐明政策环境下社会排斥的生成机理,增强研究的可信度。

2. 研究转向:如何从"制造"话语转向"塑造"话语

在西方研究中,公共政策是社会排斥生成的最重要因素。这种研究倾向有助于提醒政策制定者时刻站稳公正的立场,更多地站在弱势群体的一方,制定有利于保障弱势群体的公共政策。但是,这种"制造"话语容易使我们过于关注社会排斥形成过程中的公共政策"催化"功能,却忽视了社会排斥中的公共政策"纠偏"功能。在西方学者眼中,通过公共政策缓解或消除社会排斥的路径主要有三条。一是保障公民权利。克莱尔·肖特指出,"权利是包容性社会得以运转的根本"①,"实现社会包容取决于促进平等和社会正义的政策,而这些政策的制定必须争取公民尽可能的广泛参与"②。二是增强人们的能力。美国哲学家纳斯鲍姆指出,可行能力是指包括品性特点、智商情感、身体健全与健康状况、内在学识、感知和运动的技巧等这些个人特质和个人状态,而"只有各种能力充分发挥作用,才能最大限度地保障人们的参政自由、宗教活动自由和言论自由"③。三是综合治理政策。杜菲在专门研究欧盟成员国家的社会排斥问题后认为,社会排斥是多种结构性因素相互作用的结果,因此社会排斥的

---

① [英]克莱尔·肖特:《消除贫困与社会整合:英国的立场》,《国际社会科学杂志》(中文版) 2000年第4期。
② [英]克莱尔·肖特:《消除贫困与社会整合:英国的立场》,《国际社会科学杂志》(中文版) 2000年第4期。
③ [美]玛莎·C. 纳斯鲍姆:《正义的前沿》,朱慧玲、谢惠媛、陈文娟译,中国人民大学出版社,第201页。

治理应采取综合治理措施。① 图帕雷夫斯卡等认为，削弱弱势群体的多重社会排斥风险，不仅要提高弱势群体的识字和计算能力等基本技能，更需要采取更全面、更有针对性的政策措施，以满足弱势群体终身学习的多重和复杂需求，回答"欧盟终身学习政策是如何帮助弱势群体"这一问题。② 当然，这些研究尚不够系统深入，进一步研究社会排斥中公共政策的纠偏功能，促进从"制造"话语转向"塑造"话语，将是公共政策与社会排斥间关系研究的新增长点，也是社会排斥中公共政策"影响"研究的张力所在。

3. 研究路径：社会学还是政治学？

关于社会排斥的公共政策面向，西方研究主要以制度性排斥（Institutional exclusion）、政策性排斥（Policy—related exclusion）、政策排斥（Policy exclusion）这三个名称来界定，而且这三个词经常被混用。然而，这三个概念是不同的。实际上，制度性排斥与政策性排斥的中心词是排斥（Exclusion），即把公共政策或制度当作社会排斥的一个重要成因来进行研究，于是，公共政策或制度导致的社会排斥只是当作社会排斥分析框架的一个面向，这种研究取向属于社会排斥框架的分析范畴，对话平台是社会学话语体系。而且，在西方学者的研究中，制度性排斥与政策性排斥常常混在一起，没有明确区分，但实际上两者是不同的：内容上，制度包括显制度和潜制度（潜规则），而显制度才能称之为政策，潜制度则不能；表现形式上，制度常常表现为静态的宪法、法律、法规、章程、道德、习俗、禁忌、传统等；政策常常表现为动态的规章、命令、决定、指示、规划、计划、措施、策略等。因此，制度性排斥与政策性排斥应该区分使用。另外，政策排斥这个词的中心词是政策，排斥表示政策的排斥功能，是政策价值分配功能的体现，这种研究取向属于政策分配框架的分析范畴，对话平台是政治学话语体系。从政治学视角看，排斥是一种价值分配方式，因为在资源稀缺条件下，要保障某部分社会成员或社会群体得到某些利益时，则需要把另一部分个人或群体的利益

---

① K. Duffy, "Risk and Opportunity: Lessons From the Human Dignity and Social Exclusion Initiative for Trends in Social Policy," *Canadian Journal of Law and Society*, Vol. 16, No. 2, 2001, pp. 17-41.
② E. Tuparevska, et al., "Equity and Social Exclusion Measures in EU Lifelong Learning Policies," *International Journal of Lifelong Education*, DOI: 10.1080/02601370.2019.1689435.

要求排除。这种排斥在现实生活中大量存在，也是必要的。譬如，政府要保障低收入者更多、更好地获得保障性住房，就必须把中高收入人群排除保障性住房的受益范围。正如戴维·伊斯顿（1993）所言："一项政策的实质在于通过那项政策不让一部分人享有某些东西而允许另一部分人占有它们。"① 因此，制度性排斥、政策性排斥与政策排斥三词不能混用，应根据不同语境恰当地运用：当讨论政策或制度导致的社会排斥时，适用制度性排斥或政策性排斥；当讨论政策排斥动态过程时，适用政策排斥。看来，关于公共政策对排斥的影响研究不仅要有社会学的视角，还要有政治学的视角。而且，这两种研究视角的研究思路是不同的，社会学视野中的"排斥"着重研究"谁被社会排斥""被社会排斥的程度""政策是如何达成社会排斥后果的"等主题；而政治学视野中的"排斥"着重研究"谁失去""应不应当失去""怎样失去"等基本命题。再如，关于"排斥"机理问题，社会学视野中的"排斥"主要研究身份、权利、能力、资格等社会因素在社会建构中发挥的作用；而政治学视野中的"排斥"则主要研究排斥主体在利益分配过程中是如何把被排斥对象排斥出去的，把公共政策与社会排斥的关系研究纳入政治学的分析框架，对于拓宽"公共政策"和"社会排斥"各自的研究空间具有重要的理论价值。

4. 研究的生命力：本土化的空间

现有大量文献对中国具体制度或政策的社会排斥效应作了卓有成效的研究，但从宏观上对当代中国公共政策排斥的历史演变作出精到解释的成果还尚缺乏，因此，还须以实地的经验研究为基础，扎扎实实地推动当下中国公共政策正向排斥的实践与经验研究。同时，虽然从一般政策过程角度来探究政策形成的成果不少，但围绕中国特色的政策供给过程来研究政策供给成果的却很少，这就需要我们以当代中国的政策供给过程为视角开展政策排斥过程的研究，进一步揭开政策排斥过程这个黑箱。另外，国内外学界都把政策排斥看成社会排斥的一个面向，只是对社会排斥的治理进行了深入研究，而缺乏对政策性社会排斥治理的针对性研究；对负面清单管理的研究也尚未建立公共政策正向排斥的视角。据此，我们也不妨将公共政策排斥的概念与负面清单管理、精准救助等概念相结合，进一步拓展公共政策研究的范围，推进公共政策排斥的本土化发展。

---

① [美] 戴维·伊斯顿：《政治体系——政治学状况研究》，马清槐译，商务印书馆1993年版，第123页。

总之，深化公共政策与排斥的关系研究，不仅需要社会学家的悲悯情怀和卓越贡献，也需要政治学者、公共政策学者的中性视角和专业努力，不仅需要西方社会排斥研究的理论沉淀，也需要中国本土化的理论贡献。

三 研究假设、研究命题与方法体系

（一）研究的基本假设

1. 资源稀缺性假设

资源稀缺性假设原本是经济学的一个元命题。"没有资源的稀缺性问题，也就没有经济学。经济学实际上是研究具有稀缺性的资源如何达到最佳配置的问题。"[①] 事实上，资源稀缺性不仅是经济学研究的基本问题，也是政策科学研究的基本问题。政策排斥实际上也是在资源稀缺性的背景下进行的一种价值分配行为。一方面，在资源稀缺的条件下，公共决策者需要对不同人群的利益和利益要求进行区分和选择，以协调不同社会成员或社会群体之间的利益矛盾或冲突。这种区分和选择意味着要把部分人群的利益排斥出政策利益范围，以维护某些群体或某些阶层的利益，最终实现符合决策者自身价值偏好的利益分配。另一方面，为了在资源稀缺的条件下获得的更多、更好，每一社会成员和社会群体都会与其他群体和社会成员展开激烈的竞争与博弈，以争取把他者排斥出政策受益范围，保障自身及自身群体获得更多更好的占有。这种政策博弈的结果可能是保证一部分人的利益得到满足，而另一部分人的利益可能受到排斥；或者一部分人获得较多的利益，而另一部分人非但未获利益，甚至原有的利益也受到排斥。因此，资源的稀缺性构成本书对政策排斥进行研究的基本前提假设之一。

2. 政策的非中性假设

张宇燕认为，"政策非中性"是指"在同一制度下不同的人或人群所获得的往往是各异的东西"[②]。他还从利益集团角度论析了政策非中性产生的根源，他认为，官僚利益集团主要通过三种途径来实现自身的利益：一是充分

---

① 卢现祥、朱巧玲：《新制度经济学》，中国发展出版社1996年版，第6页。
② 张宇燕：《利益集团与制度非中性》，《改革》1994年第2期。

利用手中的被合法授予的管制权来人为地制造租金并努力占有它们；二是官员们，特别是他们的亲属，直接从事受到自己或自己人保护的经营活动；三是影响立法过程以使法律符合自身群体的利益要求。而在这种背景下制定出的政策，几乎可以肯定是非中性的。① 在利益争夺中往往存在着众多的竞争者，他们都希望用非中性政策来排挤打击竞争者，特别是将其他潜在的竞争者拒之门外。在政策生成与变迁过程中，各利益集团基于自身利益最大化的考虑，都希望政策确立更有利于自身利益的分配方式、利益关系。于是，利益相冲突的利益集团之间不可避免地发生利益纷争。如果这种冲突长期得不到解决，必将导致利益集团之间的矛盾激化，使各利益集团都不能从中得到好处，甚至还会使已有利益受损。于是，对立的利益集团之间会作出一些调整和让步，并最后达成妥协形成一致意见——政策，但是这种政策不可避免地带有强势利益集团的烙印。这也正是政策非中性的本质含义。而这种政策非中性在很大程度上就是政策负向排斥所造成的。强势利益群体利用自身强大的政策影响力，借助政府官员和立法者来排斥他者的利益，从而使自身利益得到有效的保护，而弱势利益群体的利益则被剥夺，这正是政策正向排斥阻滞因素应该考量的重要问题。因此，政策的非中性假设是本书展开对政策正向排斥进行研究的基本前提假设之二。

3. 有限理性利益人假设

政策排斥是一种政府行为，最终体现为决策者的行为，由此需要对人性有一个假设认定。从应然角度看，政府的目的是追求和实现公共利益；但实际上，政府（特别是政府部门和地方政府）的组成人员也是作为理性的利益人而存在，它在追求公共利益的同时也追求自身利益。就地方政府及其官员而言，它的目标偏好包括三个要件：中央效用目标；辖区公众效用目标以及地方政府自身利益。在满足上级利益要求的同时代表辖区公众的利益是一种最优化的选择。但是，在政治晋升锦标赛机制的背景下，公众难以对地方政府官员的晋升产生实质性的影响，加之上级政府与下级政府的信息严重不对称，地方政府及其官员往往会选择更好地满足辖区内强势利益群体的利益作为自身的目标偏好。而地方官员在权衡中央利益、辖区利益以及自身利益的基础上形成的对资源的偏好与分配，经常是通过政策排斥来实现的。一方面，地方官员在制度设定的框架内推动政策排斥使

---

① 张宇燕：《利益集团与制度非中性》，《改革》1994年第2期。

公共利益最大化，另一方面，可能由于有限理性做出错误决策而形成政策负向排斥。可见，有限理性假设是本书对政策正向排斥进行研究的基本前提假设之三，而且这一特征在转型时期表现得极为明显，"有限理性假设在中国经济体制转型研究中成为必要的假设条件"[①]。

(二) 研究的基本命题

1. 政策排斥是一种社会价值分配方式

在伊斯顿看来，"政策是由决定和行动组成的网络，并以此分配价值"[②]。换言之，政府政策由有关的决定和行动组成，这种决定和行动承担在一定的范围内（比如在一个群体、社区、社会或国家中）对社会价值进行直接或间接分配的功能。由于社会资源或社会价值的有限性，分配的结果必然形成一部分人得到，一部分人未得到或得到更少。从排斥角度看，未得到某种或某些社会价值的社会成员或社会群体就是受政策排斥对象；受政策排斥对象可能是不应当享受政策利益的对象，也可能是应当享受政策利益的对象。因此，政策排斥是一种社会价值分配方式。按照政策排斥的性质不同，我们可以把政策排斥分为两种：第一种是政府站在公正的立场，为实现公共利益的需要，将不应当享受政策利益的对象排除在政策受益范围之外而形成的排斥，这种排斥可以称为"政策正排斥"；第二种是政府偏离公正的价值立场，把本来应当同等受惠于某项或某些政策的对象排除在政策受益范围之外而形成的排斥，这种排斥可以称为"政策负向排斥"。政府应合理设计和实施政策的正排斥，遏止与治理政策的负向排斥。

2. 推动公共政策正向排斥是政府履职的应有之义

公正自古以来就是人类追求的普遍价值，更是政府应该追求的核心价值。从过程来看，公正是指政府要从政策上保障全体社会成员都有平等的机会获得教育、文化、社保、医疗、就业和接受法律保护等权利。从结果看，公正就是政府要从政策上努力构建"得其应得"的分配秩序，保证教育、文化、社保、医疗、就业和接受法律保护等权利在全体社会成员之间得到平等地分配。实现社会公正，正是公共政策正向排斥努力的方向。换言之，公共政策正向排斥就是要通过政策的设计与实施使每一个社会成员

[①] 黄卫华、周冰：《转型研究和有限理性假设的适用性》，《南开经济研究》2005年第4期。
[②] Easton, D., *The Political System*, New York: Knopf, 1953, p.130.

或社会群体都能公平地享受权利与机会，共享社会进步与繁荣的成果。因此，推动公共政策正向排斥应当成为政府履职的应有之义。

3. 公共政策排斥的结果很大程度上体现强势利益群体的政策偏好

从团体的角度，政治学家艾尔·拉桑把公共政策界定为："所谓公共政策，就是在特定时刻团体斗争达成的一种切实平衡，它代表了相互争斗的派别或团体为了实现自身需求而持续努力达到的一种平衡。"① 社会系统是各种阶层以相互作用的结构方式组成的。不同的阶层处于各异的权力相关性位置，并形成结构上不平等的交换和不平衡的发展模式。在政策博弈过程中，由于不同利益群体对资源的控制、结构位置、行动的能力，存在着明显的不平等和能力反差，占支配地位的一方往往凭借其得天独厚的政治资源决定公共政策的走向，并将其政策偏好和现实的政治需要转换为实质性的政策和行动，形成对被支配一方的政策负向排斥。比如，在城乡两大利益群体的政策博弈中，由于利益表达渠道和能力的缺失，加之组织化程度低，缺乏自己的代言人，农民难以与在政治、经济上都占明显优势的城市居民相抗衡，这种城乡居民对政策安排约束权数的巨大差异导致农民无力阻止那些对他们不利的政策出台，结果形成了体现城市利益群体的政策偏好但却对农民具有巨大负向排斥的城乡二元结构政策。因此，团体博弈模型是研究公共政策正向排斥阻滞因素的重要视角。

4. 建构民主的政策供给模式是推动公共政策正向排斥的根本路径

对公共政策供给模式的研究一直是学术界研究的热点问题。有些西方学者认为，中国的政策供给模式经历从全能主义到官僚政治的转型。不管是全能主义还是官僚政治模式，都可以看作精英决策模式的一种形式。朱旭峰把中国的政策决策转型概括为从原来的政治/行政精英垄断政策决策过程的模式逐步向社会精英参与政策决策过程的模式的转变。② 但是，由于权力精英受到自身知识和所掌握信息的有限性制约，将难以进行理想意义上的理性决策，同时，权力精英决策机制面临弱势群体和边缘群体的利益受到政策负向排斥而难以确保政策合法性的难题，因此，建立政府和公众之间合作、互动和妥协的民主公共政策供给模式将是当前中国政策供给模式变革的方向。在民主的政策供给模式中，各政策制定主体特别是各利益相关者能够充分参与到决策中来，以平等的身份在决策舞台上谈判、论

---

① [美] 托马斯·R. 戴伊：《理解公共政策》（第十版），华夏出版社2004年版，第18页。
② 朱旭峰：《政策决策转型与精英优势》，《社会学研究》2008年第2期。

辩，以协商互动达成政策的共识，同时，公民的政策参与权、合法反对权将受到法律的保护。这种政策供给模式将在最大程度上保障弱势群体的政策参与权和政策思想库的建议权，大大增强公共政策的包容性和正当性，从而有效推动公共政策正向排斥。

（三）主要研究方法

本书从理论研究入手，在评析国内外学者的相关文献与理论的基础上建构政策排斥的核心概念，在系统阐释政策负向排斥与政策供给耦合性的基础上推理出研究假设，再通过实证和经验研究来验证最初的理论和假设。具体的研究方法和手段如下：

1. 文献分析法

本书研究在实证研究之前，首先对国内外的相关文献进行收集与梳理。在国内中国知网、维普网等数据库，国外 Cambridge Journals Online、EBSCOhost、Wiley-Blackwell、Wiley、Elsevier SDOL 等综合性或文科数据库中收集一些国内外相关的文献资料，并对这些文献资料进行系统的梳理和分析，在评析已有概念和理论的基础上建构政策负向排斥的基本理论分析框架，为推动当下中国公共政策正向排斥提供理论基础。

2. 规范分析和实证分析相结合的方法

规范性研究意味着事物"应当怎么样"，注重事物"价值""标准"等方面的研究。本书首先以公正理论为工具，在分析政策分配与政策排斥之间关系的基础上，系统探讨政策排斥、公共政策正排斥、公共政策负向排斥等核心概念，并深入揭示公共政策正向排斥的本质，尝试构建政策正向排斥分析框架；同时，本书还以双层政策供给过程为分析模型，系统考察政策负向排斥的形成过程及其形成机理，为文章最后的解决思路提供理论铺垫。但是，规范研究方法往往不是以研究假设为前提，而是预置某种先入为主的价值前提，这种研究方法所得出的结论带有很强的主观性，其研究结论难以做到理论验证。实证方法恰恰在这些方面弥补了规范方法的不足。所以，本研究还采用个案研究、统计数据等实证研究方法对若干经典决策个案进行系统考察与评析，从而对政策排斥的基本理论框架给予有力实证支持。

3. 后实证主义的研究方法

后实证主义与实证主义相对，它强调语言、沟通和对话在理解政策过程和本质方面的作用，反抗主流的以工具理性和技术官僚主义为中心的政治分析。它试图推动诠释性和批判性的研究途径，认为实证主义忽略了基本的价值问题，基于以人为本的政策供给方略即是在这种后实证主义的理路下展开的。公共政策负向排斥恰恰偏离了后实证主义的思维路向，与以人为本为中心的后实证主义严重相悖。公共政策正向排斥就是要在利益分配过程中坚持对公正的价值追求，保持政府政策秉持公正的航道。作为以实现社会公正为价值取向的民主型公共政策供给模式，强调决策不仅指向效率目标，更要以实现社会公正为使命，保障各政策制定主体特别是各利益相关者以平等的身份参与谈判与论辩。

四　研究内容及主要创新

（一）研究内容及研究思路

本书以公共政策正向排斥为研究对象，从政策供给的视角来考察当代中国公共政策正向排斥的阻滞因素，并从优化政策供给路径维度来探讨推进公共政策正向排斥的路径。主要内容及研究思路如下：

1. 公共政策排斥概念体系再阐释。在阐析政策排斥与传统相似分析框架的基础上，揭示公共政策正排斥、负向排斥的本质及内涵，为本书研究确立理论基础。

2. 公共政策正向排斥的中国实践。以外贸负面清单、师德负面清单、市场准入负面清单为例，通过个案分析、政策文本等研究方法，考察当下中国公共政策正向排斥的具体实践及经验，为公共政策正向排斥研究提供实证支撑。

3. 建构公共政策正向的双层政策供给分析框架。结合中国公共政策供给的基本特点，在政策过程理论进行综合分析的基础上建构公共政策正向排斥的双层政策供给分析框架，并以医改决策案例验证这种分析框架的可行性。

4. 系统考察当代中国公共政策正向排斥的阻滞因素。结合中国的实际，以双层政策供给模型为分析框架，从官僚层面、社会网络层面、治理界面透析"公共政策正向排斥"的阻滞因素,为促政策负向排斥向正排斥转变提供理论和实践基础。

5. 推进公共政策正向排斥的路径研究。在借鉴境外典型国家或地区推进公共政策正向排斥经验的基础上,以双层政策供给模型为分析框架,提出推进公共政策正向排斥的根本路径——民主式公共政策供给模式。

6. 公共政策正向排斥理论的应用研究。以保障性住房政策管理为例,以公共政策排斥为分析框架,提出优化保障性住房政策管理的根本路径,揭示公共政策排斥理论在实践中的应用价值。

(二) 研究的主要创新

1. 研究选题的创新

社会排斥问题日益成为国内外公共管理和公共政策研究领域的重要课题,制度或政策方面的社会排斥作为社会排斥的一个面向,也受到了国内外学界的高度关注。本研究以政策学为分析视角,在前期研究成果《公共政策负排斥及其治理研究》(北京大学出版社 2019 年 10 月出版)的基础上提出了公共政策正排斥的研究主题,揭示政策排斥的必要性与合理性,在国内学界引入政策负向排斥这一研究主题的基础上,进一步论证公共政策正向排斥研究的价值,扩展了公共政策排斥理论的研究空间。

2. 基本概念的创新

在公共政策负向排斥概念的基础上,本研究进一步提出了公共政策正排斥的概念,并从学理上对其内涵进行了阐释,揭示了公共政策正排斥与负向排斥的区别,并从政治哲学维度揭示了公共政策正向排斥的应然向度,阐释了公共政策正向排斥的推进路向,为公共政策排斥论的系统建构提供理论基础。

3. 研究内容的创新

期望在当下研究的薄弱之处取得突破:(1) 在理论借鉴和现实考察的基础上,建构一个分析当代中国政策供给过程的分析模型——双层政策供给分析模型,并以此模型系统考察当代中国公共政策正向排斥的阻滞因素;(2) 提出通过优化当下中国公共政策供给环境来建构民主式公共政策供给模式,有效促进政策负向排斥向正排斥转变。

4. 研究观点的创新

本书结合公共政策排斥与政策供给的耦合性特质,基于学理进行公共政策排斥研究，提出了如下创新性观点：①排斥性是公共政策的本质属性；②为实现、增进和维护社会公正和促进公共生活良性运行的需要，国家有必要充分运用公共政策这一国家治理的核心工具；或是把某些社会成员、群体或区域排斥在政策受益范围之外；或是否定、遏止、排斥某种不当价值、理念或行为；③实现社会公正要坚持遏止与治理政策负向排斥和积极推动政策正排斥并行策略。

第一章 公共政策正向排斥的概念体系与理论阐释

研究公共政策正向排斥首先要厘清以下问题：什么是公共政策排斥性？什么是公共政策正向排斥？公共政策正向排斥的本质是什么？公共政策正向排斥在现实中有哪些表现形式？什么是公共政策负向排斥？探究这些基本问题是公共政策正向排斥研究的基础。

第一节 公共政策排斥性

一 排斥性：命题溯源

传统的"排斥"研究主要集中于社会学领域。在社会学视野中，排斥常常指个体或群体所遭受的不利状况。例如，法国学者勒内·勒努瓦在其著作《被排除在外的人——十分之一的法国人》（*Les Exclus, un Francais sur Dix*）中指出，1974年的法国"被排斥"人口占法国总人口的1/10。这里的"被排斥者"（Les Exclus）一词指的就是那些不受传统社会保障制度保障的人。[①] 为了揭示政策在排斥中的作用，学者们更是把"政策"与"排斥"这两个概念连接在了一起。正如普藤认为：从宏观层面上说，产生社会排斥的因素本质上是一些制度性、结构性因素，比如歧视、人口流

[①] Kevin Ryan, *Social Exclusion and the Politics of Order*, *The New Poverty*, *the Under Class and Social Exclusion*, England: Manchester University Press, 2007, pp. 21–25.

动、经济重组和公共政策。① 奈拉·卡伯敏锐地觉察到了失控的政策运行可能带来社会排斥,"运作常常破坏规则,而按运作自身的规则来运行"②。琼·苏比拉茨(2003)论述得更为具体,"制度设计的不合理是造成社会排斥的重要原因,但是,有时国家福利政策没有得到有效的执行,导致公民权无法实现"③。从上可见,国外学者高度关注政策导致的"排斥"问题,但是,他们把这种"排斥"置于社会排斥分析框架进行研究,"排斥"一词在他们看来是负向之含义。中国学者也延续了国外学者的传统,从社会排斥视角来揭示"排斥"的含义,如唐钧认为,所谓"社会排斥",最早体现为大民族对少数民族的种族歧视和偏见,而这种歧视和偏见往往建立在社会达成的政策基础之上。④ 周林刚也指出,社会政策造成的排斥是农民工等一些社会群体处于不公平状态的主要原因。⑤ 可见,国内外学者对"排斥"议题的研究主要基于社会排斥的视角,把"排斥"一词当成贬义词来运用。这种研究取向高度关注社会弱势群体在经济和物质层面的缺陷,也关注特定社会阶层所遭受不公正待遇的政策性根源,有助于进一步深化对社会排斥的研究,无疑为当今世界的社会公正研究提供了有价值的理论参照。然而,这种研究取向中的"排斥"观念却偏离了"排斥"一词的本义。《新华字典》对"排斥"一词有明确的解释:"不相容而使离开自己这方"⑥。可见,从感情色彩上看,"排斥"一词为中性词。它既可以指排除好的物品或某一物品好的部分而带来不良的结果;也可以指排除坏的物品或某一物品坏的部分而带来良性的结果。而且,从意识形态上说,这种研究取向也不利于促进社会融合,"如果我们使用的语言被

---

① Todman, Lynn C., "Reflections on Social Exclusion: What Is It? How Is It Different from US Conceptualizations of Disadvantage? And, Why Americans Might Consider Integrating It into US Social Policy Discourse," *City Futures: An International Conference on Globalism and Urban Change*, 2004, pp. 7 - 8.

② Kabeer, N., (draft) *The Concept of Social Exclusion: What Is Its Value-added for Thinking about Social Policy? Paper Predared for the International Conference, Revisioning Social Policy for the 21st 28 - 29th, Century: What are the Key Challenges?* Institute of Development Studies, University of Sussex, October, 28 - 29th, 1999.

③ Joan Subirats, *Some Reflections on Social Exclusion and Public Policy Response: a Perspective from Spain*, Autonomous University of Barcelona, Document Prepared for the Seminar on "*Good Social Inclusion Pratices: Dialogue between Europe and Latin America and the Caribbean*," March 21 - 22, 2003, p. 3.

④ 唐钧:《社会政策的基本目标:从克服贫困到消除社会排斥》,《江苏社会科学》2002年第3期。

⑤ 周林刚:《论社会排斥》,《社会》2004年第3期。

⑥ 《新华字典》,商务印书馆2001年版,第733页。

意识形态化甚至是情绪化，那么在价值判断上具有倾向性的社会排斥概念就可能人为地制造情感或认知上的对立"①。

除了社会学，哲学、经济学、医学也常常运用"排斥"一词来描述它们眼中的研究对象。在哲学语境中，排斥体现为对立双方相互分离的运动形式，如相互批评、相互否定、相互矛盾、相互作用、相互影响等。在经济学语境中，"排斥"是一种资源配置方式，如多生产一个单位产品 A，即可能少生产若干单位产品 B；反之相反。在医学上也常常使用急性排斥、慢性排斥、药物排斥、移植排斥、免疫排斥等词汇来描述某种医学状态。综上，在哲学、经济学、医学等学科中，"排斥"表示互相分离的不相容状态。这种定义取向体现了"排斥"一词的本来意涵，然而，这种取向中的"排斥"一词只是描述了"排斥"作为"状态"的静态属性，而不能很好地揭示"排斥"作为"过程"的动态属性。作为公共政策学视野中的"排斥"，它是指导致某种社会过程和后果的一种动态机制，正如周湘斌所言，"政策性排斥就是指一部分社会成员在排斥性政策作用下走向社会边缘化的过程"②。显然，哲学、经济学、医学等语境中的"排斥"不能准确揭示公共政策学视野中的"排斥"概念。正确界定公共政策学语境中的"排斥"概念，既要立足于"排斥"一词的本然意蕴，又要体现政策作为利益分配工具的本质属性。

二 公共政策排斥性

实际上，从公共政策角度看，排斥的中性意蕴（即排斥性）正是揭示了政策的本质，即在资源稀缺的条件下，作为社会资源重要分配主体的政府，不可能对所有社会成员的利益要求予以满足，这就需要政府运用政策手段将部分社会成员或群体排除在政策利益范围之外，以实现政府的施政目标。可见，政策排斥性深刻体现了政策作为社会利益进行分配工具的内在本质。如下原因决定了公共政策具有排斥性。

其一，资源稀缺性。从资源配置的层面审视，公共政策的排斥性产生于资源稀缺性。公共资源总量难以满足社会日益增长的需求是一种常态。

---

① 唐钧：《社会政策的基本目标：从克服贫困到消除社会排斥》，《江苏社会科学》2002 年第 3 期。
② 周湘斌：《我国社会转型时期农民群体的社会权利与政策性排斥》，《北京科技大学学报》（社会科学版）2004 年第 9 期。

一方面，由于人口的增长与自然环境的恶化，资源本身所具有的稀缺性必定日益凸显；另一方面，一部分资源如水、能源、土地等所具有的不可再生性使这样的矛盾更为尖锐。由于社会资源的稀缺性，作为社会价值分配主体的政府需要在区分"应当得利"和"不应得利"的基础上，将某些社会成员或群体的利益和利益要求纳入政策受益范围，而将"不应得利"的社会成员和群体的利益和利益要求排斥在政策受益范围之外，以有效实现"应当得利"的社会成员和群体的利益，增进和维护社会公正。

其二，维护社会正确价值导向的需要。任何一个拥有或期望拥有实质合法性的现代政府都必须倡导、维护正确的社会价值。因而，所有那些反社会、反人类、悖谬现代文明的价值与行为都理所当然应列入公共政策排斥的范畴。政策是对社会成员的价值观念与行为进行导引、规范和约束的公共契约。因此，针对不当的公共价值和行为，政府所实施的约束与禁止，实质上都是规范刚性、导向明晰的公共政策正向排斥。

其三，社会的复杂性。在全球化、信息化时代，人类社会正变得越来越充满着风险和不确定性。比如在社会价值方面，在西方新自由主义思潮影响下，个人主义、利己主义、享受主义、拜金主义等不良价值观日益侵蚀着大众生活，而传统社会遗留下来的官僚主义、形式主义、宗派主义依然根深蒂固。另外，在市场经济大潮面前，坑蒙拐骗、弄虚作假、尔虞我诈、见利忘义、徇私舞弊、行贿等不良行为屡见不鲜。在复杂社会条件下，迫切需要政府为主的公共机构在区分"正当价值"和"不当价值"的基础上，将社会生活中的不当价值和不当行为纳入政策的排斥范围，以促进社会公共生活的良性运行和经济社会的健康发展。

其四，政策受众需求的增长变化。马斯洛认为人的需求包括五个层次：生理、安全、社交、尊重、自我实现等需求。他认为，人们的需要是按照重要性和等级性来排列的，当人们的低一级需求得到满足后就会去追求高一级的需求。马斯洛的需求层次论说明了人类需求的递增性与内在性。纵览古今中外，由于受到历史、经济、社会条件的限制，政府对于满足民众的需求常常力不从心。在政策受众需求的增长变化和政府能力有限的悖论面前，需要政府运用政策手段限制或排斥民众的不合理需求，以期能更加有效地利用有限的社会资源满足民众的合理需求，不断满足人们对美好生活的向往。

综上，公共政策学中的"排斥"可界定为：政策主导者通过显性或隐性的政策安排，或是将某些个人、群体、阶层排除在政策受益范围之外，或是遏止、排斥某些社会成员的价值或行为，依据一定的政策目标实现对社会价值进行分配的过程或结果。可见，公共政策排斥实质上就是一种社会价值分配方式。当权威机构通过公正原则促成被排斥对象被排除在政策受益范围之外时，这种"排斥"是"失其应所失"，就是正向的政策排斥；反之，则是负向的政策排斥。换言之，是否公正关系到政策排斥的根本性质，是政策正排斥与政策负向排斥的根本划分标准。罗尔斯认为，公正应包含"基本权利保障""一视同仁""得所当得""差别原则"四个方面。那么，公共政策排斥的划分标准可具体化为：其一，社会成员的基本权利是否得到政策保障；其二，社会成员是否得到"公平的机会平等"；其三，社会成员所得（如报酬与奖惩）与付出（贡献与功过）是否相称；其四，弱势群体是否得到政策的有效补偿。政策正向排斥要符合如上四项标准的肯定性意义，反之，如某项政策在四项标准中出现一项为否定意义时，即属于政策负向排斥（见图1-1）。为实现、增进和维护社会公正和促进公共生活良性运行的需要，国家有必要运用公共政策正向排斥工具，或是把某些"不应享受"某种政策利益的社会成员、群体或阶层排斥在政策受益范围之外，或是遏止、排斥民众的某种不当价值或行为。可见，公共政策之排斥性，既是体现一项政策对政策受众的区分，也是体现一项政策对价值取向的选择。

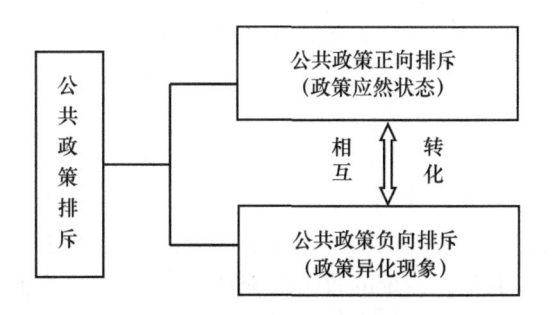

图1-1 公共政策排斥性示意

资料来源：笔者自制。

三 政策排斥与传统相似分析框架的区别

与政策排斥相似的分析概念主要有社会排斥、政策分配、政策歧视等。公共政策排斥这一概念虽然是西方学者在研究社会排斥问题的过程中引申出来的，而且通常把政策性排斥作为社会排斥的一个重要面向来理解。但是，公共政策排斥与社会排斥却有着明显的区别。第一，感情色彩不同。社会排斥是贬义词，英国社会排斥局就认为："社会排斥是指某些人们或地区遭受失业、教育缺失、健康受损、住房困难等综合性问题所导致的不利处境。"① 而作为一种社会价值分配方式，公共政策排斥包括正向排斥和负向排斥，是中性词。第二，分析对象不同。作为社会问题的分析工具，社会排斥的关注对象是社会弱势群体，"时任戴高乐政府社会行动处国务大臣的勒努瓦提出了社会排斥的概念，并将社会排斥对象归为那些处于被增长所遗忘的边缘人：精神和身体残疾者、行动不便的老人、自杀者、受虐待的儿童、吸毒者、犯罪者、单身父母（特别是单身母亲）、居住困难者、边缘人、反社会的人以及其他'社会格格不入者'"②；而公共政策排斥着眼于被排斥对象，其不单是社会弱势群体，如保障性政策所排斥的是社会优势人群。第三，性质不同。从本质上说，公共政策排斥是公共政策分配功能的集中体现，指向决策主体按照什么标准、什么机制和方式对社会资源进行配置的过程和结果，是政策学的术语。社会排斥是社会学者用于解释个体或群体所遭受的不利状况及其原因的分析工具，是社会学的术语。

政策排斥研究与政策分配研究在本质上是相通的。政策分配研究如何依据政治行为者的价值取向区分和配置社会成员或社会群体的利益或权益，而政策排斥研究在于确定与实施某种排斥的过程，即如何把竞争对手从权力范围或利益分配系统中排斥出去，或是使之处于较低的位置。可见，政策排斥与政策分配都是社会价值的分配方式，都聚焦于利益分配问题，正如伊斯顿所言，公共政策乃是"对全社会的价值所作的权威性分配"③。从某种意义上说，公共政策排斥理念的提出，开辟了政策排斥研究与政策分配研究本质关联性的新通道。但是，传统的政策分配概念主要关注"谁得到""怎样得到""应不应当得到"这三个基本问题，即所有社会成员是否公正获得社会

---

① PeterSauders, "Can Social Exclusion Provide a New Framework for Measuring Poverty?" SPRC Discussion Paperm, No. 127, October 2003, p. 5.
② Silver, H., "Reconceptualizing Social Disadvantage: Three Paradigms of Social Exclusion," in G. Rodgers, C. Gore and J. B. Figueiredo eds., *Social Exclusion: Rhetoric, Reality, Respouses*, Geneva: Institute of International Labour Studies, 1995, pp. 50 – 58.
③ Easton, D., *The Political System*, New York: Knopf, 1953, p. 129.

财富的问题；而公共政策排斥分析概念把研究对象指向被排斥对象，研究"谁失去""怎样失去""应不应当失去"等基本命题。而且，政策分配研究主要聚焦于权力资源、制度资源、物质资源、社会资源、公共物品与公共服务资源等那些综合性资源的界定、获取、培育与配置；政策排斥研究则主要关注社会资源、公共物品与公共服务资源等那些与经济社会发展运行相关资源的区分、获取、建构与配置。

虽然政策排斥和政策歧视的分析概念都高度聚焦利益受损群体，但是，政策排斥和政策歧视的分析概念具有显著区别（见表1-1）。第一，政策歧视分析概念主要从静态视角来考察性别、宗教、种族、社群、文化等因素对利益受损群体的影响，而政策排斥分析概念以动态视角考察政策机制对利益受损群体的影响。第二，政策歧视分析概念主要关注是结果，主要回答"是什么"的问题；政策排斥分析概念不仅关注结果，而且关注政策排斥的形成过程，主要回答"为什么"的问题。第三，政策歧视分析概念主要关注遭受非公正政策待遇的被排斥对象；而政策排斥分析概念不仅关注不应当遭受排斥的被排斥对象，如户籍政策负向排斥的研究关注遭受户籍政策排斥的外来务工人员，也关注应当被排斥的对象，如把哪些人群纳入个人所得税免征的排斥范围。

概而言之，公共政策排斥分析概念是一个既从属于政策科学体系，又跨学科并有自己特殊研究对象和话语体系的学术新视域。

表1-1　　　　　　公共政策排斥性与相似分析框架的区别

内容概念	研究对象	研究假说	核心概念	研究主题	研究目标
社会排斥分析框架	弱势群体	弱势群体常常被社会边缘化	社会排斥	弱势群体为什么常常处于社会不平等地位	消除社会排斥促进社会融合
政策分配分析框架	利益获得者	财富常常集中于最富有的那群人	应得；分配公平	谁得到、怎样得到、应不应当得到	实现利益分配的公平正义
政策歧视分析框架	遭受机会不公者	歧视是机会分配不公的重要根源	歧视；机会不公	谁被歧视、政策怎样导致歧视、政策歧视后果	促进机会公平
政策排斥分析框架	利益受损者（被排斥者）	排斥是一种价值分配机制	政策正排斥；政策负排斥	谁失去、怎样失去、应不应失去	促进政策负向排斥向政策正排斥转化

资料来源：笔者自制。

公共政策排斥的运行机制和基本规律是公共政策排斥分析框架的研究主线，换言之，公共政策排斥是研究公共政策排斥的运行机制和基本规律的分析概念。公共政策排斥的运行机制，指向政策排斥的运行方式、功能特性、形成过程与形成机理等。公共政策排斥的基本规律有共时（微观）和历时（宏观）两层含义。从共时的角度说，是指具体公共政策排斥在其起因、执行、终止过程中所呈现出来的特点和规律；从历时的角度说，则指向公共政策排斥总体上作为一种利益区分和资源配置的方式，在国家治理发展历史进程中的流变轨迹，所留下的经验和教训。把公共政策排斥的运行机制和基本规律作为公共政策排斥论的研究对象，能够更好地体现和突出政策科学的实践性和应用性。作为研究"谁被排斥、怎样被排斥"等基本命题的科学，公共政策排斥提倡以被排斥对象为中心，以公正理论为理论基础，以探究政策正排斥与负向排斥的区分标准、过程机理为研究主线，以促进政策负向排斥向政策正排斥转化为研究目标。

第二节 公共政策正向排斥：命题再现

为实现、增进和维护社会公正并促进公共生活良性运行的需要，国家有必要充分运用公共政策这一国家治理的核心工具，或是把某些社会成员、群体或区域排斥在政策受益范围之外，或是将某些人群确定为政策的受制者；或是否定、遏止、排斥某种不当价值、理念或行为（见图1-2）。可见，公共政策正向排斥是公共政策排斥的应然属性。据此，公共政策正向排斥，是指以政府为主的政策主导者依据公正原则，通过政策手段将不应当享受政策利益的社会成员或社会群体排除在政策受益范围之外，实现对社会利益的合理分配，有效增进公共利益、促进社会公正的过程和结果。

一 公共政策正向排斥的本质

为了寻求公正的本质意蕴，历代学者付出艰辛努力，勾勒了公正理想的各种画卷，力图找到实现公正理想的制度、体制和手段。代表性的观点主要有：（1）道德说。柏拉图把公正列为四德之一，认为公正体现为各司

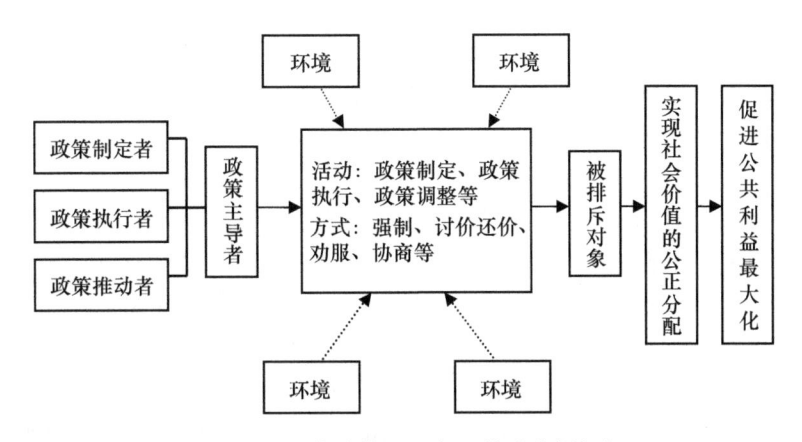

图 1-2 公共政策正（向）排斥分析框架

资料来源：笔者自制。

其职、各守其序、各得其所。亚里士多德认为公正就是政治学上的善，他把公正作为各种德行的总称和调节社会生活的手段。[①]（2）平等说。弗兰克纳认为："公正就是平等待人，即把善恶平等地分配给人们的意思；公正就是给予人们以应得的奖赏或按其价值给予奖赏"[②]。罗纳德·德沃金则认为："在某种层次的分析上，平等对待原则是公正概念的一部分"[③]。（3）综合说。穆勒把公正区分为五种形态，即：第一，道德的公正——即维护任何人按照道德权利应得的东西；第二，法律的公正——即尊重和保卫任何人的法定权利；第三，报应的公正——即每个人应有其应得之报；第四，守信的公正——即履行契约，忠守约定；第五，无私的公正——即平等待人，对于一切人的权利要给予平等的保护。[④] 诺兰则从综合角度深入阐释了公正的相反含义。他认为，公正就是反对：第一，带有偏见去运用规则；第二，带有歧视性或专断性的规则；第三，以权力剥夺正当权利。[⑤]（4）特殊保护说。前面经典作者们对公正的界定主要关注同等情形同等对待的不偏私原则，但却忽视了弱者的特殊保护问题，诚如德沃金所

---

① ［古希腊］亚里士多德：《政治学》，商务印书馆 1996 年版，第 148—150 页。
② ［美］弗兰克纳：《善的求索——道德哲学导论》，辽宁人民出版社 1987 年版，第 105 页。
③ ［美］罗纳德·德沃金：《认真对待权利》，信春鹰、吴玉章译，中国大百科全书出版社 1998 年版，第 273 页。
④ ［英］穆勒：《功用主义》，商务印书馆 1957 年版，第 57 页。
⑤ ［美］诺兰：《伦理学与现实生活》，姚中新译，华夏出版社 1988 年版，第 406 页。

说，平等权利有两种："第一种权利是受到平等对待的权利，……第二种权利是作为平等的人受到对待的权利。这不是一种平等分配利益和机会的权利，而是在有关这些利益和机会应当如何分配的政治决定中受到平等的关心和尊重的权利。"① 他所讲的"作为一个平等的人来对待的权利"，实际就是强调要对弱势群体实施特殊保护。罗尔斯更为系统地阐释了公正理想的实现需要平衡权利平等与特殊保护之间的关系，"所有社会价值——自由和机会、收入和财富、自尊的基础——都要平等地分配，除非对其中的一种价值或所有价值的一种不平等分配合乎每一个人的利益。"②

从经典作家的讨论中我们看到，公正在强调基本权利、机会平等的同时，充分尊重并承认个体对社会的不同的具体贡献。同时，公正还特别注重调剂原则，强调要对在社会合作体系中处于不利地位的弱者予以补偿。简言之，所谓公正，就是在一定社会范围内通过对社会价值的公平合理分配使每一个成员或社会群体"得其所应得"。这种"公平合理分配"应该包括四个原则：一是基本权利绝对平等原则；二是社会机会的公平平等原则；三是事后的贡献分配原则或非基本权利比例分配原则；四是差别原则（或补偿原则）。吴忠民就把这种公正体系界定为四个方面：①基本权利的保证；②机会平等；③按照贡献分配；④进行一次分配后的再调剂。③

理解了公正的含义，我们尝试进一步来揭示政策正向排斥的性质：当权威机构通过上述原则促成被排斥对象被排除在政策受益范围之外时，这种"排斥"是"失其应所失"，是正向的政策排斥。简言之，政策正向排斥的本质就是权威机构依照公正原则对社会价值进行分配。这种"失其应所失"主要体现在：一是排除特权，以保障社会机会向所有人开放，即针对同一权利和社会机会的分配上，除非有正当的理由，任何个人或群体都没有资格享有与其他个人或群体不同的特权，政策应保障所有社会成员享有平等的基本权利和社会机会，即不论是来自城市还是农村，不论是来自怎样的家庭背景，只要通过自身的努力，就可以取得应有的回报；二是排除不当价值与行为，即排除任何个人、群体、阶层、地区的不当价值与不当行为，以保证社会有机体的健康；三是排除不劳而获，即排除任何个人

---

① ［美］罗纳德·德沃金：《认真对待权利》，信春鹰、吴玉章译，中国大百科全书出版社1998年版，第358页。
② ［美］罗尔斯：《正义论》，何怀宏等译，中国社会科学出版社1988年版，第58页。
③ 吴忠民：《公正新论》，《中国社会科学》2000年第4期。

或群体获得政策的庇护而得到与其付出不相称的过高报酬,以防止其对能力强、贡献大的个人或群体利益的侵占,保障所有社会成员所得(如报酬与奖惩)与付出(贡献与功过)相称或相适应;四是排除优势人群对政府救济领域的侵入,以保障给弱势群体合理的救济和补偿,以实现全社会公共利益最大化。如保障房政策理应把中高收入人群排除出去,以保障更多低收入家庭能享有基本的生存条件,较好地实现住房的合理分配。因为,按照罗尔斯的差别原则,具有较高自然禀赋的人们必须通过为下层谋利而为自己带来利益,或者说不平等需要通过它是否是对最不利者最有利的条件来证明其正当性。

二 公共政策正向排斥的主要类型

充分发挥公共政策的正向排斥功能是政府的应尽职责,也是政府制定公共政策的根本理由。根据排斥内容,可以把公共政策正向排斥分为如下三种主要类型。

(一)利益排斥型公共政策正向排斥

利益排斥型公共政策正向排斥,指的是充分发挥公共政策的利益排斥功能,实现最适当的利益诉求者在国家所主导的价值框架下"得其所应得"。譬如,基于解决困难群体住房问题的需要,政策主导者应把那些住房脱困者从国家保障性住房政策的扶助范畴中排斥出去。如何充分发挥公共政策的正向排斥功能,科学制订排斥标准是关键。一般而言,可依据收入、财富或能力等排斥基准,建立以优势人群或特定对象为目标的政策排斥清单,确立不应当享受政策利益的个人、群体、阶层、地区的范围,把已获得较多收益者、竞争能力较强者排斥出国家相关政策扶助的范畴。例如,我们可以把维持基本生活的收入水平或土地、汽车、投资类资产、珍贵收藏品和银行存款等大件财物作为保障房政策排斥的考量门槛。为此,决策者要树立正向排斥政策思维。在传统的政策制定观念中,决策者往往关注的是"谁应得到"某种利益(福利待遇、救助金、生活优惠等),而较少关注"谁不应得到"某种利益。树立正向排斥政策思维,就是要把那些不应得到政策利益的对象作为政策制定的主要出发点,详细界定不应得到政策利益对象的特征,详细列举不应得到政策利益对象的类型,实现公共政策的精准排斥。公共决策部门要根据各领域的具体特点科学制定具体福利政策的正向排斥标准，精确列举正向排斥清单。例如，以最低生活保障政策为例，各地要通过认真细致的调查研究，结合具体实际准确列举不应享受扶贫政策利益的对象，如除了农村人均纯收入超过国家农村扶贫标准的脱贫者，还要把居住高档住房者、高档消费者、拥有大件财物者、好逸恶劳者、违法乱纪者、严重失信者等列入最低生活保障政策的排斥范围，避免国家扶贫政策成为一些好吃懒做者的"保护伞"，使国家有限资源和财力更精准、更有效地惠及那些应该得到国家救助的贫困者。

（二）行为排斥型公共政策正向排斥

行为排斥型公共政策正向排斥，是指充分发挥公共政策的行为排斥功能，实现社会有机体健康发展和社会文明进步。为了防范与遏止某些社会成员损及公共利益或他人利益，公共政策应明确把不当行为纳入排斥范围。具体体现为：一是，促进社会文明进步是公共政策的应然目标，因而，所有那些与现代文明相悖的行为，都应列入公共政策排斥的范围。例如，对于那些破坏社会治安、实施暴力恐怖的活动，以及践行那些低俗、庸俗、媚俗等有违公序良俗的行为，必须施行政策予以排斥或遏止。二是，促进国家或地方经济发展是公共政策的应然使命，因而，要全面实施市场准入负面清单制度，把那些不当的企业行为（如落后产能、落后的生产方式、落后的管理模式等）有序纳入公共政策排斥的范围，譬如，对于"僵尸企业"，必须施行政策整合转型或逐步清出市场。三是，维护公共安全和公共环境卫生也是公共政策所应致力的目标，那么，所有危害公共安全和公共环境的行为都应纳入公共政策排斥的范围。如偷抢劫骗、生产和销售假冒伪劣产品、酒驾醉驾、闯红灯、公共场所吸烟、随地吐痰、公共场所大声喧嚣等行为。虽然我们针对严重违法者建立了较为完善的法律惩戒制度，但是，对于那些轻微破坏公共秩序和公共环境的不当行为者，却缺乏有效的政策干预。相关部门可以制定《公共场所不当行为准则》《公共生活不当行为准则》《公共交通不当行为准则》等正向排斥政策，把闯红灯、公共场所吸烟、随地吐痰、践行低俗、传播媚俗等行为纳入负面行为惩戒范围，通过正向排斥手段（如重罚）倒逼人们纠正不当行为习惯，把守法纪、倡文明内化为自己的自觉行动。为了实现上述目标，政策排斥实施部门需要依赖如下途径：一是通过媒体、社区、学校等各种渠道公告负面行为清单，让全社会充分知晓理解哪些是不当得利，哪些是不当行为，为强化自律和相互监督奠定基础；二是要建立公共企业信用信息公示系统，对严重的不当行为实施者即时信息公示，并通过全国统一的信用信息共享平台实现信息互联共享；三是推动建立个人信用承诺制，对初次实施不当行为者要求其签订承诺书，若再次违反将自愿接受惩戒和限制，形成个人参与、媒体监督、部门主导的不当行为协同矫正机制。

（三）价值排斥型公共政策正向排斥

价值排斥型公共政策正向排斥，即充分发挥公共政策的价值排斥功能，保障国家的文化安全和长治久安。价值观作为社会意识系统的有机组成部分，是一个国家、社会的价值信仰、理想、标准和规范，是决定国家等社会共同体发展方向的最深层次要素。如果一个国家崇尚的是先进的价值观，那么，这个国家必将永葆青春和活力，永葆健康发展；反之，这个国家必将被历史淘汰。发挥公共政策的价值排斥功能，一方面要牢固确立马克思主义在意识形态领域的指导地位，把反马克思主义的错误思潮（如鼓吹西方政治理念和制度模式，主张实行多党制、议会制、普选制、三权分立制，提倡完全的"自由化""私有化"，宣扬历史虚无主义等）明确纳入政策批判范围，坚决与西化作斗争；另一方面，坚决摒弃与社会主义核心价值观相悖的价值理念。国家层面，倡导"富强、民主、文明、和谐"的价值观，坚决排斥贫穷、专制、低俗、蛮横等错误价值观；社会层面，倡导"自由、平等、公正、法治"价值观，坚决摒弃奴役、特权、歧视、人治等错误价值观；个人层面，倡导"爱国、敬业、诚信、友善"价值观，坚决抵制懒惰散漫、不讲诚信、坑蒙拐骗、勾心斗角等错误价值观。广泛弘扬中华优秀传统文化，坚决摒弃迷信、愚昧、颓废、庸俗等色彩的文化糟粕。为此，相关部门应建立负面价值清单政策体系，通过媒体、社区等各种渠道广泛宣传正确的义利观，公示负面价值清单，让全社会充分知晓理解哪些是不当价值观念；在宣传社会主义核心价值观的同时，要通过制定《社会生活不当价值观念与矫正规则》，明确列举与其相悖的价值观念和纠正措施，依靠学校、社区、政府三方合作实施教育引导和劝诫，重塑正确的价值观，充分发挥公共政策的价值排斥功能，推动形成良好的社会风尚。

三 公共政策正向排斥的基本机制

公共政策正向排斥之本质是依据社会公正原则的价值分配。公共政策正向排斥依据公正的政策机制，将本不应受益的对象排除出政策受益范围，实现对社会价值的公正分配，有效增进公共利益的过程和结果。罗尔斯认为，公正应包含"基本权利保障""一视同仁""得所当得""差别原则"四个方面。① 那么，涉及重要公共利益分配问题，公共政策正向排斥机制应该包括：

（一）排斥标准设定机制

排斥对象界定就是要依据收入、财富等排斥基准，建立以优势人群或特定对象为目标的政策排斥清单，确立不应当享受政策利益的个人、群体、阶层的范围，把已获得较多收益者、竞争能力较强者从国家相关政策扶助的范畴排斥出去，最终达到最大限度地满足最适当的利益诉求者"得其所应得"。建立科学、明晰的排斥标准是实现精准排斥的基础，解决的是排真"优"的问题。那么，什么样的对象是优势人群或特定对象？优势人群或特定对象要符合什么标准？要清晰准确界定，为实现排斥对象的对号入座奠定基础。首先，确立被排斥人群的收入基准。例如，对于保障性住房的收入排斥标准而言，可按照低收入家庭的标准，把家庭人均月收入设定为保障房准入或排斥标准，也可按照国际通行标准，把房价收入比的6倍作为保障房准入或排斥的收入标准。其次，确立被排斥人群的财富基准。例如，可把银行存款、土地、汽车、投资类资产和珍贵收藏品等大件财物作为保障房排斥的考量门槛，以下几种情形可列入保障性住房排斥清单：一是超出某城市规定的购买保障性住房的财产限额的家庭和个人；二是持有或从事有价证券买卖及其他投资行为和有字画、古币、瓷器、邮票等高价值收藏的家庭；三是有与商品房支付能力相称的银行存款的家庭；四是家庭成员持有并使用高档移动电话，或拥有贵重首饰，或拥有自己出资购买的汽车等非生活必需高档消费品的家庭。最后，确立被排斥人群的行为基准。为了防范与遏止某些社会成员损及公共利益，公共政策应明确把那些与现代文明相悖、危害公共安全和公共环境、不劳而获、使用特权的行为纳入排斥范围。

（二）不当得利排除机制

排除任何个人或群体获得政策的庇护而得到与其付出不相称的过高报酬，以防止其对能力强、贡献大的个人或群体利益的侵占，保障所有社会

---

① ［美］约翰·罗尔斯：《正义论》，何怀宏等译，中国社会科学出版社1988年版，第231—292页。

成员所得（如报酬与奖惩）与付出（贡献与功过）相称或相适应。不当得利排除主要通过以下途径实现。一是过高受益调低途径。例如，垄断行业依靠自身的垄断地位获取暴利，使其高管和职工获得了远远超过社会平均收入水平的高薪酬，国家应采用行政手段对他们的工资水平进行调控，同时对那些高收入群体课以高税率来获得高税额，用于国家实施再分配。二是受益人不合理收入倒扣途径。对于那些无中央和国务院政策依据而取得超出国家明确规定的范围和标准发放的工资津贴补贴，或提高标准发放的奖励性津贴和各类自设的津贴补贴，实行停止发放并倒扣已经发放的不合理收入。三是不劳而获排除途径。承认知识、资本、技术、管理、数据等生产要素对社会生产力的贡献，企业家、经理人、科技人员可以按这些要素的贡献程度获取较高收入，同时也要同步重视初次分配中的劳动力价值，提升劳动在初次分配中的比重，使劳动报酬与劳动生产率成正比，消除不劳而获的生存土壤。当前最典型的不劳而获行为表现为党员干部的"吃空饷"的行为，如通过虚构病情、伪造病假条等方式获准病假而骗取薪资，或以外调、借用等为名长期旷工，离岗经商办企业、长期在外进修学习或从事其他工作的行为，或是利用职务便利安排亲友在下属单位挂名不在岗，拿钱不干事，领取薪资实为权钱交易标的行为，因此，既要对行为人的不合理收入实行薪资倒扣责任倒追，还要严肃追究其单位领导的责任。

（三）身份鉴别机制

通过科学有效的手段，对拟排斥对象的财产、收入、能力、行为等方面进行评估，形成排斥对象与排斥基准、排斥范围的有效衔接，完成对某一社会成员排斥身份的鉴别和确定，从而为正向排斥的精准实施提供依据。首先，对人群实行全面摸底调查，依据收入、财富、能力、行为基准，确定拟排斥人群，建立档案，接入国家扶助政策拟排斥人群信息管理平台，做到精准识别被排斥对象，精准登记造册，精确建档立卡；其次，以优势人群动态化信息为基准，对政策受益群体和被排斥人群的收入、财富、能力、行为情况进行动态监测，依据其收入、财产、能力的变化，动态更新拟排斥人群档案，精准实行动态排斥管理；最后，实现社保、统计、医疗、教育、税务等部门的信息联动，实现排斥主导部门与信息提供部门的互联互通、信息共享，及时更新政策关涉对象的收入、财富数据资料,使排斥主导部门对被排斥对象身份做到精准鉴别,将"应失去利益"对象有效识别出来,明确排斥对象,掌握排斥着力点。

(四) 公正性审查机制

公正性审查指的是在同一权利和社会机会的分配上,所有社会成员享有平等的基本权利和社会机会,要通过相关机构或第三方对排斥基准和排斥过程进行公正性审查与纠偏,保障政策正向排斥的公正性。一方面,要判断行政者限制公民权利的目的是否违背宪法、法律等的明确规定。另一方面,要综合考察政策排斥行为是否符合宪法、法律的目的,是否符合目的正当性原则。例如,在疫情正在扩散时,出于保护公众健康的目的,政府出台限制公民人身自由的政策排斥措施就具有了正当性,但疫情一旦消除,那么政府所追求的"为了保护公众健康"之目的就失去了正当性,政策排斥措施就应该取消。具体言之,公共政策排斥的公正性审查主要包括如下内容:其一,是否违反所有人群的基本权利保障;其二,是否违反机会的一视同仁原则;其三,是否违反分配的"得所当得"原则;其四,是否违反弱势群体补偿原则。实现公共政策排斥的公正性审查,还要依赖如下机制。一是基本权利保障机制。要持续推动经济发展,不断扩大社会成员基本权利的范围,最大化地满足社会成员的基本需求。二是多方参与机制。在制定排斥性政策时,要贯彻以人民为中心的理念,以人民认可为评价标准,应当也必须让各方利益代表参与对政策的审查,尤其是要允许利益相关者有充分的参与和表达的机会,使之能够充分地表达自己的意见和诉求,更好地维护、实现大多数人的利益,最大程度地满足人民的愿望,增进公共政策排斥的合法性。三是政策公开机制。公开是实现政策公正最好的路径,要从信息公开、技术、制度等方面创造条件,将相关的信息向全社会充分公开,让所有社会成员和社会群体都能参与到政策的讨论中来,让政策接受全社会的监督,使所有社会群体的声音都能在政策制定和政策执行中得到公平对待,使每个人都能有平等的机会维护自己的利益,同时也有利于防止制定和实施政策的直接当事人将自己的利益倾向和偏好体现在相关的政策之中。四是政策修正机制。由于社会的复杂性以及决策者能力的有限性,公共政策排斥的公正程度必然有一个逐渐提升的过程,这就需要对公共政策的公共性价值进行评估、审查与纠偏,不断促进政策的公正程度。

四 公共政策正向排斥的主要功能

从本质上说,实施公共政策正向排斥,旨在通过公共政策正向排斥手段去增进和维护社会公正,以促进经济社会发展与公共生活的良性运行。

(一) 对社会公共生活的导引功能

为解决某个特定的社会公共问题,政府需要通过公共政策手段对社会成员在公共生活中的价值导向和行为加以引导,倡导公序良俗,使整个社会朝着决策者所期望的方向发展,引领社会的正确发展方向。公共性是社会公共生活的本质特征,它有如下三个方面:一是共享性,即生活在同一地理空间中的人共享某种语言、文化、生活空间、思维方式等,不具有排他性,它涉及的内容是公开的;二是讨论的公开性,即人们通过公平、开放的程序,共同参与公共议题,公开讨论某一议题,并达成共识;三是责任性,即社会成员基于同意和共识建构的社会规范,社会成员在享受公共利益的同时也应承担相应的义务,每一个社会成员都应该对自己的公共行为负责。为了保障社会公共生活的质量,促进经济社会发展与公共生活的良性运行,政府需要通过公共政策手段对社会成员的价值或行为进行正确引导与规制。公共政策的导引功能的主要内容是规定目标、确定方向。规定目标指的是把整个社会公共生活,包括经济生活、政治生活、文化生活等,由复杂的、漫无目标的状态,导向明晰的、健康的轨道,促进社会朝着有序的方向发展。确定方向就是公共决策者遵循经济社会发展的客观规律,基于历史规律为社会发展的现实和未来确立路标、锚定航向,确立全体人民努力的方向。

(二) 对不当价值或不当行为的制约功能

公共政策正向排斥的制约性就是指政策主导者通过限制、制约、禁止政策主导者所不希望的某种价值观或某些行为,达到改善和维护公共秩序之目的。例如,为了防范与遏止某些社会成员的行为损及公共利益或他人利益,必须以公共政策对其进行引导、规制和约束。作为统治阶级的政治、经济、文化利益集中体现的公共政策,必须承担维护其政治、经济、文化利益的功能。在规范人们的社会公共行为时,公共政策要明确规定什么是不可为的,什么是可为的,同时对不可为的事项进行规制,就是公共政策正向排斥制约功能的体现。公共政策正向排斥的制约功能,首先体现为针对侵犯公共利益的言行,用公共政策予以打击或限制。公共政策的一个重要目标，就是要维护最大多数人的利益，禁止或限制任何有损于公共利益的行为发生。为了促进经济社会发展与公共生活的良性运行，一切有损于公共利益、阻碍经济社会健康发展的行为都要被限制。其次，公共政策正向排斥的制约功能体现为对人们不正当利益诉求的限制。在公共生活中，每个人、每个群体、每个社会阶层都有着各自的特殊利益，这种特殊利益可能与公共生活的根本利益不一致，甚至是相冲突。为了防止社会成员在追求自身的特殊利益时侵犯公共利益，则需要用公共政策手段对其的价值观和行为进行引导和规制，把各方力量引导到维护公共利益的轨道上来，共同聚力于促进社会文明进步。因此，本质而言，公共政策正向排斥，就是通过否定、遏止、排斥某些社会成员的不当价值或不当行为，以实现、增进和维护社会公正，以促进公共生活的良性运行。

（三）对社会利益的分配功能

由于知识水平、传统习俗、思维观念和社会经济地位的差异，不同的个人或群体往往有不同的利益和需求。然而，社会资源总是稀缺的，即使是强有力的政府也无法满足每个人的利益要求。在社会生活中，每个个体和群体都希望在有限的资源分配中，获得比他人更多、更好的利益，这将不可避免地会导致利益冲突。如果利益冲突激化，则可能造成社会的不稳定。为减少这种利益冲突或降低利益冲突的程度，政府就需要站在公正的立场上，用公共政策正向排斥之手段遏制不正当的利益诉求，通过"正当的失去"来更好地实现"正当的获得"。通过让某些不应得到某种政策利益的人群排斥出政策受益范围，从而达到让应该得到政策利益的人群获得更多的利益，或者让更多的人获得政策利益，这就是公共政策正向排斥的利益分配作用。例如，为了把扶贫资金更多地用在真正的穷人身上，让有限的公共财政惠及更多的穷人，更精准、更全面地实现脱贫目标，政府可通过收入或财富排斥标准把不应享受扶贫利益的对象排斥出精准扶贫政策的受益范围。一般地说，公共政策正向排斥越精准，公共政策正向排斥的分配功能发挥就越充分。

第三节 公共政策正向排斥的应然性

从政治哲学角度探讨该议题，既是理论上深化对政策功能与运行方式的认知的需要,也是实践中运用公共政策排斥手段促进社会公平正义和健康发展的需要。

一 公共政策正向排斥的必要性

汉语中的"必要"一般可理解为"不得已"的意思。法律上的"必要性"的初始内涵源于德语。在德语中,在表达"必要的情形"时,倾向运用"notwendig",意为"必要的""急迫的";在表达"必要的手段"时,倾向运用"erforderlich",意为"不可缺少的"。可见,法律意义上的必要性包括目的必要性和手段必要性两个方面。就政府治理而言,目的必要性是指除非在必要的情形下,否则公共权力的行使不得随意干涉公民个人自由。这里的"必要的情形"一般应当考虑目的的重要性、紧迫性。手段的必要性是指目的必要的前提下,公共权力应当考量手段的种类、手段的损害大小等因素来选择对当事人造成的损害最小的手段。正如中国行政法学家姜明安认为,必要性原则是指"行政机关实施行政行为,必须在多种方案、多种手段中选择对行政相对人权益损害最小的方案、手段实施"①。而且,公共政策的运用有其条件和范围,当讨论公共政策排斥必要性时,除需要考察法律意义上的必要性,还需考察公共政策出台的必要性。据此,公共政策排斥的必要性向度则应包含三个层面:一是公共政策出场的必要性;二是目的的必要性;三是手段的必要性。在公共政策排斥的语境中,为了维护、增进和实现社会公正,促进公共生活良性运行,国家有必要充分运用公共政策这一国家治理的核心工具:或是把某些社会成员、群体或区域排斥在政策受益范围之外;或是否定、遏止、排斥某种不当价值、理念或行为。可见,公共政策排斥意味着对被排斥对象的某种权益进行剥夺或限制,从而对被排斥对象产生较大的影响。显然,这种手段的运用要遵循必要性原则。

第一,公共政策排斥应遵循"政策干预有限"原则。虽然市场失灵理论认为,为了克服市场失灵,政府在公共产品供给、垄断、财富分配等领域需要对市场进行干预和调控。然而,公共选择、理性预期等新自由主义经济学流派认为,政府也会失灵,如公共政策会失效、公共产品供给的低

---

① 姜明安主编:《行政法与行政诉讼法》(第六版),北京大学出版社、高等教育出版社2015年版,第74页。

效率、权力寻租行为等。正如科斯所言："直接的政府干预未必会带来比市场和企业更好地解决问题的结果。"① 他们坚称，政府是在市场和社会对某一问题或情形难以解决或解决不好的情况下出场的。换言之，作为依靠公共机构推动的公共政策排斥手段的使用应有其边界，其应当是在市场机制和社会机制难以有效达到公共目的时才适用。如果某一问题或情形不需要公共政策干预，则不能适用排斥性公共政策。以下领域不适用公共政策排斥之手段。一是竞争领域。例如，政府不能通过公共政策来排斥市场主体进入市场的自由。二是政府能力达不到的领域。如果政府没有能力预料到政策实施后可能发生的后果，或者说政府没有能力实现政策目标，此时，政府不适宜采用政策排斥手段来分配义务，因为，此种情况下容易发生决策失误而导致排斥错位，进而引起公众的反对甚至抵制。例如，2007年某市政府以公告形式规定：每月最后一个周六都是"城市无车日"，市区一环路内9点至19点，只对行人、自行车、公共汽车、出租车、其他公共交通和特种车辆开放，其他社会车辆（含摩托车）均不得驶入，其目的本在于"环保、缓解市内交通压力"，然而，却导致"一环至三环的主干道几乎全线阻塞，并且导致拥堵路段废气排放量增加，有违环保初衷；同时，一环路的道路拥堵，直接造成运力下降，市民的通行权受到影响"②。三是私人领域。私人事务不适用公共政策排斥手段。譬如，有的人认为，婚外恋行为对合法婚姻关系造成了严重破坏，因此应当以政策法规来加以惩治。然而，婚外恋行为只是一个私人事务，政府没有必要通过制定公共政策来干预，因为公共政策不该管这类不应当管也管不好的私人问题。再如，公共机构不能运用公共政策来限制人们穿奇形怪状的衣服。

第二，公共政策排斥应遵循目的的必要性原则，即公共政策排斥应当出于正当的目的。维护、增进和实现社会公正，促进公共生活的良性运行，是制定和执行公共政策的根本目的。由于社会资源的稀缺性，作为社会价值分配主体的政府不可能对所有社会成员的利益和利益要求予以满足，这就需要政府运用政策对不同社会成员或群体的利益和利益要求进行区分和选择，以协调不同社会成员或群体之间的利益矛盾或冲突，维护、增进和实现社会公正，促进经济社会发展与公共生活的良性运行。从排斥

---

① ［美］罗纳德·H. 科斯等：《财产权利与制度变迁——产权学派与新制度学派译文集》，刘守英等译，上海三联书店1994年版，第22—23页。
② 文洁：《论"无车日"禁行的合法性与合理性》，《2008年思想战线社会科学专辑》第34卷。

角度看，在资源稀缺的条件下，为维护、增进和实现社会公正，保障公共生活的良性运行，有必要将那些不应享受政策益处的个人或群体及不当观念、价值、行为纳入排斥范围。具体体现为三个方面：一是在区分"应当得利"和"不应得利"的基础上，将某些社会成员或群体的利益和利益要求纳入政策受益范围而将"不应得利"的社会成员和群体的利益和利益要求排斥在政策受益范围之外，以有效实现"应当得利"的社会成员和群体的利益，增进和维护社会公正。二是在区分"正当价值"与"不当价值"的基础上，将社会生活中的不当价值观念（如，西方新自由主义思潮影响下的个人主义、利己主义、享受主义、拜金主义等不良价值观和传统社会遗留下来的官僚主义、形式主义、宗派主义等封建价值观）纳入公共政策的排斥范围，推进全社会树立社会主义核心价值观，形塑良好的社会道德风尚。三是在区分"正当行为"和"不当行为"的基础上，将社会生活中的不当行为（如，坑蒙拐骗、弄虚作假、尔虞我诈、见利忘义、徇私行贿等不良行为）纳入公共政策的排斥范围，促进社会公共生活的良性运行和经济社会的健康发展。

第三，公共政策排斥应遵循最小损害原则。排斥意味着对被排斥对象某种权利的全部剥夺或部分剥夺，那么，遵循必要性原则意味着要遵循最小损害原则，"如果有多种手段可以消除对公共安全、公共秩序的破坏，或能有效地防御危险，则应当尽可能地选择一种对相关人员与一般大众损害最小的手段"[①]。最小损害原则意味着即使公共政策排斥或干预是必要的，政策工具的选择也仍然要慎重，如果所选择的政策工具不是对被排斥对象构成最小损害的，那么这个政策工具应被认为是不必要的。例如，在农村养殖污染治理中，有些地方政府设立"牲畜禁养区"，并对禁养区的养殖场实施了全面拆迁或关停。整治环保固然重要，但是，实行一刀切的全面拆迁或关停措施，不仅影响了养殖户的收入，而且引发了农民对政府扶贫政策的不理解。因此，这种"一刀切的全面拆迁或关停措施"就是一项不必要的政策，因为它没有致力于被排斥对象的"最小损害"。依据最小损害原则，农村养殖污染治理可以采取综合治理措施：首先，加强养殖户专业养殖知识和环保知识的培训，引导其积极配合政府的环境治理行动；其次，对养殖户实行补贴，引导其搬迁并购买处理污物的设备，使养

---

① 刘权：《论必要性原则的客观化》，《中国法学》2016年第5期。

殖场通过若干年努力逐步达到环保标准;最后,在前面两个措施的基础上,对到了政府规定的达标年限还没有实现环保达标的养殖场进行关停整改。当然,上述讨论是基于政策工具的"相同有效性"这一前提,然而,政策工具的相同有效性在现实中是较少出现的。因此,最小损害原则还需要考虑政策工具的有效性问题,"在判断何为最小损害性手段时,不应当忽略不同手段的有效性差异"①。当相同有效性被考虑之时,最小损害性则变为对不同手段的损害与收益权衡之后的"相对最小损害性",公共政策排斥工具选择的必要性原则也就演变成了"在手段的最低可接受收益的条件下,选择出对公民权利相对损害最小但收益也相对较大的手段"②。比如,近年来,有些地方政府为了实现房价调控目标实施了"限购令"和"限贷令",虽然短期内能够通过抑制需求来达到控制房价过快上涨的目的,但是,也误伤了不少改善性需求,甚至引发了"中国式离婚"等社会问题。那么,这种政策排斥虽然实现了遏止房价过快上涨的目标,但是对相对人而言,却没有实现"相对损害最小但收益相对较大"之结果。显然,这种政策值得好好商榷。

二 公共政策正向排斥的合法性

在政治学的视野中,"合法性"通常用来指政府和法律的权威被民众所认可的程度。《政治学分析辞典》把"合法性"定义为,"一种政治统治或政治权利能够让被统治的客体认为是正当的、合乎道义的,从而自愿服从或认可的能力与属性"③。美国著名政治学家阿尔蒙德的解释更为直观:"如果某一社会中的公民都愿意遵守当权者制定和实施的法规,而且不仅仅是因为若不遵守就会受到惩处,而是因为他们确信遵守是应该的,那么,这个政治权威就是合法的。"④ 至此,政策的合法性可指公共政策被民众所认可的程度。从政策构成角度看,公共政策合法性主要包括政策价值合法性、政治内容合法性、政策程序合法性。公共政策正向排斥本质上

---

① 刘权:《论必要性原则的客观化》,《中国法学》2016年第5期。
② 陈至奕、范剑勇:《限购、离婚与房地产区域差异》,《浙江社会科学》2016年第12期。
③ [美]杰克·普拉诺等:《政治学分析辞典》,胡杰译,中国社会科学出版社1986年版,第83页。
④ [美]加布里埃尔·A.阿尔蒙德、小G.宾厄姆·鲍威尔:《比较政治学:体系、过程和政策》,曹沛霖等译,上海译文出版社1987年版,第35页。

是一种权威机构按照公正原则对社会价值进行配置的分配方式,其价值分配的理念、内容、方式都应符合政策合法性的内在要求。

公共政策排斥的价值导向要与主流社会价值规范相一致。政策的价值取向是其获得合法性的前提,正如让·马克夸克所言:"政治应该将何种价值作为自己所推动的目标,处于统治地位的人和处于服从地位的人应当就这一点达成一致,也只有在这个时候,统治才能成为一种权利行为。"① 主流社会价值规范是指在观念的上层建筑体系中占据统治地位,获得社会主体的广泛认可,具有一定阈值的社会流行时空度,对社会主体的言行举止具有规约性和导引性,符合历史发展趋势,具有较强的生命力和可持续发展力的社会价值规范。人类历史发展的事实及研究证明,只有符合主流社会价值规范的公共政策,才能获得民众的自觉认同与服从,"只有当政府的产出与社会价值范式相符合的时候,一个政府才算是合法的"②。在现代社会,符合公正要求被人类社会确立为公共生活应坚持的根本性的、普遍性的价值标准,是一个共同体最重要的主流社会价值规范。虽然自由主义、保守主义、功利主义、社群主义、社会主义等诸多思想和理论体系不可能对政策的主流价值取向达成全面的一致,但是,如果某一政策背离了公正这一最基本的价值规范,则很难被这些理论体系所接受。从应然角度说,公共政策排斥作为对某一种社会成员或群体某种权利或机会的部分或全部地剥夺的政策机制,理应符合公正的价值导向,不然,则难以得到民众的认可和服从,甚至会引起民众的普遍反对而引发冲突。因此,应然视角下的公共政策排斥就是要照公正原则对社会价值按进行分配,以某些社会成员"失其所应失"来保障所有社会成员"得其所应得"。

公共政策排斥的内容要合乎法律性要求。公共政策的合法律性包含两个层面:一是合乎上位法特别是宪法的要求;二是合乎自然法的标准,"虽然政府实质合法性的具体内涵随着时代的变迁会有所变化,但它在本质上应当也必须与自然法一致"③。其一,公共政策排斥的内容不能与法律

---

① [法]让·马克夸克:《合法性与政治》,佟心平、王远飞译,中央编译出版社2005年版,第19页。
② Peter G. Stillman, "The Concept of Legitimacy," Polity, Vol.7, No.1, 1974, p.42.
③ 黄健荣:《论现代政府合法性递减:成因、影响与对策》,《浙江大学学报》(人文社会科学版)2011年第1期。

原则和道德原则相抵触，最重要的是要符合国家的宪法，否则，该政策无效，这是政策合法性的基本要求。因此，要建立公共政策的合法性审查机制，每一项排斥性公共政策都要经得起合法性审查和合宪性审查。其二，公共政策排斥的内容要合乎自然法的要求。合法律性是合法性的前提，但不是依照法律就可以具备合法性。合法性之法不是成文法，而是自然法。什么是自然法？黄健荣认为，"自然法是人类社会作为确定法制基础的关于正义的基本和终极的一切原则的集合"①。自然法崇尚以下价值理念：（1）自然法是至善法。在自然法学家眼里，不同国家和时代的法律，尽管有诸多差异，但有着共同的价值目标，如自由、平等、秩序等。正如洛克所言，"理性，也就是自然法，教导着有意遵从理性的全人类：人们既然都是平等和独立的，任何人就不得侵害他人的生命、健康、自由或财产"②。（2）自然法是理性法。自然法高于人定法，人定法来源于自然法，人定法必须符合客观事物发展的规律，"真正的法律是与自然相符合的正确理性，它是普遍适用、不变和永存的，它以其指令召唤履行义务，以其戒律防止作恶"③。（3）自然法是契约法。霍布斯、洛克、卢梭等先哲们一再论证，为了更好地保护人们在自然状态下所拥有的生命权、平等权和财产权等基本权利，人们可以达成契约，让渡或放弃自己的权利，设置一个明确的公正无私的政治权威来裁决纷争，维护人们生活的安全与秩序。当然，政治权威的建立只能依赖于大多数人的同意，"开始组织并实际组成任何政治社会的，不过是一些能够服从大多数而进行结合并组成这种社会的自由人的同意。这样，而且只有这样，曾会或才能创立世界上任何合法的政府"④。

依据自然法的标准，公共政策排斥有以下情形：其一，保障所有社会成员享有平等的基本权利和社会机会是公共政策最重要的使命，因此，除非有正当的理由，公共政策应排斥任何个人或群体的特权，如教育、医疗、住房、就业等特权，以保障基本权利的平等享有和社会机会向所有人开放。其二，促进社会文明进步是公共政策的应然目标，因而，所有那些

---

① 黄健荣：《论现代政府合法性递减：成因、影响与对策》，《浙江大学学报》（人文社会科学版）2011年第1期。
② ［英］洛克：《政府论》（下篇），叶启芳、瞿菊农译，商务印书馆1964年版，第6页。
③ Cicero., "On the Republic," in The Hellerri. stic Philosopher: Trarr. slatiorr. s of the Principal Sources with Philosophical Commentary, 1, Translation A. Long D. Sedley, Cambridge, 1987, pp. 432－433.
④ ［英］洛克：《政府论》（下篇），叶启芳、瞿菊农译，商务印书馆1964年版，第61页。

与现代文明相悖的观念与行为，都应列入公共政策排斥的范围。例如，对于那些煽动和制造民族冲突与民族分裂，煽动和制造恐怖活动，以及践踏公序良俗的行为，必须施行政策予以排斥和遏止。其三，促进国家或地方经济发展是公共政策的应然使命，因而，那些落后产能、落后的技术、落后的发展理念、落后的管理模式都应有序纳入公共政策排斥的范围。譬如，对于"僵尸企业"，必须施行政策重组整合或逐步清出市场。其四，维护公共安全也是公共政策所应努力的目标，因此，所有危害公共安全的行为都应纳入公共政策排斥的范围，如吸毒制毒贩毒、偷抢劫骗、生产和销售假冒伪劣产品、酒驾醉驾等行为。

公共政策排斥的程序要符合正当性要求。充分表达民意是公共政策程序正当性的基本要求，也是实现实质合法性的根本保障。在公共政策制定与执行过程中，只有最大限度地促进公众参与，让公众的意愿和诉求得到充分的表达，并最大限度地回应公众的企盼，公众才能从心里由衷地信任乃至信仰政府做出的政策安排，正如盖伊·彼得斯所言，"在这样一个时代里，如果没有公众的积极参与，政府很难使其行动合法化"[1]，否则公众则可能会质疑乃至抵制政府的政策安排，从而构成对公共政策合法性的巨大损害。因此，排斥性公共政策的制定和执行要充分保障公众的有效政策参与，保障利益相关者对政策问题界定、政策议程设置、政策方案制定、政策合法化等政策各环节的全程有效参与，较大程度地防止某些成员或群体特别是弱势群体在政策安排过程中遭受不正当排斥的事实，"在几乎所有的社会中，有钱有势者的需要和偏好在政府制定的公共政策中得到充分体现，而对于那些即便是最应当从中受益的人但却处于社会边缘的人们来说，这种情况却十分罕见"[2]。

三 公共政策正向排斥的合理性

"合理性"，英文为 Rationality，从词源学意义上来自"理性"（ration），与合法性一样，合理性也是政治学范畴中容易混淆的一个名词，而且准确区分合理性与合法性从来就不是一件容易的事。德国政治哲学家马

---

[1] ［美］盖伊·彼得斯：《政府未来的治理模式》，吴爱明、夏宏图译，中国人民大学出版社 2001 年版，第 59 页。
[2] 世界银行：《变革世界中的政府》，中国财政经济出版社 1997 年版，第 10 页。

克斯·韦伯把合理性分为：工具合理与价值合理。在哈贝马斯看来，合理性主要不是传达或表达的合理性，而是行为的合理性，"合理性体现在总是具有充分论据的行动方式中"①。而在后现代哲学家的眼中，合理性指的是合乎情理，"合理性指的是一系列的道德德性：容忍、尊敬别人的观点、乐于倾听、依赖说服而不是压服，这些是一个文明的社会如果要持续下去其成员必须拥有的德性。"②在马克思主义哲学看来，"合理性就是对人们的思想和行为所应当具有的客观性、价值性、严密性、正常性、正当性、应当性、可理解性、可接受性、可信性、自觉性等的概括与要求，是合规律性、合目的性和合规范性的统一，也是真理性与价值性的统一"③。虽然不同学者对合理性的界定有所不同，但总结各方观点来看，合理性既是一个价值问题，也是一个方法问题。一方面，它是人类特有的一种价值标准和评价尺度，体现着人们对外部世界的合理性、真理性、完善性以及平等、正义、人权等要求；另一方面，它又是一种理性方法，与逻辑化、规范化、条理化、合理化、科学化、理想化相联系，意味着合规律性、合科学性、合逻辑性，体现符合客观规律的认识与反映。至此，公共政策合理性可理解为：公共政策要合乎正义等价值要求，同时，要合乎规律、合乎科学、合乎逻辑。虽然合理性与合法性是一对具有亲密关系的概念，但是两者的概念不可混淆，更不可互相代替。第一，虽然它们都共同要求行为或状态的存在要符合某种价值标准，但是合理性不包含合法律性的概念，而且，合法性强调服从性，而合理性强调可行性。第二，在现代社会，合理性主要通过合法性来体现，但既不能把合法性混同于合理性，也不能用合法性代替合理性，因为，离开合理性的合法性就可能成为单纯的统治工具，而离开合法性的合理性则容易变成"空中楼阁"。第三，合法性强调自愿服从，强调静态属性和持久价值，而合理性是一个反思性、批判性的概念，任何对合理性概念内涵的界定，都只具有相对的和暂时的意义，只能在发展中给予动态的理解；而"合法性观念追求的则是现实的确定性、稳定性、可操作性，唯一的和最后的依据就是实在法规范"④。因此，从合理性角度

---

① ［德］哈贝马斯：《交往行动理论》第1卷，洪佩郁等译，重庆出版社1994年版，第40页。
② ［美］理查德·罗蒂：《后哲学文化》，黄勇译，上海译文出版社1992年版，第78页。
③ 欧阳康：《合理性与当代人文社会科学》，《中国社会科学》2001年第1期。
④ 刘杨：《正当性与合法性概念辨析》，《法制与社会发展》2008年第3期。

来理解公共政策排斥的应然向度具有积极意义。

依据合理性的解释，公共政策排斥的合理性可从以下几个方面来理解。首先，公共政策排斥的"道"要合理，即公共政策排斥的理据要合理。一方面，公共政策排斥的"理据"体现为排斥理由的正当性。公共政策必须以公共利益的增进和实现为根本追求，正如洛克强调："政治权力的目的，在于保护个人权利，保障公共利益。"① 作为对公共权力的一种运用方式，公共政策排斥理应指向实现社会公共利益，这才符合柏拉图所说的建立国家的初衷，"我们建立这个国家的目标并不是为了某一个阶级的单独突出的幸福，而是为了全体公民的最大幸福"②。在资源稀缺的条件下，为了更好地实现公共利益，政府需要通过政策手段将一部分社会成员或社会群体的利益排斥出去，从而实现对社会利益的合理分配。可见，究其本质，合理的公共政策排斥是为了实现公共利益而承担的公共代价③，只有实现公共利益的排斥才是正当的。换言之，承担公共代价的对象是社会为实现公共利益而不得不付出的代价。一般来说，为了公共利益而承担公共代价的对象主要有四种情形：一是与政府所追求的整体利益不一致的公众，譬如国家《应急管理条例》规定，政府可以对疑似危险传染病病人采取紧急隔离、限制其人身自由的措施；二是与社会发展规律、社会发展方向相背离的公众，在推进生态文明的进程中，国家制定政策将那些高污染的行业或企业逐步淘汰出局；三是与基本伦理价值相背离的公众，譬如某人犯故意杀人罪，可能被剥夺政治权利终身而被排斥出选举权和被选举权之外，甚至被剥夺生命；四是为实现公共利益而不得不牺牲自身局部利益的公众，例如政府把高收入者列为政策（比如廉租房、税收减免政策等）的排斥对象，以实现社会资源的合理分配，有效增进社会公共利益之目的。另一方面，公共政策排斥的"理据"体现为排斥的公平性，即人们所承担的公共义务之分配必须是公平的。如果不是基于合理的理由，而让一些人比另一些人承担更多的负担，那就是不公平的。公平，即同样的情况应当同样对待，不同的情况应当不同对待。对于基本义务，作为社会成员的每一个人都必须履行，那么，对于基本义务的分配，原则上应当同样的情况同样对待。譬如，在 20 世纪八九十年代，依据国务院颁布的《关

---

① ［英］洛克：《政府论》（下篇），叶启芳、瞿菊农译，商务印书馆 1964 年版，第 91—92 页。
② ［古希腊］柏拉图：《理想国》，商务印书馆 1986 年版，第 133 页。
③ ［美］詹姆斯·E. 安德森：《公共决策》，唐亮译，北京大学出版社 1997 年版，第 211—216 页。

于筹措农村学校办学经费的通知》，农村中小学生要交"教育费附加"，而接受更好的教育的城市学生却不用缴纳此费用，这是典型的不公平的政策排斥。再如，履行计划生育义务，这是所有公民的共同基本义务，但是，在 20 世纪 80 年代，依据有些省份的计划生育政策，符合一定的耕地数量的农村夫妻可以生二胎，而城市夫妻则不行。这又是一个公共政策排斥不公平的典型例证。对于非基本义务，则应当实行不同情况不同对待的原则。譬如，对于不同收入区间的群体，要按不同的税率征收个人所得税。

其次，公共政策排斥的"度"要合理，即公共政策排斥的程度是适度的、可接受的。公共政策排斥实质上是通过政策规定对人们的负担进行分配，只有体现了合理性的负担才能得到人们的接受。公共政策给人们设定负担或义务，目的是协调人们之间的利益冲突，保障人们的正当权益，只要达到了这一目的就可以了，"如果超出了这一目的，过量了，就会损害人们的正当权益，造成对个人自由的过度限制和资源的不必要的浪费"①。譬如，曾经有人说，对于拐卖儿童的罪犯，只要抓到就枪毙，这对于犯了"拐卖儿童罪"但却还没有到达刑法规定的死刑的罪犯来说，就超出了排斥的"度"。公共政策排斥"度"的合理性具体体现为：一是公共政策排斥应当出于正当动机，有正当考虑。譬如，在房价作为重要指标的考核环境下，当地方政府认为房价增长过快时，都倾向推出"限购令"，这样，民众的"多元化需求、合理性需求和真实需求都有可能被限制性政策一刀切地压制"②。这种限购政策实际上已经偏离了"改善民生、促进房地产健康发展"的正当动机。二是公共政策排斥应体现过罚相当原则，排斥的程度过轻或过重，都是不妥的、不合理的。譬如，为了保障市民的生命财产安全，很多地方制定了相关公共政策对市民燃放烟花爆竹的行为加以限制，这是必要的；但是，如果不分区域，全面禁止燃放烟花爆竹就变成因噎废食了，这个程度就不适度了。三是公共政策排斥还应考量公共利益、集体利益与个人利益的平衡，做到合乎情理。公共政策对某些社会成员利益实施排斥目的是更好地实现公共利益。但是，公共政策排斥不应当使相对人的损失超过所追求的公共利益，更不能为了公共利益最大化而置个人利益于不顾。

---

① 李永根、徐梦秋：《法律规范的合理性》，《天津社会科学》2009 年第 2 期。
② 陈水生：《中国限制性政策的运作逻辑：基于政策能力的解释框架》，《社会科学》2019 年第 9 期。

最后，公共政策排斥的"标"要合理，即公共政策排斥的标的或内容是可行的。公共政策排斥的合理性不仅要求政策规定的负担是正当的、可接受的，而且还应当是可行的，即公共政策对人们行为的要求应当是人们能够做到的。其一，公共政策排斥要符合客观条件。如果违背了客观条件，那么制定出来的排斥性政策就会行不通，就会难以推行。北京市限制小排放量的汽车就是一个典型的事例。1998年，"北京市公安局通告"规定，每天7时至20时，长安街禁止旅行车、轻型小客车、吉普车和发动机工作容积小于1.0升的小轿车通行。这一政策的初衷在于改变城市交通状况，改善城市的市容，但在实际运作过程中，由于限制了小排量汽车以后，就只能大量使用大排量汽车了，从而进一步恶化城市的环境，同时增加了社会对相关能源的需求量，这与中国环境保护和建设节约型社会的政策目标之间构成了明显的冲突，从而导致其难以执行。其二，公共政策排斥还要符合客观规律。譬如，近些年，有些地方为了城市的交通安全，发出了"禁电令"，禁止电动车上路，然而地方政府并没有实施有效的公共交通替代方案，未能有效缓解公众出行难的问题，于是，这种不符合经济社会发展规律的排斥性政策直接导致驾驶者与管理者之间上演"躲猫猫"的游戏，这正是不合理的公共政策排斥内容导致的后果。

第四节　公共政策负向排斥：命题再阐释

公共政策负向排斥，简称公共政策负向排斥，是近年来学界提出的一个新概念。公共政策负向排斥是指"由于私欲驱动或能力不足等原因，决策者和执行者背离公共性、公正性铁律，运用政策手段将本来应当受惠于某项或某些政策益处的个人、群体、阶层、地区排除在政策受益范围之外，以致出现损害社会公正，侵害公共利益的情形"[①]。该概念主要从利益分配角度阐释负向排斥的本质，但包容性不够，因为排斥除了利益排斥，还有行为排斥、价值排斥、观念排斥等。据此，我们需要对公共政策负向排斥进行重新定义，把行为排斥、价值排斥纳入政策排斥理论框架，将公

---

① 钟裕民：《公共政策负排斥的形成过程——一个政策过程的解释框架》，载《中国公共政策评论》第12卷，上海人民出版社2017年版，第56页。

共政策负向排斥界定为:政策主导者通过某种政策机制,自觉或不自觉地将本应同等受惠于某项或某些政策的个人、群体、阶层、地区不公正地排除在政策受益范围之外,或是使其某种价值或行为遭受不公正排斥的过程和结果。

一 公共政策负向排斥之本质

公共政策负向排斥之本质是有悖社会公正的价值分配或资源配置。如前所论,公共政策应致力于符合公平正义与经济规律的社会价值分配。然而,政策负向排斥将应受益于政策的社会成员、群体或地区排除在政策受益范围之外,或降低其应受益的程度,使他们"失其所不应失",其实质是不能依据公正原则进行价值分配。罗尔斯认为,公正应包含基本权利保障、一视同仁、得所当得及差别原则四个维度。以此观察现实中的公共政策负向排斥,公共政策负向排斥体现如下维度。

其一,保障社会成员基本权利方面的缺失。如公民基本教育、基本医疗等权利未得到平等保障。基本权利就是每个人因其是一个人所应享有的权利,具体体现为一国宪法确认的社会成员在政治、经济、文化、人身等方面所享有的基本权利。基本权利平等是现代国家政治文明的一个重要标志。正如马克思所说:"这种平等要求更应当是,从人的这种共同特性中,从人就他们是人而言的这种平等中,引伸出这样的要求:一切人,或至少是一个国家的一切公民,或一个社会的一切成员,都应当有平等的政治地位和社会地位。"① 公正价值要求政策保障每个社会成员平等享有基本权利,那么,政策负向排斥则意味着政策导致社会成员基本权利差序格局。

其二,一视同仁方面的偏失。某些社会成员未获得真正的平等机会参与竞争,诸如出身、性别、种族、财富、户籍或地域等因素成为人们能否参与竞争或能否平等竞争的前置性条件。对于公民而言,即使基本权利得到了平等对待,他也需要有机会争取并运用这些权利,这一点对于公民能否有效参与社会生活具有决定性的作用。于是,罗尔斯提出了"地位和职务向所有人开放""作为向才能开放的前途的平等"② 的机会平等原则。在同一社会共同体中,当公共政策使用双重标准来限制某一社会成员或群

---

① 《马克思恩格斯选集》第三卷,人民出版社1972年版,第143页。
② [美]罗尔斯:《正义论》,何怀宏等译,中国社会科学出版社1988年版,第56、61页。

体的某一社会机会时，比如限制某一社会成员或群体获得学习或就业的机会、限制民企进入非国家安全行业、限制外地企业进入某地方市场等，公共政策负向排斥就已经出现了。

其三，"得所当得"方面的落差。哲学家们普遍认为，非基本权利应该按照贡献分配，即按一个人给予社会和他人的利益（贡献）来分配社会和他人的必须且应该给他的利益（非基本权利）。正如亚里士多德所言："合乎正义的职司分配应该考虑到每一受任的人的才德或功绩。"① 虽然，非基本权利应按比例原则进行分配（贡献与报酬应相匹配）在现代国家已成共识，但是要真正实现并不容易。公共政策负向排斥意味着社会成员未得到平等对待。以当下中国退休待遇为例，同层次（资历或级别）员工公务员待遇最高，事业单位人员次之，企业人员又次之。

其四，差别原则的虚置。机会公平原则包括差别对待原则，给予禀赋不同的社会成员差别对待。罗尔斯指出，为了平等地对待所有人，提供真正同等的机会，社会必须更多地注意那些天赋较低和出生于较不利的社会地位的人们，"社会和经济的不平等应该有利于社会之最不利成员的最大利益（差别原则）"②。公共政策负向排斥意味着政策安排未能对弱势群体进行有效补偿，如最低生活保障标准过低即是福利政策对低收入阶层的负向排斥，是对社会最少受惠者扶助不力。

二　公共政策负向排斥的基本机制

从社会学角度上说，公共政策负向排斥是一种结构性暴力。一个社会的政治结构、经济结构与社会文化结构及使之定型的相关体制机制等社会建构决定该社会的政策产出，也是决定各种政策的排斥向度与强度。对于结构，安东尼·吉登斯所言颇为精妙，它是"在场与不在场事物的相互交织；得以从表面的现象中推断出潜在的符码"③。这样潜在的符码，即是关于权力的分配与结构，社会阶层与群体的权利界分，以及利益博弈与政策博弈的各种显规则与潜规则。这些因素相互交织就形成了规制经济社会运

---

① ［古希腊］亚里士多德：《政治学》，商务印书馆1996年版，第136页。
② ［美］罗尔斯：《正义论》，何怀宏等译，中国社会科学出版社1988年版，第97页。
③ ［英］安东尼·吉登斯：《社会的构成》，李康、李猛译，生活·读书·新知三联书店1998年版，第79页。

行走向，塑形财富与权力分配模式的决定性力量。其中，包括决定公共政策的走向与排斥向度。倘若这一力量导致公共政策负向排斥，则形成一种结构性暴力。威廉·A.哈维兰指出，所谓结构性暴力是指由处境、制度以及社会、政治和经济结构造成的暴力。① 这种暴力是在赤裸裸的商业逻辑支配下，社会道德责任的普遍缺失与制度缺失共同作用造成的悲剧。这样的结构性暴力扩大加剧社会矛盾，激化社会对抗与冲突，消解公权力合法性，是各种人为因素导致的社会风险的主要孕育者。在现代社会，体现为政策负向排斥的结构性暴力是各种社会风险产生的直接源泉。然而，通过强势利益群体的运作，各种风险终将会转嫁给弱势群体来承担，因为"每一个利益团体都试图通过风险的界定来保护自己，并通过这种方式去规避可能影响到它们利益的风险"②，强势利益群体往往可以通过影响政策供给使自身得到政策保护而远离风险。可见，公共政策负向排斥是不同利益群体博弈的结果。公共政策负向排斥主要通过如下机制得以形成。

（一）身份排斥机制

身份排斥是指以性别、阶层、家庭出身、政治身份、户籍、编制、所属单位性质等社会因素为基准来分配社会权利和社会机会，使某一社会成员或社会群体未能公平享受某种权利和社会机会的过程。例如，城市外来务工人员子女可能因为没有某城市的户籍身份而不能享有与城市居民子女同样的义务教育。身份排斥常常出现在就业领域，如，在国有或事业单位，身份不同，员工的工资、医疗保险、社会保障也不同，如果是合同工，即使干同样的工作，有的工资不及正式工的一半。身份排斥主要是通过身份认证机制来启动的，包括户籍认证、单位认证、人事认证三种认证方式。首先，通过地方政府的户籍认证，主要包含是本地人口还是外来人口，城市户口还是农村户口，等等；其次，要通过单位认证，主要包含是否是本单位，是编内（有编制）还是编外（人事代理、合同制等），等等；最后，要通过（组织）人事认证，主要包含行政编制、事业编制、工人编制认证，职位（职称）等级认证，党群关系认证，学历认证，等等。人事劳动部门通过上面一系列认证完成对某一社会成员社会身份的鉴别，从而为社会成员的权利和社会机会的分配提供依据。要实现

---

① ［美］威廉·A.哈维兰：《文化人类学》（第十版），翟铁鹏、张钰译，上海社会科学院出版社2006年版，第514页。
② ［德］乌尔里希·贝克：《风险社会》，何博闻译，译林出版社2004年版，第31页。

社会成员的权利和社会机会按照社会身份为基准进行分配,离不开单位机制的作用。单位机制通过户籍制度、福利制度、社会保障制度、劳动工资制度等所形成的制度合力,实现对成员身份的强制界定,构造了一条靠个人力量难以跨越的制度鸿沟,形成有单位与没单位、单位内部的身份权利差距。

(二) 资本排斥机制

资本排斥是指以财产、收入、关系、技术等资本因素为基准来分配社会权利和社会机会,使在财富、收入、关系网络、技术方面处于不利地位的个人或群体未能公平享受某种权利和社会机会的过程。在资本排斥过程中,社会成员的某种权利和社会机会不是因其才能、贡献而获得,而是由其所拥有的财力、社会关系等资本因素所决定。例如,2006年4月,合肥市教育局发布文件,规定达到一定投资规模的外来投资者的子女在中考中可得到20分的加分照顾。[①] 社会资本是排斥的又一重要影响因素,如我是某某的学生、我是某某的朋友、我是某某的儿子等的身份规定就可能给其带来与其他一般社会成员不同的政策优待,就可能取得获取某种权利和社会机会的特权。技术资本也是排斥的重要影响因素,例如,对于一些本科生就能胜任的社会工作,招聘单位却要设立研究生学历或某种技术的门槛,甚至有些地方或单位还要求本、硕或博都要211或985大学毕业,或者要求第一学历必须是高水平大学毕业。实际上,这种政策排斥把那些第一学历或最高学历、技术处于不利处境的人置于不平等的地位,构成了对他们的负向排斥效应。资本排斥机制集中体现为以资本的多少及其创造资本的能力来决定分享公共资源的比例,由此带来社会成员因为其所拥有的资本差距而获得不同的基本权利和社会机会,进而形成政策负向排斥。从本质上说,资本排斥就是财产、收入、关系、技术等资本因素在政策负向排斥过程中发挥主导作用的过程和结果。中间有如下机制发生着重要作用:一是资本转化机制,如,家庭将其资本转化为子女教育等社会机会的优势,高阶层利用资本优势直接获得比其他阶层更多的教育等其他资源和机会,从而实现不平等的代际传递;二是资本精英群体通过资本排斥非精英群体进入的方式使自身及其后代在社会资源的分配中居于优势的地位,从而形成一个没有分割的、合作的、团结的精英阶层,并实现精英阶层的

[①] 宋斌:《决不容金钱腐蚀教育公平》,《中国教育报》2006年8月10日。

再生产;三是政策主导者通过资本权力与政治权力的结盟,完成资本权力转化与再生产的合法性建构,比如,那些积极推动资本排斥的社会集团就常常运用自身的资本权力推动与文化、意识形态权力的结盟,借助文化权力的教化完成对资本主导的社会秩序的合法性论证,骗取人们对这种社会秩序的认同。

(三) 权利排斥机制

权利排斥,即某些应当享受政策利益的被排斥群体因为应享权利得不到确认以及法定权利得不到实现,所以在各方争取利益的情况下,通常处于劣势地位,利益得不到实现,甚至走向边缘化状态。即使前面所谈的几种负向排斥不存在,但也可能因为政府保障不足,而使公民的基本权利(如生命权、人格权、基本教育权、基本医疗权、最低生活保障权等) 未能得到国家的有效保障而形成对公民基本权利的负向排斥,如最低生活保障标准过低即是福利政策对社会最少受惠者扶助不力而形成对低收入阶层的负向排斥。在实施负向排斥过程中,政策主导者正是自觉地通过以上某种或多种负向排斥机制限制外部人获取有价值的资源,达到以其他群体的损失为代价来维持自身在社会中的特权地位之目的。值得注意的是,某些被排斥对象还可能是政策主导者的不自觉排斥造成的,比如本来旨在抑制投机的限购政策却把改善性需求的购房者排斥出去了;再如,本来目标指向控制房价的"提高购房利率"的政策实际上却增加了穷人购房成本而使穷人更买不起住房,从而形成对穷人的负向排斥。社会成员的基本权利意味着每个社会成员都应平等享有,然而,在某些政策安排中,公民基本权利是按身份享有而不是按同一标准的"公民"享有,可以因身份不同而不同;平等实际上只是同等身份的人之间的平等,而不同身份的人之间则不能平等。

三 公共政策负向排斥的现实危害

公共政策负向排斥背离公共政策所应秉持的公正性和公共性铁律,制造了诸多社会不公,削弱了政府执政的公信力,是政治文明的一项负资产。

(一) 公共政策负向排斥:城乡差距累积和扩大的重要推手

城乡差距不断拉大的问题早已受到经济学家普遍关注。这个差距主要体现在城乡居民收入水平、城乡发展的态势等方面。造成城乡差距的原因有很多，如城乡二元体制、城乡居民人力资本差异、收入分配制度、城市偏向政策、社会等级等。我们认为，社会等级政策体系的负向排斥是一个根本原因。任太增就指出，社会等级制度、市场经济规则及计划经济体制及其相互作用所形成的不平等的分配关系，是城乡收入差距扩大的根本原因。①

社会等级政策体系实质体现为城市居民与农民的权利不平等，即社会政策体系对农民的负向排斥。据不完全统计，城市居民与农民的等级政策达47项之多。② 具体涉及教育、就业、医疗、养老保险等民众生活的方方面面。长期以来，中国的社会资源的分配都是按照等级序列的顺序来安排的，所有国民的基本权利、社会机会都深深镶嵌于社会等级政策体系之中。比如，在计划经济体制下，国家财富与福利的分配采用单位之间与内部划分不同的等级并按照等级原则分配。社会等级政策体系使得中国的农民，无论是在养老、医疗、教育、劳动保障、福利这些社会待遇方面，还是在就业、分配、税赋这些经济待遇方面，都与城市居民有着巨大差距，使广大农民陷入结构性的机会不公平状态，严重阻碍了城乡之间相对的自由流动。而且，这种社会等级政策体系容易固化既得利益集团的利益及整个社会的利益分配关系，"任何对机会、尤其是对统治（权力或获益）机会的固定的占有，都会倾向于导致等级的形成。而任何等级的形成，都倾向于导致对统治权力和获益机会的垄断性占有"③。这种固化关系从城乡收入差距的数据可以得到证明，"从1986年开始，基本上处于不断扩大的过程中，尤其是从2002年开始，中国城乡居民收入比突破了3∶1，截至2008年达到了3.33∶1"④。这种社会等级政策体系直接决定了城乡居民在权利占有上的不平等性，而这种不平等与市场经济相互作用形成的分配关系，进一步强化城乡收入差距扩大的内在机制，从而形成一种城乡差距不断扩大的自我强化机制，"城乡居民在权利上的差距决定了双方在无限重复博弈过程中农民总是处于相对劣势的地位，即在每一顺次的博弈时，他

---

① 任太增：《等级制度、经济发展战略与城乡收入差距》，《河南师范大学学报》（哲学社会科学版）2006年第6期。
② 林光彬：《等级制度、市场经济与城乡收入差距扩大》，《管理世界》2004年第4期。
③ ［德］马克斯·韦伯：《经济与社会》（上卷），林荣远译，商务印书馆1997年版，第339页。
④ 周世军、周勤：《政策偏向、收入偏移与中国城乡收入差距扩大》，《财贸经济》2011年第7期。

们所得净福利的增进并不如城市居民,其结果就是两者的差距越来越大;而且,这种差距随着时间的推移而不断累积"①。

综上,城乡收入分配差距的积累与拉大是一系列社会等级政策体系消极因果关系相互作用的结果。身份的不平等带来的机会不均等、缺乏社会保障,都将降低农民生产的积极性,妨碍了财富的最大生产,反过来又影响财富的公平分配与收入差距的缩小。因此,缩小城乡居民收入差距须首先从遏止与治理政策负向排斥入手。

(二) 公共政策负向排斥:政府合法性的巨大威胁

构成现代政府合法性应包括两个方面:其一是形式合法性(合法律性);其二是实质合法性(政治学意义上的合法性)。实质合法性是政府合法性的内核。哈贝马斯认为,合法性意味着"某种政治秩序被认可的价值"②。阿尔蒙德等说得更为明确:"如果某一社会中的公民都愿意遵守当权者制定和实施的法规,而且不仅仅是因为若不遵守就会受到惩处,而是因为他们确信遵守是应该的,那么,这个政治权威就是合法的。"③那么,如何获得民众的认同或合法性呢?黄健荣认为,政府的实质合法性可以从如下四个层面获得:一是政府所主导和维护的政治理念与价值,二是政府所制定和实施的经济社会政策,三是政府所主导和维护的政治制度,四是政府的施政行为及其施政效果。④显然,政府制定的政策及其执行效果是影响政府合法性的根本因素,因为即使是政府的政治理念、意识形态、政治制度,也要通过国家的实际政策体现出来。一般来说,符合公平正义的公共政策将能有效促进政府合法性的提升,而公正缺失的公共政策必将带来政府合法性的衰减。政策负向排斥本质上是不符合公正价值的,因而必然损害政府的合法性。这种损害的累积必定会导致政府合法性基础不断受到侵蚀,给政府的合法性建设带来更为严峻的挑战。

1. 公共政策负向排斥影响公众对政府的政策认同,进而损害政府合法性

一种政策能够得以延续,主要取决于公民对政策的认同程度。只有公

---

① 任太增、王现林:《权利不平等与城乡差距的累积》,《财经科学》2008年第2期。
② [德]哈贝马斯:《交往与社会进化》,张博树译,重庆出版社1989年版,第184页。
③ [美]加布里埃尔·A. 阿尔蒙德、小G. 宾厄姆·鲍威尔:《比较政治学:体系、过程和政策》,曹沛霖等译,上海译文出版社1987年版,第35页。
④ 黄健荣:《论现代政府合法性递减:成因、影响与对策》,《浙江大学学报》(人文社会科学版)2011年第1期。

众形成对政策上的认同，才能使公众认真对待政策，才能形成对政策的忠诚和信赖。相反，在政策负向排斥的情形之下，公众所服从的不是公正有效的政策而是一种权力，那么，公众最终将成为政策的反对者，进而损害政府的合法性。黄健荣对此问题的论析可谓鞭辟入里："世界近现代史的发展进程表明，在任何一个国度或地区，仅获得第一种合法性（合法律性）的政党、政府及其政治或管理行为都不可能长期延续；真正获得第二种合法性（实质法律性）的政党、政府及其政治或管理行为即便暂时没有第一种合法性，也终将能获得。"①

政策设计本身的公正性与运行机制的规范性共同制约着政府的合法性，正如阿尔蒙德等所言："统治的合法性是一个复杂的混合物，是由统治者制定的政策的内容实质和实施程序所决定的。"② 政策负向排斥也正是从这两个层面影响公众对政策的认同，从而对政府的合法性构成严重的挑战。一是负向排斥性政策设计本身对公正价值的偏离，直接导致公众对政策不认同。不公平的政策直接损害公众对政府政策的认同。一旦政策被公民认为不再是正当的，那么，公民对政策必然不再认同，政策也就失去了其权威性和合法性。二是政策运行机制的不规范严重影响公众对政府政策的信任，破坏公众对政府政策的认同，进而影响公共政策的权威性和合法性。比如，中国的经济适用房政策，由于长期在分配、退出等环节中缺乏规范、透明、公平的执行，经常看到"诸多宝马车进出经济适用房小区"的情形，以致被老百姓称为"鸡肋"政策。

2. 公共政策负向排斥影响公众对政府的绩效认同，进而挫伤政府合法性

政府合法性的形成和发展有赖于公共政策的有效性。亨廷顿指出："在民主国家，统治者的合法性通常依赖于他们满足一些关键选民对他们政绩的期望……那些在职的统治者不可避免地会做不出政绩，这样，他们就失去了合法性，也就会在选举中被击败，一群新的统治者会接替他们。"③ 因此，在现代民主政治中，民主制度的合法性体现为民主性与有效

---

① 黄健荣：《论现代政府合法性递减：成因、影响与对策》，《浙江大学学报》（人文社会科学版）2011年第1期。
② ［美］加布里埃尔·A. 阿尔蒙德、小G. 宾厄姆·鲍威尔：《比较政治学：体系、过程和政策》，曹沛霖等译，上海译文出版社1987年版，第35页。
③ ［美］塞缪尔·亨廷顿：《第三波——20世纪后期民主化浪潮》，上海三联书店1998年版，第64页。

性的统一。罗斯切尔德也论析了有效性与合法性之间的这种正相关性："如果政治体系能长期满足成员的需要和利益，也可赢得统治的合法性；同时，即使一个传统的政治体系完全拥有统治的合法性，但如其长久以来表现得昏庸无能，亦会慢慢蚀耗其合法性。"[①] 公共政策的有效性集中体现为政府政策对公民需求或利益的满足程度，它不单单指政党和政府要发展经济满足公民物质利益的需要，更主要是指政策要满足公众受到公平对待的感觉。

公共政策负向排斥是通过"剥夺另一社会群体的正当权利"或者赋予"某一社会成员或社会群体的某种特权"的方式来取得社会发展。这种社会发展方式不但不能带来公众对政府的绩效认同，反而会破坏公众对政府的绩效认同。一方面，政策负向排斥将带来社会整体福利的减少，影响公众对政府的绩效认同，进而损害政府合法性。张兴华在《对外来工的政策歧视：效果评价与根源探讨》一文中通过对外来工（主要是外来农民工）的政策排斥的研究中得出：对外来工的歧视虽然能为城市当地就业人口增加一定的福利，但其代价是外来工、消费者、企业乃至整个社会福利的更大损失。[②] 另一方面，这种发展方式即使促进了社会公众生活水平的提高，但也带来了公众的社会不公感，严重影响公众对政府的绩效认同，进而损害政府的合法性。郑功成组织的"中国社会公平状况分析"的调查显示，在"公平""比较公平""不太公平""不公平""说不清"五个选项中，受访者认为"不太公平"与"不公平"的高达66.4%。[③] 至于什么因素导致了这种不公平，郑功成的调查揭示，政策负向排斥是重要原因，"社会地位不平等、经济权益不平等、政治权利不平等、制度安排不平等对社会公平造成损害的人数占受访者之比分别为 59.2%、51.7%、36.6%、41.2%"[④]。郑功成同时也一针见血地指出：权益失衡是平等视角下社会公

---

① J. Rothschild, "Political Legitimacy in Contemporary Europe," in B. Benitch ed., *Legitimation of Regimes*, Beverly Hills: Sage Publications Inc, 1979, pp. 38 – 39.
② 张兴华：《对外来工的政策歧视：效果评价与根源探讨》，《中国农村经济》2000 年第 11 期。
③ 郑功成：《中国社会公平状况分析——价值判断、权益失衡与制度保障》，《中国人民大学学报》2009 年第 2 期。
④ 郑功成：《中国社会公平状况分析——价值判断、权益失衡与制度保障》，《中国人民大学学报》2009 年第 2 期。

平问题之症结。① 也许正因为如此，导致权利失衡的相关政策（比如城乡分割的政策体系、收入不公的分配政策、户籍政策等）成为这些年的"众矢之的"。

3. 公共政策负向排斥影响政府的价值认同，进而削减政府合法性

社会成员对政府的认同基于共同政治价值的基础之上的意识形态。它是政府合法性的理念基础。一个政府是否具有合法性，主要取决于它本身的价值体系特别是其所倡导的主流意识形态是否得到公众的认可、支持。伊斯顿就指出，民众对政治系统的支持源于对政治系统所推崇的价值体系的信仰。②

政府的主流意识形态又要通过具体政策来体现。因而，政策负向排斥除了影响公众对政策本身的认同，更深层次将削减民众对政府意识形态的认同。政策负向排斥与社会价值的偏离，使负向排斥性政策的价值本身不能被公众所认同，进而严重挫伤政府的合法性。一是某些政策负向排斥导致公民权利的不平等享有，直接影响了民众对"法律面前人人平等"之意识形态的认同。目前，我国收入基尼系数仍然高达0.465，在全球经济体中和南非、美国等高收入国家差距差不多。其实，我国收入差距较大的原因主要来自城乡差距。单看城市和农村内部，两者的基尼系数都小于或等于0.4，这个水平在国际上其实就是一个中等水平。可是，截至2020年，我国城乡收入比仍然高达2.56，城乡差距在全球范围内都是较高的。③ 二是某些政策负向排斥剥夺了某些群体参与政治的机会，进而使他们产生对"人民当家作主"意识形态信仰的质疑；三是某些政策负向排斥造成社会阶层的激烈分化，影响社会中下层对政府"代表人民"之意识形态的信仰。比如城乡二元制的社会体制和严格的户籍管理等负向排斥性政策体系，不但加速了城乡分化的过程，而且限制了农民和农民工阶层向上流动的机会，固化了农民和农民工阶层在社会阶层结构中的位序较低的社会格局，"占全国人口40.3%的农业劳动者位于社会下层，14.7%的产业工人（主要是农民工）的社会位序稍高于农民，位于中下层"④。在这种社会

---

① 郑功成：《中国社会公平状况分析——价值判断、权益失衡与制度保障》，《中国人民大学学报》2009年第2期。
② [美]戴维·伊斯顿：《政治生活的系统分析》，王浦劬译，华夏出版社1989年版，第167页。
③ 李实、陈基平、滕阳川：《共同富裕路上的乡村振兴：问题、挑战与建议》，《兰州大学学报》（社会科学版）2021年第3期。
④ 陆学艺：《当代中国社会结构》，社会科学文献出版社2010年版，第394页。

分化格局中,社会中下层的"相对剥削"感被强化,进而严重削减工人和农民阶层对执政党和政府意识形态的信仰。

(三)公共政策负向排斥:共享式发展的重要桎梏

20世纪90年代以来,针对出现"社会贫富差距不是缩小而是扩大、贫困人口不是减少而是增加"的状况,国际社会提出了"分享型增长""包容性增长""益贫式增长"等共享式发展理念。按照亚投行的解释,"包容性增长"(inclusive growth)的最基本含义是指公平合理地分享经济增长。① 立于时代潮头,习近平总书记提出了共享发展理念:"一是全民共享,即共享发展是人人享有、各得其所,不是少数人共享、一部分人共享。二是全面共享,即共享发展就要共享国家经济、政治、文化、社会、生态文明各方面建设成果,全面保障人民在各方面的合法权益。三是共建共享,即只有共建才能共享,共建的过程也是共享的过程。四是渐进共享,即共享发展必将有一个从低级到高级、从不均衡到均衡的过程,即使达到很高的水平也会有差别。"② 公共政策是政府实现共享式发展的根本手段,然而,公共政策负向排斥所蕴含的权利不公平、机会不公平、规则不公平等,与共享式发展理念严重相悖,已经成为实现共享式发展的重要桎梏。

1. 公共政策负向排斥所蕴含的"权利不公平":共享式发展的首要障碍

就政策角度看,共享式发展所体现的是公共政策应赋予所有社会成员平等参与经济社会发展过程的权利。正如习近平指出:"要充分发扬民主,广泛汇聚民智,最大激发民力,形成人人参与、人人尽力、人人都有成就感的生动局面。"③ 然而,由于政策负向排斥的作用,在当下中国,在不同人群、不同地域、不同行业之间仍然存在不少权利差距现象。比如,民企与国企相比,在产权保护、融资政策、税收政策、市场准入等方面都存在巨大权利差距。④ 甚至有些行业允许国有企业和外资企业进入,但却限制

---

① 林毅夫等:《以共享式增长促进社会和谐》,中国计划出版社2008年版,第54页。
② 《习近平总书记系列重要讲话读本》(2016年版),学习出版社、人民出版社2016年版,第136页。
③ 习近平:《在省部级主要领导干部学习贯彻党的十八届五中全会精神专题研讨班上的讲话》,人民出版社2016年版,第27页。
④ 李铮:《非公有制经济发展面临的"所有制歧视"及其纠正》,《现代经济探讨》2004年第2期。

和禁止非公有制企业进入，或是通过抬高市场准入门槛，使非公有制企业无法与公有制企业、外资企业进行公平竞争。① 再如，在国家编制政策体系中，机关事业单位职工一般分为正式编制员工、编制外员工和临时工，即使他们从事的是同样的工作，但那些没有编制外员工和临时工却无法拥有和正式编制员工同样的权利，无法享受到同等的政策对待，更得不到编制内群体所有的各种福利待遇。"权利不公平"直接限制了普通民众平等参与市场竞争和促进经济发展的机会，制约了经济社会的共享式发展。

2. 公共政策负向排斥所蕴含的"机会不公平"：共享式发展的基础障碍

机会公平是实现共享式发展的基本前提。在经济社会生活中，机会公平主要体现为社会成员享有在职务升迁、就业选择、资源利用、教育培训等方面的平等机会。政治思想家罗默把机会平等界定为社会应该为竞争职位的个人创造一个"公平的竞争环境"。② 然而，在政策负向排斥环境下，由于家庭出身、政治身份、性别、财富状况、户籍、社会身份等因素，一些社会成员无法获得在职务升迁、就业居住、资源利用、教育培训等方面的平等机会。这种状况不仅切断被排斥者公平参与社会竞争的通道，压抑和束缚遭受负向排斥者的心智和精神，在很大程度上消解他们的才智发展空间，形成对人力资源发展和配置的严重破坏。而且，在政策负向排斥环境中，政策主导者倾向于将发展机会配置给社会强势利益集团或既得利益群体，直接破坏资源配置效率，直接导致受排斥者不能公平地共享国家经济社会发展的成果。

3. 政策负向排斥所蕴含的"规则不公平"：共享式发展的根本障碍

规则公平是实现共享式发展的必要保证。习近平指出："不论处在什么发展水平上，制度都是社会公平正义的重要保证。我们要通过创新制度安排，努力克服人为因素造成的有违公平正义的现象，保证人民平等参与、平等发展权利。"③ 规则公平意味着政策必须平等适用于所有社会成员，即"以维护每一个社会成员或是社会群体的合理利益为基本出发点，而并不意味着一定要刻意地站在哪一个特定社会群体的立场上来制定带有

---

① 黄健荣：《当下中国公共政策差等正义批判》，《社会科学》2013 年第 1 期。
② John, E. Roemer, *Equality of Opportunity*, Cambridge：Harvard University Press, 1998, p.1.
③ 中共中央文献研究室编：《十八大以来重要文献选编》（上），中央文献出版社 2014 年版，第 553 页。

整体性的政策"①。政策负向排斥所蕴含的规则不公平制造不公平的发展机会，固化不合理的社会利益分配格局，成为影响共享式发展的深层因素。例如，在具有负向排斥性的二元规则体系中，农民在医疗、住房、社保等方面长期承受二等公民的待遇。再如，在收入分配规则体系作用下，行业之间的收入差距呈现固化趋势。城镇非私营单位就业人员年平均工资排行第一的是金融业，包括银行、证券等行业，相比之下，农林牧渔业年平均工资垫底，不及金融业的1/3。② 到了2021年，城镇非私营单位就业人员年平均工资排行第一的是信息传输、软件和信息技术服务业，达到180782元，农林牧渔业仍然垫底，为54841元，最高与最低行业平均工资之比约为3.3∶1。③

公共政策正向排斥与负向排斥可以相互转化，例如，当家庭收入水平提高到已超出保障房的准入标准时，政策正向排斥机制（即保障房的退出机制）自动发生作用，促使这部分人群退出保障房，但是，如果由于退出机制不健全，那些事实上本应被排斥的保障房政策受益群体却依然继续享受着住房保障，必然导致形成低收入家庭由于没有被轮上而被排斥在保障房的受益范围之外的负向排斥。因此，政府和社会应积极推动正向排斥，同时，对于负向排斥应加大治理与遏止，促进其向正向排斥转化。

---

① 吴忠民：《走向公正的中国社会》，山东人民出版社2008年版，第29页。
② 石小磊：《江苏去年平均工资首次突破5万》，《扬子晚报》2013年6月4日。
③ 王汉春、仲柯主编：《2022年江苏统计年鉴》，中国统计出版社，第91页。

第二章 公共政策正向排斥的中国实践

公共政策正向排斥表现为将不符合决策者价值导向的某些人群确定为政策的受制者；或是否定、遏止、排斥某种不当价值、理念或行为。在当代公共政策实践中，中国在推动公共政策正向排斥方面做了一系列富有特色的做法，负面清单政策就是典型实践。负面清单政策采用排除法，强调把不符合条件的某些人群或某些行为列为政策排斥的清单，确定为政策的受制者，从而实现保护某些产业、某些行业等政策意图，最终达到保护国家利益、公共利益之目的。

第一节 外贸负面清单管理：以上海自由贸易试验区为例

负面清单管理是指一个国家禁止外资进入或限定外资股权比例的行业清单。在这份清单中，国家明确列出不予外商投资准入或有限制要求的领域，清单以外领域则对外资充分开放。为了保障国家安全，《中国（上海）自由贸易试验区外商投资准入特别管理措施（负面清单）（2021 年）》明确列举了在中国（上海）自由贸易试验区（以下简称"自贸试验区"）内外商投资准入方面的特别管理措施。

一 上海自由贸易试验区外商投资负面清单制度的发展历程

负面清单也称外贸投资领域的"黑名单"。"负面清单管理模式"是指政府规定哪些经济领域不开放，除了清单上的禁区，其他行业、领域和经济活动，按照内外资一致原则实施管理。外贸投资领域的负面清单制度通过限制外商不得进入的范围，达到更好地保护国家的经济安全、文化安全、生态安全和意识形态安全。推动高质量经济发展，进一步提升中国对外开放水平，还需要进一步深化负面清单制度改革。

党的十八届三中全会作出了"在推进现有试点基础上，选择若干具备条件的地方发展自由贸易园（港）区"的决策。2013年8月22日，中国商务部通报中国（上海）自由贸易试验区已获国务院正式批准。通报提出，要逐步对外商投资实行准入前国民待遇加负面清单的管理模式。2013年9月18日，国务院发出《关于印发中国（上海）自由贸易试验区总体方案的通知》，要求上海市改革外商投资管理制度，探索建立投资准入前国民待遇和负面清单管理模式，深化行政审批制度改革，加快转变政府职能，全面提升事中、事后监管水平。2013年9月29日，中国（上海）自由贸易试验区正式成立，上海市发布了《中国（上海）自由贸易试验区外商投资准入特别管理措施（负面清单）（2013年）》，列明了190项外商投资准入特别管理措施，对负面清单之外的领域的外商投资项目由核准制改为备案制，根据先试先行情况，逐步拓宽试点范围，形成国际金融、贸易、投资、物流、航运的联动机制。2014年6月4日，国务院制定发布了《关于促进市场公平竞争维护市场正常秩序的若干意见》，要求放宽市场准入，改革市场准入制度，制定市场准入负面清单。国务院以清单方式明确列出禁止和限制投资经营的行业、领域、业务等，清单以外的，各类市场主体皆可依法平等进入；如果地方政府需要对某些领域的项目进行调整，则由省级政府报经国务院批准。2014年6月28日，《中国（上海）自由贸易试验区进一步扩大开放的措施》获国务院批准，该文件提出了扩大对外开放措施31条，其中涉及采矿业、制造业、服务业、建筑业等领域。2014年7月1日，上海市发布《关于公布中国（上海）自由贸易试验区外商投资准入特别管理措施（负面清单）（2014年修订）的公告》，与2013年相比，特别管理措施减少了51条，下调至139条，包含110条限制性措施和29条禁止性措施，充分展现了上海进一步扩大对外开放的决心和智慧。

2015年1月29日，国务院发出《关于推广中国（上海）自由贸易试验区可复制改革试点经验的通知》，专门将（上海）自由贸易试验区负面清单管理中的成功经验在全国范围内进行推广。2015年4月8日，国务院办公厅印发了《自由贸易试验区外商投资准入特别管理措施（负面清单）》，负面清单涉及14个行业、50个领域、122项特别管理措施，与2014年相比，负面清单长度进一步缩减，进一步减少政府管制领域，进一步增强了对外开放的力度。2015年4月20日，国务院发布了《关于印发进一步深化中国（上海）自由贸易试验区改革开放方案的通知》，扩大试验区范围至7个片区，提出了25项主要任务和措施，要求推动负面清单制度成为市场准入管理的主要方式，转变以行政审批为主的行政管理方式，制定发布政府权力清单和责任清单。

2017年3月31日，国务院决定增设中国（辽宁）自由贸易试验区、中国（浙江）自由贸易试验区、中国（河南）自由贸易试验区、中国（湖北）自由贸易试验区、中国（重庆）自由贸易试验区、中国（四川）自由贸易试验区、中国（陕西）自由贸易试验区。2017年6月16日，国务院办公厅发出《关于印发自由贸易试验区外商投资准入特别管理措施（负面清单）（2017年版）的通知》，负面清单长度已经缩减到40个条目、95项。2017年6月28日，中国国家发展和改革委员会（简称"国家发改委"）、商务部发布了《外商投资产业指导目录（2017年修订）》，其中包含外商投资准入特别管理措施，即外商投资准入负面清单。2018年6月30日，国家发改委、商务部联合发布《外商投资准入特别管理措施（负面清单）（2018年版）》，替代和修改了《外商投资产业指导目录（2017年修订）》中有关的外商投资准入负面清单。与2017年版相比，2018年版负面清单涉及32个领域、45项特别管理措施，负面清单长度进一步缩减，同时取消了22个领域的开放限制。

近年来，中国继续放宽外资准入，不断提升更高水平的对外开放，加快推动形成更高水平的对外开放格局。2021年12月，国家发改委、商务部发布《自由贸易试验区外商投资准入特别管理措施（负面清单）（2021年版）》和《外商投资准入特别管理措施（负面清单）（2021年版）》。2018—2021年，连续4年修订全国外资准入特别管理措施负面清单，外资准入特别管理措施由45项减至27项，大大缩减了负面清单事项，特别是在金融、汽车等领域出台了一系列重大开放举措，进一步拓宽外商投资的空间。与2020年相比，2021年版的自贸试验区和全国外商投资的负面清单，进一步缩减至27条、31条，压减比例分别为10%、6.1%，进一步缩短了负面清单长度，提高了负面清单管理的精准度。《自由贸易试验区外商投资准入特别管理措施（负面清单）（2021年版）》和《外商投资准入特别管理措施（负面清单）（2021年版）》主要有如下特点：一是制造业领域的限制进一步缩减。例如，在汽车制造领域，取消同一家外商可在国内建立两家及两家以下生产同类整车产品的合资企业的限制以及乘用车制造外资股比限制。二是在自贸试验区放宽服务业准入。在市场调查领域，只保留广播电视收听、收视调查由中方控股，其他取消外资准入限制。三是兼顾统筹发展和安全，提高外资准入负面清单精准度。在负面清单说明部分增加"从事外资准入负面清单禁止投资领域业务的境内企业到境外发行股份并上市交易的，应当经国家有关主管部门审核同意"，由证监会和有关主管部门按规定对从事负面清单禁止领域业务的境内企业到境外上市融资实行精准化管理，这是提高外资准入负面清单管理精准度的一项具体举措。

二 上海自由贸易试验区外商投资准入特别管理措施（2021年）

据联合国贸易和发展会议（简称"贸发会议"）的统计，负面清单一般包括三方面内容：一是一般例外，如国家安全、健康和环境保护、公共卫生等；二是特定例外，如有必要区别内外投资者的政府补贴、政府采购参与领域；三是特定产业例外，如石油、国防、文化、运输、金融、通信等。对于中国而言，自由贸易试验区是扩大对外开放的重要政策试点，我们不能照搬照抄国外的负面清单管理内容。根据中国国情，中国建立了符合自身特点的自由贸易试验区负面清单制度。在新时期的负面清单中，政府只保留了少数最必要的负面清单类项，大大提升外商投资的开放度。上海自由贸易试验区外商投资负面清单按照《国民经济行业分类及代码》分类编制，包括农林牧渔业，采矿业，电力、热力、燃气及水生产和供应业，批发和零售业，交通运输、仓储和邮政业，信息运输、软件和信息技术服务业，租赁和商务服务业，科学研究和技术服务业，教育，卫生和社会工作，文化、体育和娱乐业11个行业门类共27项管制措施。

按照行业划分，上海自由贸易试验区外商投资负面清单主要分为以下类型。

第一，农林牧渔业类（见表2-1）。这类外商投资准入主要聚焦种子安全、珍贵生物安全，意在通过限制外商投资，较大程度地实现种子、生态安全。

表2-1　　　　　　　　　　农林牧渔业类

	特别管制措施
1	小麦、玉米新品种选育和种子生产的中方股比不低于34%
2	禁止投资中国稀有和特有的珍贵优良品种的研发、养殖、种植以及相关繁殖材料的生产（包括种植业、畜牧业、水产业的优良基因）
3	禁止投资农作物、种畜禽、水产苗种转基因品种选育及其转基因种子（苗）生产

资料来源：《自由贸易试验区外商投资准入特别管理措施（页面清单）（2021年版）》，《中华人民共和国国务院公报》2022年第8期。

第二，采矿业类（见表2-2）。这类外商投资准入主要聚焦稀土、放射性矿产、钨等稀有金属安全，通过规定"未经允许，禁止进入稀土矿区或取得矿山地质资料、矿石样品及生产工艺技术"，意在通过限制外商投资，较大程度地实现稀有珍贵金属及其生产工艺牢牢掌握在自己手中。

表2-2　　　　　　　　　　采矿业类

	特别管制措施
1	禁止投资稀土、放射性矿产、钨勘查、开采及选矿（未经允许，禁止进入稀土矿区或取得矿山地质资料、矿石样品及生产工艺技术）

资料来源：《自由贸易试验区外商投资准入特别管理措施（页面清单）（2021年版）》，《中华人民共和国国务院公报》2022年第8期。

第三，电力、热力、燃气及水生产和供应业类（见表2-3）。核安全是国家安全的重要组成部分，这类外商投资准入主要聚焦核安全，意在通过限制外商投资，较大程度地实现核安全和国家安全。

表2-3　　　　　电力、热力、燃气及水生产和供应业类

	特别管制措施
1	核电站的建设、经营须由中方控股

资料来源：《自由贸易试验区外商投资准入特别管理措施（页面清单）（2021年版）》，《中华人民共和国国务院公报》2022年第8期。

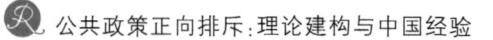

第四,批发和零售业类(见表2-4)。这类外商投资准入主要聚焦经济安全,如,烟草涉及国家的经济安全,这方面设置外商投资限制,实现烟草专卖,保障国家的税收安全和经济安全。

表2-4　　　　　　　　　　批发和零售业类

	特别管制措施
1	禁止投资烟叶、卷烟、复烤烟叶及其他烟草制品的批发、零售

资料来源:《自由贸易试验区外商投资准入特别管理措施(页面清单)(2021年版)》,《中华人民共和国国务院公报》2022年第8期。

第五,交通运输、仓储和邮政业类(见表2-5)。航空安全、邮政安全、航海安全是国家安全的关键领域,这类外商投资准入意在通过限制外商投资,较大程度地保障航空安全、邮政安全、航海安全。

表2-5　　　　　　　　交通运输、仓储和邮政业类

	特别管制措施
1	国内水上运输公司须由中方控股(且不得经营或租用中国籍船舶或者舱位等方式变相经营国内水路运输业务及其辅助业务;水路运输经营者不得使用外国籍船舶经营国内水路运输业务,但经中国政府批准,在国内没有能够满足所申请运输要求的中国籍船舶,并且船舶停靠的港口或者水域为对外开放的港口或者水域的情况下,水路运输经营者可以在中国政府规定的期限或者航次内,临时使用外国籍船舶经营中国港口之间的海上运输和拖航)
2	公共航空运输公司须由中方控股,且一家外商及其关联企业投资比例不得超过25%,法定代表人须由中国籍公民担任。通用航空公司的法定代表人须由中国籍公民担任,其中农、林、渔业通用航空公司限于合资,其他通用航空公司限于中方控股(只有中国公共航空运输企业才能经营国内航空服务,并作为中国指定承运人提供定期和不定期国际航空服务)
3	民用机场的建设、经营须由中方相对控股。外方不得参与建设、运营机场塔台
4	禁止投资邮政公司(和经营邮政服务)、信件的国内快递业务

资料来源:《自由贸易试验区外商投资准入特别管理措施(页面清单)(2021年版)》,《中华人民共和国国务院公报》2022年第8期。

第六,信息传输、软件和信息技术服务业类(见表2-6)。伴随着互联网、大数据、人工智能为代表的数字技术加速创新应用和融合发展,数字化、网络化和智能化革命正在世界范围内全面展开,数字安全成为现代

国家安全新的形态。数字安全以互联网、大数据和人工智能为媒介，对主权国家现有执政主体的政治安全、经济安全、文化安全、科技安全和网络安全构成重大风险和治理挑战。因此，网络安全或数字安全应牢牢掌握在自己手里。这类外商投资准入就是要通过限制外商投资通信领域，最大程度地保障中国的数字安全。

表2-6　　　　　　　　信息传输、软件和信息技术服务业类

	特别管制措施
1	电信公司：限于中国入世承诺开放的电信业务，增值电信业务的外资股比不超过50%（电子商务、国内多方通信、存储转发类、呼叫中心除外），基础电信业务须由中方控股（且经营者须为依法设立的专门从事基础电信业务的公司）。上海自贸试验区原有区域（28.8km²）试点政策推广至所有自贸试验区执行
2	禁止投资互联网新闻信息服务、网络出版服务、网络视听节目服务、互联网文化经营（音乐除外）、互联网公众发布信息服务（上述服务中，中国入世承诺中已开放的内容除外）

资料来源：《自由贸易试验区外商投资准入特别管理措施（页面清单）（2021年版）》，《中华人民共和国国务院公报》2022年第8期。

第七，租赁和商务服务业类（见表2-7）。法律服务涉及制度安全，广播电视涉及文化安全，这类外商投资准入限制，旨在较大程度地保障法律安全和文化安全。

表2-7　　　　　　　　租赁和商务服务业类

	特别管制措施
1	禁止投资中国法律事务（提供有关中国法律环境影响的信息除外），不得成为国内律师事务所合伙人。（外国律师事务所只能以代表机构的方式进入中国，且不得聘用中国执业律师，聘用的辅助人员不得为当事人提供法律服务；如在华设立代表机构、派驻代表，须经中国司法行政部门许可）
2	广播电视收听、收视调查须由中方控股。社会调查中方股比不低于67%，法定代表人应当具有中国国籍

资料来源：《自由贸易试验区外商投资准入特别管理措施（页面清单）（2021年版）》，《中华人民共和国国务院公报》2022年第8期。

第八，科学研究和技术服务业类（见表2-8）。现代国家的竞争主要体现为科技的竞争，基因技术、地理测量是国家科学安全的重要方面，也是国家安全的重要支撑，这类外商投资准入限制，旨在较大程度地保障国家领土安全和意识形态安全。

表 2-8　　　　　　　　　　　科学研究和技术服务业类

	特别管制措施
1	禁止投资人体干细胞、基因诊断与治疗技术开发和应用
2	禁止投资人文社会科学研究机构
3	禁止投资大地测量、海洋测绘、测绘航空摄影、地面移动测量、行政区域界线测绘，地形图、世界政区地图、全国政区地图、省级及以下政区地图、全国性教学地图、地方性教学地图、真三维地图和导航电子地图编制，区域性的地质填图、矿产地质、地球物理、地球化学、水文地质、环境地质、地质灾害、遥感地质等调查（矿业权人在其矿业权范围内开展工作不受此特别管理措施限制）

资料来源：《自由贸易试验区外商投资准入特别管理措施（页面清单）（2021年版）》，《中华人民共和国国务院公报》2022年第8期。

第九，教育类（见表2-9）。学前、普通高中和高等教育涉及一个国家的文化安全，这类外商投资准入限制，旨在较大程度地保障文化安全。

表 2-9　　　　　　　　　　　　　　教育类

	特别管制措施
1	学前、普通高中和高等教育机构限于中外合作办学，须由中方主导［校长或者主要行政负责人应当具有中国国籍（且在中国境内定居），理事会、董事会或者联合管理委员会的中方组成人员不得少于1/2。外国教育机构、其他组织或者个人不得单独设立以中国公民为主要招生对象的学校及其他教育机构（不包括非学制类职业培训机构、学制类职业教育机构），但是外国教育机构可以同中国教育机构合作举办以中国公民为主要招生对象的教育机构］
2	禁止投资义务教育机构、宗教教育机构

资料来源：《自由贸易试验区外商投资准入特别管理措施（页面清单）（2021年版）》，《中华人民共和国国务院公报》2022年第8期。

第十，卫生和社会工作类（见表2-10）。卫生和社会工作是涉及民生的重要领域，这类外商投资准入规定"医疗机构限于合资"，旨在保障医疗卫生服务不脱离国家的监管，保障民生安全。

表 2-10　　　　　　　　　　　卫生和社会工作类

	特别管制措施
1	医疗机构限于合资

资料来源：《自由贸易试验区外商投资准入特别管理措施（页面清单）（2021年版）》，《中华人民共和国国务院公报》2022年第8期。

第十一，文化、体育和娱乐业类（见表2-11）。新闻出版、图书、广播电视、电影、文物、文艺等涉及一个国家文化安全的重要方面，这类外商投资准入限制，旨在较大程度地保障意识形态安全。

表2-11　　　　　　　　　文化、体育和娱乐业类

	特别管制措施
1	禁止投资新闻机构（包括但不限于通讯社）。（外国新闻机构在中国境内设立常驻新闻机构、向中国派遣常驻记者，须经中国政府批准。外国通讯社在中国境内提供新闻的服务业务须由中国政府审批。中外新闻机构业务合作，须由中方主导，且须经中国政府批准）
2	禁止投资图书、报纸、期刊、音像制品和电子出版物的编辑、出版、制作业务。（但经中国政府批准，在确保中方的经营主导权和内容终审权并遵守中国政府批复的其他条件下，中外出版单位可进行新闻出版中外合作出版项目。未经中国政府批准，禁止在中国境内提供金融信息服务）
3	禁止投资各级广播电台（站）、电视台（站）、广播电视频道（率）、广播电视传输覆盖网（发射台、转播台、广播电视卫星、卫星上行站、卫星收转站、微波站、监测台及有线广播电视传输覆盖网等），禁止从事广播电视视频点播业务和卫星电视广播地面接收设施安装服务（对境外卫星频道落地实行审批制度）
4	禁止投资广播电视节目制作经营（含引进业务）公司。[引进境外影视剧和以卫星传送方式引进其他境外电视节目由广电总局指定的单位申报。对中外合作制作电视剧（含电视动画片）实行许可制度]
5	禁止投资电影制作公司、发行公司、院线公司以及电影引进业务。（但经批准，允许中外企业合作摄制电影）
6	禁止投资文物拍卖的拍卖公司、文物商店和国有文物博物馆。（禁止不可移动文物及国家禁止出境的文物转让、抵押、出租给外国人。禁止设立与经营非物质文化遗产调查机构；境外组织或个人在中国境内进行非物质文化遗产调查和考古调查、勘探、发掘，应采取与中国合作的形式并经专门审批许可）
7	文艺表演团体须由中方控股

资料来源：《自由贸易试验区外商投资准入特别管理措施（页面清单）（2021年版）》，《中华人民共和国国务院公报》2022年第8期。

三 外贸负面清单管理实践的主要特点

(一) 坚持"法无禁止即可为"的原则

中国的外贸负面清单模式，所采用的"法无禁止即可为"的原则，即采用排除法，列出禁止或限制的产业及其限制进入条件，把不符合条件的外商投资排除在被禁止或限制的产业之外，而市场主体在不违反限制领域和限制条件的前提下，可以自由进入有关领域，充分参与市场经济活动。这些禁止或限制的产业通过清单条目明确列出：一方面，向投资者明确展示投资制度，避免盲目投资，从而有效地防范了投资风险；另一方面，禁止或限制外资进入关系到国家主权、国家安全、重大利益和国计民生的行业，从而有效地保护国家利益。

(二) 服务业的准入限制较严格

在 2021 年版自贸区负面清单中，服务业的负面清单涉及金融业、信息服务、商务服务、文化服务四大类 16 条限制措施。其中，"文化服务"的限制条款最多，涉及"禁止投资图书、报纸、期刊、音像制品和电子出版物的编辑、出版、制作业务"，"禁止投资各级广播电台（站）、电视台（站）、广播电视频道（率）、广播电视传输覆盖网（发射台、转播台、广播电视卫星、卫星上行站、卫星收转站、微波站、监测台及有线广播电视传输覆盖网等），禁止从事广播电视视频点播业务和卫星电视广播地面接收设施安装服务"，"禁止投资广播电视节目制作经营（含引进业务）公司"，"禁止投资电影制作公司、发行公司、院线公司以及电影引进业务"等限制条件，限制内容更为细致和具体。

(三) 市场化程度日益提高

从行业分布来看，限制性行业和措施连续递减，以制造业为例，2015年版负面清单限制措施涉及 8 个领域、17 条，而 2021 年版负面清单直接取消了制造业的限制措施。以金融业为例，2015 年版负面清单关于金融业的限制措施为 14 条，而 2021 年版负面清单中把金融业的限制措施全部取消。2015—2021 年，连续七年修订全国自贸试验区负面清单，外资准入特别管理措施分别由 15 个行业、122 项减至 11 个行业、27 项（见表 2-12）。特别是，与 2020 年版相比，2021 年版外资准入负面清单进一步缩短了长度，提高了精准度，将自贸试验区和全国负面清单进一步缩减至 27

条、31条，压减比例分别为10%、6.1%。特别管理措施的减少充分说明外贸的市场化程度日益增强。这种变化主要体现为四个方面。一是进一步深化制造业开放。例如，在汽车制造领域，取消乘用车制造外资股比限制以及同一家外商可在国内建立两家及两家以下生产同类整车产品的合资企业的限制。二是放宽服务业准入。例如，在社会调查和市场调查领域，在2021年版负面清单中，虽然仍要求中方控股，但已允许外商投资，取消了外资禁止准入的限制。三是提高外资准入负面清单精准度。在负面清单说明部分增加"从事外资准入负面清单禁止投资领域业务的境内企业到境外发行股份并上市交易的，应当经国家有关主管部门审核同意，境外投资者不得参与企业经营管理，其持股比例参照境外投资者境内证券投资管理有关规定执行"，由证监会及相关主管部门按规定对境外上市融资事务实行精准化管理。四是优化外资准入负面清单管理。为做好外资准入负面清单与市场准入负面清单衔接，在负面清单说明部分增加"境内外投资者统一适用《市场准入负面清单》的有关规定"。根据《外商投资法实施条例》，在负面清单说明部分增加"外商投资企业在中国境内投资，应符合外商投资准入负面清单的有关规定"。

总体来看，实施负面清单管理主要涉及国家安全、公共利益和文化管制三大领域，但是，一些本应由市场自主决定和调节的领域，如邮政、教育、医疗领域，却因为被国有企业和政府投资等形式垄断导致这些领域被划分到了国家安全和公共利益的范畴，使之成为不可削减的行政许可，可见，外贸负面清单还需进一步削减，外贸的对外开放水平还需进一步提高。

表2-12　　　　　自贸区不同版本负面清单的比较表

	2013年版	2014年版	2015年版	2017年版	2020年版	2021年版
条目数	190	139	122	95	30	27
门类数	18	18	15	15	12	11
是否有适用所有行业的平行措施	否	否	是	是	是	是
发布部门	上海市政府	上海市政府	上海市政府	国务院	国务院	国务院

资料来源：笔者自制。

第二节 高校师德师风负面清单管理的主要实践

随着经济社会的快速发展，师德建设面临新情况、新问题、新挑战。现实表明，正面倡导并不能有效遏止个别教师突破师德底线的行为，面对违背师德的行为出现时，需要采取相应的惩处措施。为了健全师德建设长效机制，推动师德建设常态化长效化，引导教师做有理想信念、有道德情操、有扎实学识、有仁爱之心的好教师，教育部及各个高校制定了一系列师德负面清单制度文件。

一 高校师德师风负面清单制度建设的理论源流与发展历程

新中国成立以来尤其是改革开放后，中国高校师德师风建设与中国高等教育的发展改革密切相关。1978年，邓小平同志在全国教育工作会议上提出要"尊重知识，尊重人才"，提出"学校应当永远把坚定正确的政治方向放在第一位"[1]。1978年12月发布的《关于评选特级教师的暂行规定》中，明确提出"以思想政治素质代替师德"[2]。这一时期高校师德师风负面清单制度主要强调教师的思想政治素质。随着改革开放的深入发展，教育所培养的人才越来越不能适应社会主义市场经济发展的要求，这就对教育特别是高等教育改革提出了新的挑战。1985年《关于教育体制改革的决定》提出扩大高校管理自主权，高校进入改革调整、大规模扩招的时期。1986年，国家通过对高校教师施行在职培训以提高教师的专业素养和能力。1993年，《中华人民共和国教师法》中具体规定了教师的权利义务、法律责任，加强师德师风的法治化建设。1998年全国高校扩招，高等教育学生人数急剧增长，加之全球化的思想宣扬教师个性成长，影响了教

---

[1] 邓小平：《在全国教育工作会议上的讲话》，《人民日报》1978年4月22日。
[2] 王毓珣、杨婷：《改革开放以来我国中小学师德规则政策的变迁及分析》，《当代教育科学》2017年第5期。

师的职责担当,导致师德师风建设问题逐渐突出,出现了教师与思想道德教育剥离现象①。这一时期高校师德师风负面清单制度更加聚焦于强调教师的师德师风问题。2002年,江泽民同志在北京师范大学建校100周年庆祝大会上强调,"我国广大教师,要率先垂范,做先进生产力和先进文化发展的弘扬者和推动者,做青少年学生健康成长的指导者和引路人,努力成为无愧于党和人民的人类灵魂的工程师。"② 2005年3月,教育部下发《关于进一步加强和改进师德建设的意见》,指出"要将教师工作摆在更加重要的位置,加强教师队伍建设特别是教师职业道德建设"③。2007年,胡锦涛同志在全国优秀教师代表座谈会上提出教师要把个人理想、本职工作与祖国发展、人民幸福紧密联系在一起,树立高尚的道德情操和精神追求。这一时期的高校师德师风负面清单制度建设进入规范化、法治化的新层次。

党的十八大以来,习近平总书记多次强调,立德树人是教育改革发展的根本任务,人无德不立,育人的根本在于立德。④ 他强调,学校要牢牢抓住"立德树人"这一中心工作不动摇,自觉承担好立德树人的神圣职责,把立德树人贯穿推动教育发展的全过程,"要把立德树人的成效作为检验学校一切工作的根本标准,真正做到以文化人、以德育人,不断提高学生思想水平、政治觉悟、道德品质、文化素养,做到明大德、守公德、严私德。要把立德树人内化到大学建设和管理各领域、各方面、各环节,做到以树人为核心,以立德为根本"⑤。怎样做好立德树人这篇大文章,习近平总书记作出了完整、深刻的回答。一是要坚持社会方向。他指出:"培养什么人,是教育的首要问题。中国是中国共产党领导的社会主义国家,这就决定了我们的教育必须把培养社会主义建设者和接班人作为根本任务,培养一代又一代拥护中国共产党领导和中国社会主义制度、立志为

---

① 冯刚、严帅:《改革开放40年高校思想政治教育管理的发展历程》,《北京师范大学学报》2018年第1期。
② 江泽民:《在庆祝北京师范大学建校一百周年大会上的讲话》,《人民日报》2002年9月9日。
③ 《教育部关于进一步加强和改进师德建设的意见》,《中华人民共和国教育部公报》2005年第3期。
④ 习近平:《在北京大学师生座谈会上的讲话》,《人民日报》2018年5月3日。
⑤ 习近平:《在北京大学师生座谈会上的讲话》,《人民日报》2018年5月3日。

中国特色社会主义奋斗终身的有用人才。"① 二是要抓好教师队伍的师德师风建设。习近平指出："评价教师队伍素质的第一标准应该是师德师风。师德师风建设应该是每一所学校常抓不懈的工作，既要有严格制度规定，也要有日常教育督导。"② 三是要旗帜鲜明地将社会主义核心价值观纳入立德树人的全过程。习近平总书记在北京大学师生座谈会上指出："要坚持不懈培育和弘扬社会主义核心价值观，引导广大师生做社会主义核心价值观的坚定信仰者、积极传播者、模范践行者。"③ 同时，他在全国教育大会上进一步强调："要在加强品德修养上下功夫，教育引导学生培育和践行社会主义核心价值观，踏踏实实修好品德，成为有大爱大德大情怀的人。"④ 四是要把立德树人贯穿教育教学全过程。习近平总书记指出："要把立德树人融入思想道德教育、文化知识教育、社会实践教育各环节，贯穿基础教育、职业教育、高等教育各领域，学科体系、教学体系、教材体系、管理体系要围绕这个目标来设计，教师要围绕这个目标来教，学生要围绕这个目标来学。"⑤

为深入贯彻习近平总书记2014年9月9日在北京师范大学师生代表座谈会上的重要讲话精神，教育部发布《关于建立健全高校师德建设长效机制的意见》，积极引导广大高校教师做有理想信念、有道德情操、有扎实学识、有仁爱之心的党和人民满意的好老师，大力加强和改进师德建设，努力培养造就一支师德高尚、业务精湛、结构合理、充满活力的高素质专业化高校教师队伍。⑥ 2017年《关于加强和改进新形势下高校思想政治工作的意见》指出："完善教师职业道德规范，实施师德'一票否决'"。2018年《关于全面深化新时代教师队伍建设改革的意见》指出，要"健全师德建设长效机制，推动师德建设常态化长效化"。2019年12月，教育部等七部门印发《关于加强和改进新时代师德师风建设的意见》，强调要以习近平新时代中国特色社会主义思想为指导，深入学习贯彻习近平总书

---

① 张烁：《坚持中国特色社会主义教育发展道路　培养德智体美劳全面发展的社会主义建设者和接班人》，《人民日报》2018年9月11日。
② 习近平：《在北京大学师生座谈会上的讲话》，《人民日报》2018年5月3日。
③ 习近平：《在北京大学师生座谈会上的讲话》，《人民日报》2018年5月3日。
④ 张烁：《坚持中国特色社会主义教育发展道路　培养德智体美劳全面发展的社会主义建设者和接班人》，《人民日报》2018年9月11日。
⑤ 《习近平著作选读》第二卷，人民出版社2023年版，第203页。
⑥ 《中国教育年鉴》（2006），人民教育出版社2006年版，第802页。

记关于教育的重要论述和全国教育大会精神，把立德树人的成效作为检验学校一切工作的根本标准，把师德师风作为评价教师队伍素质的第一标准，将社会主义核心价值观贯穿师德师风建设全过程，严格制度规定，强化日常教育督导，加大教师权益保护力度，倡导全社会尊师重教，激励广大教师努力成为"四有"好老师，着力培养德智体美劳全面发展的社会主义建设者和接班人。

从社会环境来看，在中国社会发生深刻变革和对外开放不断扩大的背景下，各种社会矛盾和问题叠加呈现，这些矛盾和问题也会反映到思想领域，人们思想活动的独立性、选择性、多变性、差异性明显增强，思想道德领域出现了一些不容忽视的现象，一些人理想信念不坚定，一些腐朽没落思想文化沉渣泛起，拜金主义、享乐主义、极端个人主义有所滋长等。这些现象对一些思想意志不坚定的教师产生了很大影响，个别教师把社会上的一些不良风气、市场交易引入学校，淡化和忘记了人民教师教书育人的神圣职责，导致师德失范行为的发生。另外，高校在关注发展的各项指标及提升科研能力的同时，忽略对教师的思想政治教育①。特别是，近年来高校教师失德现象屡见报端，如北京某大学许某被学校给予其行政记过处分，原因在于，其在讲授《概率论》课程中，将日本民族和中华民族进行不恰当对比，在课堂上称"中华民族是劣等民族"。课程结束后，许某的言论被学生举报并通过微信群、微博等社交平台曝光，造成较恶劣的社会影响。再如，天津某大学教师戴某被国家自然科学基金委员会2019年第六次委务会议决定取消其国家自然科学基金项目申请资格4年，被取消国家自然科学基金项目评审资格7年并给予其通报批评。理由是，其申报的基金项目"近现代建筑遗产记录信息化技术及其保护再利用研究"申请书中，抄袭剽窃了其在若干年前评审过的某大学教师方某获资助基金项目"南京民国建筑修缮 BIM 模型实例库的构建及其数据挖掘与知识发现研究"申请书的内容。还有，辅导员陈某因为多次收受学生及学生家长礼金、茶叶、烟酒等物品被学校给予降低岗位等级的处分。

师德师风问题引起了管理部门的高度关注。重庆大学通过开通运营教工部官网、官微、微信公众号，不断挖掘优秀教师先进事迹，大力培植和选树教师先进典型，组织宣传近百名教师及校友先进事迹。山东通过搭建

---

① 秦苗苗、曲建武：《改革开放以来高校师德建设研究发展述评》，《思想教育研究》2018年第5期。

教师思想政治工作研究平台，开发教育培训课程，要求各地各校结合传统文化和红色文化资源定期开展实践活动，每学期开展不少于2次理想信念专题教育，把"四个自信"专题教育列入各级各类培训内容必修课。为进一步加强新时期师德师风建设，2018年，教育部印发《新时代高校教师职业行为十项准则》，同时制定印发了《关于高校教师师德失范行为处理的指导意见》。

二　高校师德负面清单管理的主要制度文本

近年来，教育部始终坚持把师德建设放在教师队伍建设的首要位置，先后修订、颁布《高等学校教师职业道德规范》，出台《教育部关于进一步加强和改进师德建设的意见》，要求各地各校将师德建设作为学校工作考核和办学质量评估的重要指标，把师德表现作为教师资格定期注册、业绩考核、职称评审、岗位聘用、评优奖励的首要内容，实行师德表现一票否决制。同时，教育部设立了24小时监督举报热线等师德民意快速反应措施，对于被公众举报有严重的有损师德行为、影响恶劣者，将督促地方按照有关规定坚决严肃查处。师德行为发生一起，查处一起，绝不姑息。按照教育部的要求，各地在师德建设的实践中积累了诸多成功经验。青海、江西、黑龙江等地制定了违反师德规范的行为清单并提出针对性惩戒办法，陕西设立了师德师风监督信箱和监督电话，江苏制定了学术不端行为监督、查处办法。中央和地方共同形成了立体化的高校师德负面清单管理的制度体系（见表2-13）。

表2-13　　　　　　　　　　师德负面清单制度文本

	禁止事项
《教育部关于进一步加强和改进师德建设的意见》	教师讥讽、歧视、侮辱学生，体罚和变相体罚学生的行为
	败坏教师声誉的失德行为
	在招生、考试等工作中的不正之风和违纪违法行为
	在科研工作中弄虚作假、抄袭剽窃等违背学术规范，侵占他人劳动成果的不端行为
	向学生推销教辅资料及其他商品，索要或接受学生、家长财物等以教谋私的行为

续表

	禁止事项
《新时代高校教师职业行为十项准则》	在教育教学活动中及其他场合有损害党中央权威、违背党的路线方针政策的言行
	损害国家利益、社会公共利益,或违背社会公序良俗
	通过课堂、论坛、讲座、信息网络及其他渠道发表、转发错误观点,或编造散布虚假信息、不良信息
	违反教学纪律,敷衍教学,或擅自从事影响教育教学本职工作的兼职兼薪行为
	要求学生从事与教学、科研、社会服务无关的事宜
	任何形式的猥亵、性骚扰行为
	抄袭剽窃、篡改侵吞他人学术成果,或滥用学术资源和学术影响
	在招生、考试、推优、保研、就业及绩效考核、岗位聘用、职称评聘、评优评奖等工作中徇私舞弊、弄虚作假
	参加由学生及家长付费的宴请、旅游、娱乐休闲等活动,或利用家长资源谋取私利
	假公济私,擅自利用学校名义或校名、校徽、专利、场所等资源谋取个人利益
《教育部关于建立健全高校师德建设长效机制的意见》	损害国家利益,损害学生和学校合法权益的行为
	在教育教学活动中有违背党的路线方针政策的言行
	在科研工作中弄虚作假、抄袭剽窃、篡改侵吞他人学术成果、违规使用科研经费以及滥用学术资源和学术影响
	影响正常教育教学工作的兼职兼薪行为
	在招生、考试、学生推优、保研等工作中徇私舞弊
	索要或收受学生及家长的礼品、礼金、有价证券、支付凭证等财物
	对学生实施性骚扰或与学生发生不正当关系
	其他违反高校教师职业道德的行为
《黑龙江高校教师师德失范行为处理办法》	在教育教学活动及其他场合有损害党中央权威、违背党的路线方针政策的言行
	损害国家利益、社会公共利益,或违背社会公序良俗的行为
	通过课堂、论坛、讲座、信息网络及其他渠道发表、转发错误观点,或编造散布虚假信息、不良信息的行为
	违反教学纪律,敷衍教学,或擅自从事影响教育教学本职工作的兼职兼薪行为
	要求学生从事与教学、科研、社会服务无关事宜的行为
	与学生发生不正当关系,有猥亵、性骚扰行为
	抄袭剽窃、篡改侵吞他人学术成果,或滥用学术资源和学术影响
	在招生、考试、推优、保研、就业及绩效考核、岗位聘用、职称评聘、评优评奖等工作中徇私舞弊、弄虚作假
	参加由学生及家长付费的宴请、旅游、娱乐休闲等活动,或利用家长资源谋取私利
	假公济私,擅自利用学校名义或校名、校徽、专利、场所等资源谋取个人利益

续表

	禁止事项
《江苏省高校教师师德失范行为处理办法（试行）》	在教育教学活动中及其他场合有损害党中央权威、违背党的路线方针政策的言行
	损害国家利益、社会公共利益，或违背社会公序良俗
	通过课堂、论坛、讲座、信息网络及其他渠道发表、转发错误观点，或编造散布虚假信息、不良信息
	违反教学纪律，敷衍教学，或擅自从事影响教育教学本职工作的兼职兼薪行为
	与学生发生不正当关系，有任何形式的猥亵、性骚扰行为
	抄袭剽窃、篡改侵吞他人学术成果，或滥用学术资源和学术影响
	在招生、考试、推优、保研、就业及绩效考核、岗位聘用、职称评聘、评优评奖等工作中徇私舞弊、弄虚作假
	索要、收受学生及家长财物，参加由学生及家长以多种形式付费的宴请、旅游、娱乐休闲等活动，或利用家长资源谋取私利
	假公济私，擅自利用学校名义或校名、校徽、专利、场所等资源谋取个人利益
	要求学生从事与教学、科研、社会服务等无关的事宜
《教育部关于深化高校教师考核评价制度改革的指导意见》	高校教师有师德禁行行为的，师德考核不合格，并依法依规分别给予相应处分，实行师德"一票否决"

资料来源：笔者自制。

三 师德师风负面清单管理实践的主要特点

（一）坚持"底线思维"的原则

德治方式可以确立高标准、树立高要求，激人奋进，也可以以底线的要求确立教师的标准。在师德师风负面清单编制过程中，我们确立了"底线思维"，即正常的师德师风所不能接受的行为，而非不符合高尚师德师风要求的行为。"底线思维"就是把教师不能做的行为以"红线""底线"的方式划定为行为"禁区"，对高校教师违反制度红线的行为，在师德考评中落实"一票否决"。正如习近平总书记告诫我们："要善于运用'底线思维'的方法，凡事从坏处准备，努力争取最好的结果，这样才能有备无患、遇事不慌，牢牢把握主动权。"① 比如，《教育部关于进一步加强和改进师德建设的意见》规定负面清单行为"在科研工作中弄虚作假、抄袭剽窃等违背学术规范，侵占他人劳动成果的不端行为"，弄虚作假、抄袭剽窃等属于学术规范中的最低要求，而不是较高要求。为了防止师德失范惩处的扩大化问题，主管部门严格控制师德师风负面清单的范围（见表2-14）。

表2-14　　　　　　　　　师德负面清单中的底线思维

	禁止事项	未禁止事项
对待学生的师德底线	教师讥讽、歧视、侮辱学生，体罚和变相体罚学生行为	对学生冷淡漠视
	索要或接受学生、家长财物等以教谋私行为	仅以成绩评价学生
	任何形式的猥亵、性骚扰行为	讽刺、贬低学生
	在招生、考试等工作中的不正之风和违纪违法行为	仅以成绩评价学生
	参加由学生及家长付费的宴请、旅游、娱乐休闲等活动，或利用家长资源谋取私利的行为	组织或实施有偿培训
	要求学生从事与教学、科研、社会服务等无关的事宜	
对待专业的师德底线	通过课堂、论坛、讲座、信息网络及其他渠道发表、转发错误观点，或编造散布虚假信息、不良信息	在教学工作中违反教学纪律，包括着装不得体、举止粗鲁、语言不文明等
	违反教学纪律，敷衍教学，或擅自从事影响教育教学本职工作的兼职兼薪行为	不擅长教育教学
	要求学生从事与教学、科研、社会服务无关的事宜	通过非学校信息渠道编造散布虚假、不良信息
	抄袭剽窃、篡改侵吞他人学术成果，或滥用学术资源和学术影响	参加可能影响专业判断的活动
	违反教学纪律，敷衍教学的行为	从事有损专业形象的兼职兼薪工作

---

① 《习近平总书记系列重要讲话读本》（2016年版），学习出版社、人民出版社2016年版，第288页。

续表

	禁止事项	未禁止事项
对待国家、学校的师德底线	损害学生和学校合法权益的行为	以言语损害政府声誉
	在教育教学活动中有违背党的路线方针政策的言行	以专业评价政府作为
	损害国家利益、社会公共利益，或违背社会公序良俗的行为	

资料来源：笔者自制。

通过严格限定师德师风负面清单的范围，确保师德师风负面清单的编制符合实际，尊重当前高校教师工作的客观规律，而非道德模范的行为范本，使师德违规行为具有较高的可鉴别性和惩罚的可操作性。

（二）体现具体性和可操作性

从表中看，教育主管部门和不少学校在师德负面清单要求中设置了"红十条""红十一条""十不准"等。从内容上看，师德负面清单主要涵盖高校教师的思想品德、招生考试、教育教学、学术规范、处理社会关系、处理学生关系等方方面面。师德考核负面清单非常具体，具有很强的操作性。一是表述具体明确。如在《江苏省高校教师师德失范行为处理办法（试行）》中，将"徇私舞弊、弄虚作假"明确界定为"在招生、考试、推优、保研、就业及绩效考核、岗位聘用、职称评聘、评优评奖等工作中徇私舞弊、弄虚作假"；对于"发表错误观点"行为具体界定为"通过课堂、论坛、讲座、信息网络及其他渠道发表、转发错误观点"；对于学术不端行为，具体界定为"抄袭剽窃、篡改侵吞他人学术成果"。这些具体清晰的表述可以把教师的某种负面清单行为对号入座，准确定性，避免扯皮。二是内容的针对性。负面清单的内容大多是针对社会普遍关注的师德失范现象所提出的。当前社会高度关注且具有较大社会影响的高校教师师德失范现象主要体现在思想散漫、不务正业、以权谋私、作风不良等方面。针对不务正业，师德负面清单规定，不得"擅自从事影响教育教学本职工作的兼职兼薪行为"。针对思想散漫，师德负面清单明确规定，不得出现"在教育教学活动中及其他场合有损害党中央权威、违背党的路线方针政策的言行"，"损害国家利益、社会公共利益，或违背社会公序良俗"等。针对以权谋私，师德负面清单明确规定，不得出现"在招生、考试、推优、保研、就业及绩效考核、岗位聘用、职称评聘、评优评奖等工作中徇私舞弊、弄虚作假","索要、收受学生及家长财物,参加由学生及家长以多种形式付费的宴请、旅游、娱乐休闲等活动,或利用家长资源谋取私利","假公济私,擅自利用学校名义或校名、校徽、专利、场所等资源谋取个人利益"等。针对作风不良现象,师德负面清单明确规定,不得出现"与学生发生不正当关系,有任何形式的猥亵、性骚扰行为"。三是违反负面清单所列行为,规定的处罚非常具体。《关于高校教师师德失范行为处理的指导意见》明确规定,情节较轻的,给予批评教育、诫勉谈话、责令检查、通报批评,以及取消其在评奖评优、职务晋升、职称评定、岗位聘用、工资晋级、干部选任、申报人才计划、申报科研项目等方面的资格;情节较重应当给予处分的,还应根据《事业单位工作人员处分暂行规定》给予行政处分,包括警告、记过、降低岗位等级或撤职、开除,需要解除聘用合同的,按照《事业单位人事管理条例》相关规定进行处理。

(三) 师德师风负面清单比较广泛

中国的高校师德师风负面清单由教育主管部门来制定。师德师风负面清单所禁止的行为比较广泛,它不仅涉及高校教师以权谋私的行为,包括"收受财物","向学生推销","参加由学生及家长付费的宴请、旅游、娱乐休闲等活动","利用家长资源谋取私利";还涉及"侮辱学生、虐待伤害学生、泄露学生信息、与学生发生不正当关系和歧视学生"等伤害学生身心健康的师德失范行为。除了上述关涉高校教师专业工作内容,中国的高校师德师风负面清单还在空间上跨越了教师工作活动范围,对高校教师的政治立场和公德等提出了更高的要求,如"不得违背社会公共秩序""不得损害国家利益""不得损害党中央权威""不得违背党的路线方针""不得故意发表错误观点"等。这些都说明,中国对高校教师的师德标准定位很高,如此广泛的"师德师风负面清单",正是中国高度重视"为人师表"传统的反映,同时,也表明全社会对高校教师社会形象的高度期待。实际上,师德师风负面清单涉及教职工、学生、高校管理者以及学生家长等利益相关者,而且,学生、学生家长和社会公众是师德师风评判的最重要主体,因此,需要把上述主体都纳入师德师风负面清单管理的过程中来。在确定负面清单时,应当充分吸收校友、教师、家长、学生参与,同时,及时将拟列入的行为公开,让利益相关者讨论并提出意见。对于那些社会公众关注但又未纳入师德师风负面清单的行为,教育部门应当提供充分的理由说明并向社会公开。

第三节 市场准入负面清单的具体实践

国家通过实行市场准入负面清单制度，赋予市场主体更多的主动权，将赋予市场主体自主权和激发市场活力，形成各类市场主体依法平等使用生产要素、公开公平公正参与竞争的市场环境。市场准入负面清单制度，是指国务院以清单方式明确列出在中华人民共和国境内禁止和限制投资经营的行业、领域、业务等，各级政府依法采取相应管理措施的一系列制度安排。

一 市场准入负面清单的治理历程

中国市场准入制度主要包括一般的市场主体准入时的市场主体登记制度、特定的某一国内市场主体进入特定市场时的各种审批核准制度或其他办法、境外主体进入国内市场而设立的法定条件和程序。

改革开放前，中国实行计划经济体制，政府严格控制着市场准入。改革开放之初，中国市场准入开始制度化，但由于商品生产领域带有较强的计划经济的特点，较长一段时间内中国的市场准入仍实行较为严格的审批制管理模式。1992年邓小平南方谈话后，中国开始建立社会主义市场经济体制，市场准入管理也从单一的审批制转变为审批制与准则制并存。此时中国的市场准入方式已经发生了重大改革，政府不再完全对市场准入进行严格的把控。进入21世纪，商品经济在中国迅速发展。2001年中国加入WTO，当时国内市场的准入管理制度已不能适应高速发展的市场经济新要求。因此中国进一步扩大开放要求，取消和简化一些准入前的行政审批，完善了中国的市场准入制度。

党的十八大以来，党中央、国务院进一步增强了对外开放的强度和深度，作为手段之一的市场准入负面清单的精简和改革也进入了新的阶段。2013年11月，党的十八届三中全会《中共中央关于全面深化改革若干重大问题的决定》提出,"实行统一的市场准入制度,在制定负面清单基础上,各类市场主体可依法平等进入清单之外领域"。2014年6月,《国务院关于促进市场公平竞争维护市场正常秩序的若干意见》要求,进一步改革市场准入制度,"制定市场准入负面清单,国务院以清单方式明确列出禁止和限制投资经营的行业、领域、业务等,清单以外的,各类市场主体皆可依法平等进入"。2015年10月,国务院印发《关于实行市场准入负面清单制度的意见》,该《意见》进一步明确要求,国务院以清单方式明确列出在中华人民共和国境内禁止和限制投资经营的行业、领域、业务等,而各类市场主体可依法平等进入市场准入负面清单以外的行业、领域、业务等。

党的十八届三中全会提出实行国家统一的市场准入负面清单制度,将负面清单的概念从投资协定谈判引入国内经济治理。简单地说,在市场准入负面清单当中,各类市场主体,包括国企、民企、外资是同等待遇,清单之外的都可以依法平等进入。2015年10月,在国家发改委、商务部牵头负责,地方试点积极配合下,最终出台了中国第一版市场准入负面清单。2016年4月,《市场准入负面清单草案(试点版)》在第一批试点省市天津、上海、福建、广东试行。《市场准入负面清单草案(试点版)》作为中国首版公开的市场准入负面清单,虽然操作性有所欠缺,其重要价值在于首次清晰地阐明了市场准入清单的出台目的、制定原则和框架结构,为各方研究市场准入负面清单制度提供了一个明确的"靶向",为市场准入负面清单这一"起点式"改革奠定了基石。2018年国家发改委会同商务部印发《关于开展市场准入负面清单(试点版)全面修订工作的通知》,正式启动了《草案》的修订工作。2018年12月25日,国家发改委、商务部公布《市场准入负面清单(2018年版)》,其主体包括4项"禁止准入类"和147项"许可准入类"事项,对应581条具体管理措施,相比于《草案》,事项减少了177项,具体管理措施减少了288条,压减54%。实施市场准入负面清单管理,凸显了党中央、国务院坚决打破各种形式的不合理限制和隐性壁垒、深入推进更高水平改革开放的决心,标志着中国市场准入管理以负面清单为主取代以正面清单为主的管理模式的重要转变(见表2-15)。

表2-15　　中国市场准入负面清单治理的主要历程

	时间	事件	备注
探索阶段	2013年11月	广东省佛山市南海区制定行政审批负面清单目录	负面清单最初进入国民视野，各地开始自由探索负面清单制度
	2013年12月	吉林省公布民企准入出台负面清单目录	
	2013年12月	山西省提出保险与民营经济领域的负面清单管理制度	
	2013年12月	浙江省推行权力清单+负面清单行政审批改革模式	
	2013年12月	福建省制定台资准入负面清单	
	2014年6月	北京市昌平区施行产业准入负面清单管理制度	
	2014年6月	四川成都高新区推行负面清单管理模式	
	2014年6月	福建厦门施行民间资本投资准入负面清单管理制度	
试验阶段	2014年7月	《国务院关于促进市场公平竞争维护市场正常秩序的若干意见》发布	明确提出要制定市场准入负面清单，全国负面清单概念出现
	2015年9月	通过《关于实行市场准入负面清单制度的意见》	首次提出市场准入要全面引入负面清单管理，意味着中国市场准入将全面开启"负面清单时代"
	2016年6月	国家发改委、商务部会同有关部门汇总、审查形成的《市场准入负面清单草案（试点版）》	先行在天津、上海、福建、广东四个省（市）进行试点，主要目的是对草案涉及事项的合理性、可行性进行检验，探索经验，为清单的进一步完善提供实践经验

续表

	时间	事件	备注
全面实施阶段	2018年12月	《市场准入负面清单（2018年版）》	全国正式进入负面清单时代
	2019年6月	《市场准入负面清单（2019年版）》	构建《市场准入负面清单（2019年版）》
	2020年12月	《市场准入负面清单（2020年版）》	对《市场准入负面清单（2019年版）》进行精简
	2021年10月	《市场准入负面清单（2021年版）》	对《市场准入负面清单（2020年版）》进行精简
	2022年3月	《市场准入负面清单（2022年版）》	对《市场准入负面清单（2021年版）》进行精简

资料来源：笔者自制。

二 市场准入负面清单的主要做法

市场准入负面清单制度，是指国务院以清单方式明确列出在中华人民共和国境内禁止和限制投资经营的行业、领域、业务等，各级政府依法采取相应管理措施的一系列制度安排。市场准入负面清单包括禁止准入类和限制准入类，适用于各类市场主体基于自愿的初始投资、扩大投资、并购投资等投资经营行为及其他市场进入行为。对禁止准入事项，市场主体不得进入，行政机关不予审批、核准，不得办理有关手续；对限制准入事项，或由市场主体提出申请，行政机关依法依规作出是否予以准入的决定，或由市场主体依照政府规定的准入条件和准入方式合规进入；对市场准入负面清单以外的行业、领域、业务等，各类市场主体皆可依法平等进入。市场准入负面清单是适用于境内外投资者的一致性管理措施，是对各类市场主体市场准入管理的统一要求。对各类市场主体涉及以下领域的投资经营行为及其他市场进入行为，依照法律、行政法规和国务院决定的有关规定，可以采取禁止进入或限制市场主体资质、股权比例、经营范围、经营业态、商业模式、空间布局、国土空间开发保护等管理措施；涉及人民生命财产安全、政治安全、国土安全、军事安全、经济安全、金融安全、文化安全、社会安全、科技安全、信息安全、生态安全、资源安全、核安全等有关行业、领域、业务等；涉及全国重大生产力布局、战略性资源开发和重大公共利益的有关行业、领域、业务等；依法可以设定行政许可且涉及市场主体投资经营行为的有关行业、领域、业务等；法律、行政法规和国务院决定规定的其他情形。

根据《市场准入负面清单（2022年版）》和《与市场准入相关的禁止性规定》，市场准入负面清单分为禁止和许可两类事项。对禁止准入事项，市场主体不得进入，行政机关不予审批、核准，不得办理有关手续；对许可准入事项，包括有关资格的要求和程序、技术标准和许可要求等，或由市场主体提出申请，行政机关依法依规作出是否予以准入的决定，或由市场主体依照政府规定的准入条件和准入方式合规进入；对市场准入负面清单以外的行业、领域、业务等，各类市场主体皆可依法平等进入。《市场准入负面清单（2022年版）》列有许可准入事项111项、禁止准入事项6项，共计117项，相比《市场准入负面清单（2020年版）》减少6项。

《市场准入负面清单（2022年版）》实际上是自由贸易试验区外商投资负面清单的扩展版，按照行业划分，市场准入负面清单主要可分为以下类型。

第一，农林牧渔业类（见表2-16）。这类市场准入主要聚焦耕地红线、种子安全、生物安全方面，意在通过限制市场准入，最大程度地实现粮食、种子、生态安全。

表2-16　　　　　　　　　　农林牧渔业类

	禁止或许可事项	主管部门
1	未经许可或指定，不得从事特定植物种植或种子、种苗的生产、经营、检测和进出口	农业农村部、林草局
2	未获得许可，不得繁育、调运农林植物及其产品或从国外引进农林繁殖材料	农业农村部、林草局
3	未获得许可，不得从事农林转基因生物的研究、生产、加工和进口	农业农村部、林草局
4	未获得许可，不得从事林木加工经营或利用森林资源、湿地资源开展生产经营活动	农业农村部、林草局
5	未获得许可，不得从事种畜禽等动物遗传材料的生产经营	农业农村部
6	未获得许可，不得从事渔业养殖、捕捞业务	农业农村部

续表

	禁止或许可事项	主管部门
7	未获得许可，不得从事动物诊疗、进出境检疫处理等业务	农业农村部、海关总署
8	未获得许可，不得从事动物饲养、屠宰和经营	农业农村部
9	未获得许可，不得从事生鲜乳运输、收购	农业农村部
10	未获得许可，不得超规模流转土地经营权	农业农村部、林草局
	禁止措施	管理部门
1	土地经营权流转不得改变土地所有权的性质和土地的农业用途，不得破坏农业综合生产能力和农业生态环境	农业农村部
2	严禁占用永久基本农田挖塘造湖、植树造林、建设绿色通道、堆放固体废弃物及其他毁坏永久基本农田种植条件和破坏永久基本农田的行为	自然资源部、农业农村部
3	禁止占用耕地建窑、建坟或者擅自在耕地上建房、挖沙、采石、采矿、取土等	自然资源部、农业农村部
4	禁止在25°以上陡坡地开垦种植农作物	水利部
5	禁止开垦草原等活动；禁止在生态脆弱区的草原上采挖植物和从事破坏草原植被的其他活动	林草局
6	禁止围湖造田（地）和违规围垦河道	水利部
7	禁止使用带有危险性病、虫的种子、苗木和其他繁殖材料育苗或造林，禁止试验、推广带有检疫性有害生物的种子、苗木和其他繁殖材料	农业农村部、林草局
8	禁止农业检疫对象区内的种子、苗木及其他繁殖材料和应施检疫的植物、植物产品运出疫区	农业农村部
9	禁止毁林开垦、采石、采砂、采土以及其他毁坏林木和林地的行为	林草局
10	禁止将有毒、有害废物用作肥料或用于造田	农业农村部
11	禁止将剧毒、高毒农药用于防治卫生害虫和蔬菜、瓜果、茶叶、菌类、中草药材及水生植物的病虫害防治；禁止使用禁用的农药；禁止利用互联网经营列入《限制使用农药名录》中的农药	农业农村部

续表

	禁止措施	管理部门
12	禁止将重金属污染物或者其他有毒有害物质用作回填或者充填材料,受重金属污染物或者其他有毒有害物质污染的土地复垦后,达不到国家有关标准的,不得用于种植食用农作物	自然资源部
13	禁止使用炸鱼、毒鱼、电鱼等破坏渔业资源的方法进行捕捞	农业农村部
14	禁止对重要的渔业苗种基地和养殖场所进行围垦	农业农村部
15	禁止制造、销售、使用禁用的渔具;禁止在禁渔区或禁渔期内销售非法捕捞的渔获物	农业农村部
16	禁止在沙化土地上砍挖灌木、药材及其他固沙植物	林草局
17	禁止从事中央储备粮代储业务	粮食和储备局
18	禁止在湖泊保护范围内圈圩养殖(江苏)	江苏省
19	禁止在沙化土地上放牧(陕西)	陕西省

资料来源:《国家发展改革委 商务部关于印发〈市场准入负面清单(2022年版)〉的通知》,https://www.gov.cn/zhengce/zhengceku/2022-03/26/content_5682276.html。

第二,采矿业与制造业类(见表2-17)。这类市场准入主要聚焦自然资源安全、核安全、食品药品安全、医疗器械安全、武器装备安全、航空器航空产品和船舶渔船的制造质量和安全、铁路运输设备安全、通信和密码安全、计量器安全,意在通过限制市场准入,防止工业生产对国家安全、民生安全构成威胁。

表2-17　　　　　　　　　采矿业与制造业类

	禁止或许可事项	主管部门
1	未获得许可或相关资格,不得从事矿产资源的勘查开采、生产经营及对外合作	自然资源部、国防科工局、矿山安监局、应急部、发改委、能源局
2	未获得许可,不得从事特定食品生产经营和进出口	卫生健康委、市场监管总局、工业和信息化部
3	未获得许可或履行规定程序,不得从事烟草专卖品生产	烟草局

续表

	禁止或许可事项	主管部门
4	未获得许可，不得从事印刷复制业或公章刻制业特定业务	公安部、农业农村部、人民银行、税务总局、新闻出版署、保密局
5	未获得许可，不得从事涉核、放射性物品生产、运输和经营	国防科工局、生态环境部、公安部
6	未获得许可，不得从事特定化学品的生产经营及项目建设，不得从事金属冶炼项目建设	农业农村部、应急部、工业和信息化部、公安部、商务部、生态环境部
7	未获得许可，不得从事民用爆炸物品、烟花爆竹的生产经营及爆破作业	工业和信息化部、公安部、应急部
8	未获得许可，不得从事医疗器械或化妆品的生产与进口	药监局
9	未获得许可，不得从事药品的生产、销售或进出口	药监局、国防科工局、海关总署
10	未获得许可，不得从事兽药及兽用生物制品的临床试验、生产、经营和进出口	农业农村部
11	未获得许可，不得从事农药的登记试验、生产、经营和进口	农业农村部
12	未获得许可或相关资格，不得从事武器装备、枪支及其他公共安全相关产品的研发、生产、销售、购买和运输及特定国防科技工业领域项目的投资建设	公安部、国防科工局、保密局、人防办
13	未获得许可，不得从事船舶和渔船的制造、更新、购置、进口或使用其生产经营	农业农村部、交通运输部
14	未获得许可，不得从事航空器、航空产品的制造、使用与民用航天发射相关业务	国防科工局、民航局
15	未获得许可，不得从事特定铁路运输设备生产、维修、进口业务	铁路局
16	未获得许可或强制性认证，不得从事特种设备、重要工业产品等特定产品的生产经营	市场监管总局、应急部
17	未获得许可，不得从事电信、无线电等设备或计算机信息系统安全专用产品的生产、进口和经营	工业和信息化部、公安部

续表

	禁止或许可事项	主管部门
18	未获得许可，不得从事商用密码的检测评估和进出口	商务部、密码局
19	未获得许可，不得制造计量器具或从事相关量值传递和技术业务工作	市场监管总局 国防科工局
20	未获得许可，不得从事报废机动车回收拆解业务	商务部
	禁止措施	管理部门
1	禁止生产和经营国家明令禁止生产的农药、未取得登记的农药	农业农村部
2	禁止生产、销售、使用国家明令禁止的农业投入品	农业农村部
3	在规定的期限和区域内，禁止生产、销售和使用黏土砖	发改委
4	禁止生产、销售和使用有毒、有害物质超过国家标准的建筑和装修材料	住房城乡建设部 市场监管总局
5	禁止制造、销售仿真枪	公安部
6	禁止违规制造、销售和进口非法定计量单位的计量器具	市场监管总局
7	重点区域严禁新增钢铁、焦化、水泥熟料、平板玻璃、电解铝、氧化铝、煤化工产	生态环境部
8	除主管部门另有规定的以外，血液制品、麻醉药品、精神药品、医疗用毒性药品、药品类易制毒化学品不得委托生产	药监局
9	在指定区域内，禁止生产、销售烟花爆竹、民用爆炸物（各地区）	各地区

资料来源：《国家发展改革委 商务部关于印发〈市场准入负面清单（2022年版）〉的通知》，https://www.gov.cn/zhengce/zhengceku/2022－03/26/content_5682276.html。

第三，电力、热力、燃气及水生产和供应业类（见表2－18）。这类市场准入主要聚焦大气污染和服务安全，意在通过限制电力业务、承装（修、试）电力设施、燃气经营的市场准入，防止电力、热力、燃气及水生产对周围大气构成污染，保障民生安全。

表 2-18　　　　电力、热力、燃气及水生产和供应业类

	禁止或许可事项	主管部门
1	未获得许可，不得从事电力和市政公用领域特定业务	能源局、住房城乡建设部
	禁止措施	管理部门
1	禁止新建不符合国家规定的燃煤发电机组、燃油发电机组和燃煤热电机	发改委、能源局、生态环境部
2	在集中供热管网覆盖地区，禁止新建、扩建分散燃煤供热锅炉	生态环境部
3	禁止公用电厂违规转为自备电厂，京津冀、长三角、珠三角等区域禁止新建燃煤自备电厂	发改委、能源局、生态环境部
4	不得生产不符合安全性能要求和能效指标以及国家明令淘汰的特种设备；特种设备未经监督检验或者监督检验不合格的，不得出厂或者交付使用；因生产原因造成特种设备存在危及安全的同一性缺陷，特种设备生产单位应当立即停止生产，主动召回；禁止销售、使用未取得许可生产、未经检验和检验不合格，以及国家明令淘汰和已经报废的特种设备；未经定期检验或者检验不合格的特种设备，不得继续使用；充装单位应当建立充装前后的检查、记录制度，禁止对不符合安全技术规范要求的移动式压力容器和气瓶进行充装	市场监管总局
5	禁止在燃气管网和集中供热管网覆盖的地区新建、改建和扩建燃烧煤炭、重油、渣油等燃料的供热设施（吉林、广东）	吉林省、广东省

资料来源：《国家发展改革委　商务部关于印发〈市场准入负面清单（2022年版）〉的通知》，https：//www.gov.cn/zhengce/zhengceku/2022-03/26/content_5682276.html。

第四，建筑业类（见表 2-19）。这类市场准入主要聚焦国防安全和环境安全，意在通过限制市场主体行为，防止建筑生产对国防安全和环境安全构成威胁。

表 2-19　　　　　　　　　　建筑业类

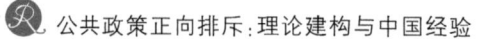

	禁止或许可事项	主管部门
1	未取得许可，不得从事建筑业及房屋、土木工程、涉河项目、海洋工程等相关项目建设	住房城乡建设部、地震局、气象局、国家安全部、发改委、生态环境部、自然资源部、水利部、能源局、林草局、交通运输部、农业农村部

	禁止措施	管理部门
1	禁止在领海基点保护范围内进行工程建设以及其他可能改变该区域地形、地貌的活动	自然资源部
2	禁止在临时利用的无居民海岛上建造永久性建筑物或者设施	自然资源部
3	禁止破坏国防用途无居民海岛的自然地形、地貌；禁止将国防用途无居民海岛用于与国防无关的活动	自然资源部
4	禁止在依法确定为旅游娱乐用途的无居民海岛及周边海域建造居民定居场所和从事生产性养殖活动	自然资源部
5	除国家重大建设项目、军事国防项目、防灾减灾等涉及民生的公益项目外，禁止在海岸退缩线与海岸线之间新建、扩建和改建建筑物	自然资源部
6	禁止在临时使用土地上修建永久性建筑物	自然资源部
7	禁止新建、扩建混凝土搅拌站（北京）	北京市
8	禁止生产、销售超薄塑料袋；禁止生产销售含磷洗涤用品（北京）	北京市

资料来源：《国家发展改革委　商务部关于印发〈市场准入负面清单（2022年版）〉的通知》，https：//www.gov.cn/zhengce/zhengceku/2022-03/26/content_5682276.html。

第五，批发和零售业类（见表2-20）。批发和零售业类市场准入虽然涉及国计民生，但是它们大多数是市场行为，其中绝大多数与国家安全、公共服务没有密切的关系，因此，市场准入限制并不多，主要聚焦药品安全和技术安全，意在通过限制市场准入，防止药品、进出口货物、动物寄养对民众的健康构成威胁，同时也通过进出口技术的禁令来最大程度保障国家的科技安全。

表 2-20　　批发和零售业类

	禁止或许可事项	主管部门
1	未获得许可、配额、关税配额或经营资格，不得从事农产品、原油等特定商品、技术、服务的经营、流通贸易和进出口（含过境；关税配额指配额数量内进口的货物适用较低税率）	商务部、发改委、农业农村部
2	未获得许可，不得从事进出口运输、特定货物仓储、流通贸易等服务	商务部、交通运输部、财政部、海关总署
3	未获得许可，不得从事特定限制商品、技术的经营和进出口	商务部、生态环境部、国家原子能机构、商务部、人民银行、国防科工局
4	未获得许可，不得从事特定粮油经营业务	粮食和储备局
5	未获得许可，不得从事拍卖、直销业务	商务部
6	未获得许可，不得从事特定药品、医疗器械经营	药监局
7	未获得许可或相关资格，不得从事烟酒及相关产品的批发零售、经营和进出口	烟草局
	禁止措施	管理部门
1	列入《禁止进口货物目录》《禁止出口货物目录》的货物，或者属于临时禁止进口或出口的货物，禁止进口或出口	商务部
2	禁止从事列入《加工贸易禁止类商品目录》的商品加工贸易	商务部
3	《中国禁止进口限制进口技术目录》列明的禁止进口技术，禁止进口；《中国禁止出口限制出口技术目录》列明的禁止出口技术，禁止出口	商务部

续表

	禁止措施	管理部门
4	疫苗、血液制品、麻醉药品、精神药品、医疗用毒性药品、放射性药品、药品类易制毒化学品等国家实行特殊管理的药品不得在网络上销售	药监局
5	动物诊疗机构不得在动物诊疗场所从事动物交易、寄养活动（北京）	北京市

资料来源：《国家发展改革委 商务部关于印发〈市场准入负面清单（2022年版）〉的通知》，https：//www.gov.cn/zhengce/zhengceku/2022－03/26/content_5682276.html。

第六，交通运输、仓储和邮政业类（见表2－21）。这类市场准入主要聚焦交通安全和河道、空中安全、邮政安全，意在通过限制市场主体行为，最大程度地减少河道污染、航空安全和交通安全威胁。

表2－21 交通运输、仓储和邮政业类

	禁止或许可事项	主管部门
1	未获得许可，不得从事公路、水运及与航道有关工程的建设及相关业务	交通运输部、水利部
2	未获得许可，不得从事客货道路运输经营及相关业务	交通运输部
3	未获得许可，不得从事铁路旅客、货物公共运输营业	铁路局
4	未获得许可，不得从事特定水上运输业务及其辅助活动	交通运输部
5	未获得许可，不得从事民用机场建设、民航运输业务或其辅助活动	民航局
6	未获得许可，不得从事保税货物仓储物流业务	海关总署
7	未获得许可，不得从事邮政等相关业务	邮政局
	禁止措施	管理部门
1	禁止港口理货业务经营人兼营货物装卸和仓储业务	交通运输部
2	禁止利用内河封闭水域等内河航运渠道运输剧毒化学品以及国家规定禁止运输的其他危险化学品	交通运输部

续表

	禁止措施	管理部门
3	★禁止非政府指定机构投资空中交通管理系统	民航局
4	禁止快递企业经营由邮政企业专营的信件寄递业务；禁止快递企业寄递国家机关公文；禁止普通邮政、快递等传递国家秘密载体	邮政局

资料来源：《国家发展改革委 商务部关于印发〈市场准入负面清单（2022年版）〉的通知》，https：//www.gov.cn/zhengce/zhengceku/2022-03/26/content_5682276.html。

第七，住宿和餐饮业类（见表2-22）。住宿和餐饮业类是市场程度最高的行业之一，这类市场准入主要聚焦野生动物保护和餐饮对大气污染的影响，意在通过限制市场主体行为，最大程度地减少餐饮服务业对大气污染的威胁。

表2-22　　　　　　　　　　住宿和餐饮业类

	禁止或许可事项	主管部门
1	未获得许可，不得经营旅馆住宿业务	公安部
	禁止措施	管理部门
1	禁止在居民住宅楼、未配套设立专用烟道的商住综合楼以及商住综合楼内与居住层相邻的商业楼层内新建、改建、扩建产生油烟、异味、废气的餐饮服务	生态环境部
2	全面禁止食用国家保护的"有重要生态、科学、社会价值的陆生野生动物"以及其他陆生野生动物，包括人工繁育、人工饲养的陆生野生动物。全面禁止以食用为目的的猎捕、交易、运输在野外环境自然生长繁殖的陆生野生动物	林草局
3	禁止生产、经营使用国家重点保护野生动物及其制品制作的食品，或者使用没有合法来源证明的非国家重点保护野生动物及其制品制作的食品。禁止为食用非法购买国家重点保护的野生动物及其制品（珍贵、濒危的水生野生动物以外的其他水生野生动物的保护，适用《中华人民共和国渔业法》等有关法律的规定）	林草局 农业农村部 市场监管总局

资料来源：《国家发展改革委 商务部关于印发〈市场准入负面清单（2022年版）〉的通知》，https：//www.gov.cn/zhengce/zhengceku/2022-03/26/content_5682276.html。

第八，信息传输、软件和信息技术服务业类（见表2-23）。信息传输、软件和信息技术服务业类是新兴行业之一，要积极鼓励其发展。这类市场准入主要聚焦网络安全，包括网络意识形态安全、网络技术安全，意在通过限制市场主体行为，最大程度地防范网络硬件和软件安全对国家安全构成威胁。

表2-23　　　　　　　信息传输、软件和信息技术服务业类

	禁止或许可事项	主管部门
1	未获得许可，不得使用无线电频率、设置使用无线电台（站）	工业和信息化部、交通运输部、民航局、铁路局
2	未获得许可，不得经营电信业务、建设和使用电信网络或使用通信资源	工业和信息化部
3	超过股比限制，非公有资本不得投资新闻传媒领域特定业务	广电总局、新闻出版署
4	未获得许可，不得从事电子认证服务和涉密信息系统处理相关业务	工业和信息化部、密码局、保密局
	禁止措施	管理部门
1	禁止任何组织或者个人占用、混同国家用于人民防空通信的专用频率和防空警报音响信号	人防办
2	互联网信息服务提供者不得制作、复制、发布、传播含有下列内容的信息：（一）反对宪法所确定的基本原则的；（二）危害国家安全，泄露国家秘密，颠覆国家政权，破坏国家统一的；（三）损害国家荣誉和利益的；（四）煽动民族仇恨、民族歧视，破坏民族团结的；（五）破坏国家宗教政策，宣扬邪教和封建迷信的；（六）散布谣言，扰乱社会秩序，破坏社会稳定的；（七）散布淫秽、色情、赌博、暴力、凶杀、恐怖或者教唆犯罪的；（八）侮辱或者诽谤他人，侵害他人合法权益的；（九）含有法律、行政法规禁止的其他内容的	工业和信息化部 国家互联网信息办
3	非公开募集基金，不得向合格投资者之外的单位和自然人募集资金，不得通过报刊、电台、电视台、互联网等公众传播媒体形式或者讲座、报告会、分析会等方式向不特定对象宣传推介	证监会

续表

	禁止措施	管理部门
4	禁止网络交易平台、商品交易市场等交易场所，为违法出售、购买、利用野生动物及其制品或者禁止使用的猎捕工具提供交易服务	市场监管总局、林草局、农业农村部、自然资源部
5	任何个人和组织不得从事非法侵入他人网络、干扰他人网络正常功能、窃取网络数据等危害网络安全的活动；不得提供专门用于从事侵入网络、干扰网络正常功能及防护措施、窃取网络数据等危害网络安全活动的程序、工具；明知他人从事危害网络安全活动的，不得为其提供技术支持、广告推广、支付结算等帮助	国家互联网信息办、工业和信息化部、公安部
6	网络运营者不得收集与其提供的服务无关的个人信息，不得违反法律、行政法规的规定和双方的约定收集、使用个人信息；不得泄露、篡改、毁损其收集的个人信息；未经被收集者同意，不得向他人提供个人信息。任何个人和组织不得窃取或者以其他非法方式获取个人信息，不得非法出售或者非法向他人提供个人信息。未经评估核准，不得向境外提供在中华人民共和国境内运营中收集和产生的个人信息和重要数据	国家互联网信息办、工业和信息化部、公安部
7	任何个人和组织不得设立用于实施诈骗，传授犯罪方法，制作或者销售违禁物品、管制物品等违法犯罪活动的网站、通信群组，不得利用网络发布涉及实施诈骗，制作或者销售违禁物品、管制物品以及其他违法犯罪活动的信息	国家互联网信息办、工业和信息化部、公安部
8	网络产品、服务的提供者不得设置恶意程序；任何个人和组织发送的电子信息、提供的应用软件，不得设置恶意程序，不得含有法律、行政法规禁止发布或者传输的信息	国家互联网信息办、工业和信息化部、公安部
9	任何单位和个人不得编造、传播虚假恐怖事件信息；不得报道、传播可能引起模仿的恐怖活动的实施细节；不得发布恐怖事件中残忍、不人道的场景；在恐怖事件的应对处置过程中，除新闻媒体经负责发布信息的反恐怖主义工作领导机构批准外，不得报道、传播现场应对处置的工作人员、人质身份信息和应对处置行动情况	国家互联网信息办、工业和信息化部、公安部

资料来源：《国家发展改革委 商务部关于印发〈市场准入负面清单（2022年版）〉的通知》，https：//www.gov.cn/zhengce/zhengceku/2022-03/26/content_5682276.html。

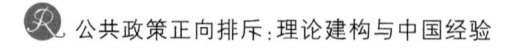

第九，金融业类（见表2-24）。这类市场准入通过限制商业银行的投资行为和货币出入境的管制，最大程度地保障人民币安全，防止金融发生系统性风险。

表2-24　　　　　　　　　　金融业类

	禁止或许可事项	主管部门
1	未获得许可，不得设立银行、证券、期货、保险、基金等金融机构或变更其股权结构	人民银行、银保监会、证监会
2	未获得许可，不得设立融资担保、典当、小额贷款公司、征信机构等相关金融服务机构	银保监会、人民银行
3	未获得许可，不得设立金融机构营业场所、交易所	证监会、银保监会、人民银行、各省级人民政府、公安部
4	未获得许可，不得从事特定金融业务	人民银行、银保监会、发改委、证监会、外汇局、人力资源社会保障部、财政部
5	未获得许可，不得从事特定代理国库业务	人民银行
6	未获得许可，非金融机构不得从事证券期货服务及支付业务	证监会、人民银行
7	未获得许可或未履行规定程序，不得从事证券投资、衍生产品发行、外汇等相关业务	外汇局、证监会
8	未经指定，不得从事人民币印制、技术设备材料相关业务	人民银行
9	未获得许可，特定金融机构高级管理人员不得任职	人民银行、银保监会
	禁止措施	管理部门
1	商业银行在中华人民共和国境内不得从事信托投资和证券经营业务，不得向非自用不动产投资或者向非银行金融机构和企业投资，但国家另有规定的除外	银保监会
2	禁止擅自运输国家货币出入境	人民银行

资料来源：《国家发展改革委　商务部关于印发〈市场准入负面清单（2022年版）〉的通知》，https://www.gov.cn/zhengce/zhengceku/2022-03/26/content_5682276.html。

第十，房地产业类（见表2-25）。房地产类是市场化、规模化程度很高的行业之一，要在防止发生系统性风险的前提下积极鼓励其发展。这类市场准入主要聚焦建筑风险和金融风险，包括房地产开发企业资质核定、商品房预售许可，意在通过限制市场主体行为，最大程度地防范房地产开发和销售风险对民生安全带来的威胁。

表 2-25　　　　　　　　　　房地产业类

	禁止或许可事项	主管部门
1	未获得许可，不得从事房地产开发、预售等相关业务	住房城乡建设部

资料来源：《国家发展改革委　商务部关于印发〈市场准入负面清单（2022年版）〉的通知》，https：//www.gov.cn/zhengce/zhengceku/2022-03/26/content_5682276.html。

第十一，租赁和商务服务业类（见表2-26）。租赁和商务服务业是新兴行业之一，要根据新行业的特点探索其管理经验，促进其健康发展。这类市场准入主要聚焦职业中介、法律服务或特定咨询、经营特定旅游业务和举办涉外经济技术展览等有限许可事项，最大程度地保障涉及民生的经济秩序和涉外安全。

表 2-26　　　　　　　　　租赁和商务服务业类

	禁止或许可事项	主管部门
1	未获得许可，不得从事法律服务或特定咨询、调查、知识产权服务	财政部、税务总局、司法部、知识产权局、统计局
2	未获得许可，不得从事职业中介、劳务派遣、保安服务等业务	人力资源社会保障部、商务部、港澳办、澳门中联办、香港中联办、公安部
3	未获得许可，不得设立旅行社或经营特定旅游业务	文化和旅游部
4	未获得许可，不得发布特定广告	卫生健康委、市场监管总局、中医药局、农业农村部、住房城乡建设部
5	未获得许可，不得在境内举办涉外经济技术展览会	商务部

资料来源：《国家发展改革委　商务部关于印发〈市场准入负面清单（2022年版）〉的通知》，https：//www.gov.cn/zhengce/zhengceku/2022-03/26/content_5682276.html。

第十二，科学研究和技术服务业类（见表2-27）。这类市场准入主要聚焦遗传资源、地理测绘、城乡规划编制、建设工程勘察、设计、监理、特定气象等方面,意在通过限制市场主体行为,保证动物研究、建设工程质量、气象预警的科学性和海洋、地理信息安全,最大程度地确保科学研究和技术服务的科学性和安全性,有效维护国家安全。

表2-27　　　　　　　　　科学研究和技术服务业类

	禁止或许可事项	主管部门
1	未获得许可,不得从事特定人类遗传资源相关业务	科技部
2	未获得许可,不得从事动物、微生物等特定科学研究活动	科技部、农业农村部
3	未获得许可,不得从事城乡规划编制业务	自然资源部
4	未获得许可,不得从事建设工程勘察、设计、监理业务	住房城乡建设部、水利部
5	未获得许可,不得从事检验、检测、认证业务	市场监管总局、应急部、农业农村部、住房城乡建设部、水利部、气象局、自然资源部
6	未获得许可,不得从事地理测绘、遥感及相关业务	自然资源部
7	未获得许可,不得从事特定海洋科学研究活动	自然资源部
8	未获得许可,不得从事特定气象服务	气象局
	禁止措施	管理部门
1	禁止非法定机构向社会发布公众气象预报、灾害性天气警报和预警信号	气象局
2	禁止非法定机构向公众发布海洋预报和海洋灾害警报	自然资源部
3	禁止非法定机构向社会发布水文情报预报	水利部
4	国家对地震预报意见实行统一发布制度,禁止非法定机构向社会散布地震预报意见及其评审结果	地震局
5	禁止非法定机构向社会发布农林业动植物疫情、农作物病虫害预报及灾情信息	农业农村部、林草局

资料来源:《国家发展改革委　商务部关于印发〈市场准入负面清单(2022年版)〉的通知》,https://www.gov.cn/zhengce/zhengceku/2022-03/26/content_5682276.html。

第十三，水利、环境和公共设施管理业类（见表2-28）。饮水设施安全、水利设施安全、环境设施安全及其他公共设施安全涉及国计民生，与民众生活息息相关，是公共利益最集中的领域，因此，这一行业是市场准入最为关注的领域。这一类市场准入限制共有5项禁止或许可事项，62项禁令，涉及饮水安全、防洪安全、大气质量、海洋生态保护、国防设施保护、土壤环境保护等方面，意在通过限制市场准入，防范水利、环境和公共设施的不安全因素对国家安全和民众生活构成威胁。

表2-28　　　　　　　水利、环境和公共设施管理业类

	禁止或许可事项	主管部门
1	未获得许可，不得从事特定水利管理业务或开展相关生产建设项目	水利部
2	未获得许可，不得从事污染物监测、贮存、处置等经营业务	生态环境部、住房城乡建设部
3	未获得许可，不得从事野生动植物捕捉采集、进出口及相关经营业务	农业农村部、林草局、工业和信息化部
4	未获得许可，不得使用海域、铺设海底电缆管道、开发利用无居民海岛	自然资源部
5	未获得许可，不得从事消耗臭氧层物质的生产经营	生态环境部
	禁止措施	管理部门
1	禁止在大坝的集水区域内进行乱伐林木、陡坡开荒等导致水库淤积的活动，禁止在库区内围垦和进行采石、取土等危及山体的活动	水利部
2	禁止在大坝管理和保护范围内从事爆破、打井、采石、采矿、挖沙、取土、修坟等危害大坝安全的活动	水利部、住房城乡建设部、交通运输部、能源局
3	禁止在防洪工程设施保护范围内从事爆破、打井、采石、取土等危害防洪工程设施安全的活动	水利部
4	在饮用水水源保护区内，禁止设置排污口	生态环境部

续表

	禁止措施	管理部门
5	禁止在饮用水水源准保护区内新建、扩建对水体污染严重的建设项目	生态环境部
6	禁止在饮用水水源一级保护区内新建、改建、扩建与供水设施和保护水源无关的建设项目	生态环境部
7	禁止在饮用水水源二级保护区内新建、改建、扩建排放污染物的建设项目	生态环境部
8	在风景名胜区水体、重要渔业水体和其他具有特殊经济文化价值的水体的保护区内，不得新建排污口	生态环境部、林草局
9	禁止在自然保护区的缓冲区开展旅游和生产经营活动；在自然保护区的核心区和缓冲区内，不得建设不符合管控要求的生产设施	自然资源部、林草局
10	禁止经中华人民共和国内水、领海转移危险废物	生态环境部
11	禁止中华人民共和国境外的废弃物在中华人民共和国管辖海域倾倒	生态环境部
12	禁止在海上焚烧废弃物，禁止在海上处置放射性废弃物或者其他放射性物质，废弃物中的放射性物质的豁免浓度由国务院制定	生态环境部
13	禁止在坝体修建码头、渠道、堆放杂物、晾晒粮草	水利部
14	禁止在水文监测环境保护范围内从事影响水文监测的各类活动	水利部
15	南水北调工程受水区内地下水超采区禁止新增地下水取用水量；具备水源替代条件的地下水超采区，应当划定为地下水禁采区，禁止取用地下水；南水北调工程受水区禁止新增开采深层承压水	水利部
16	禁止从事影响或破坏南水北调工程运行、危害工程安全和供水安全的活动；禁止进行危害南水北调工程设施的有关行为	水利部

续表

	禁止措施	管理部门
17	南水北调东线工程干线、中线工程总干渠禁止设置排污口	生态环境部
18	禁止在水工程保护范围内从事影响水工程运行和危害水工程安全的活动	水利部
19	禁止在水土流失重点预防区和重点治理区从事破坏植被活动	水利部
20	禁止在崩塌、滑坡危险区和泥石流易发区从事取土、挖砂、采石等可能造成水土流失的活动	水利部
21	禁止在河道管理范围内从事影响防洪安全的活动，禁止在堤防和护堤地从事建房、放牧、开渠、打井、挖窖、葬坟、晒粮、存放物料、开采地下资源、进行考古挖掘以及开展集市贸易活动；禁止在江河、湖泊、水库、运河、渠道内弃置、堆放阻碍行洪的物体和种植阻碍行洪的林木及高秆作物；禁止在河道管理范围内建设妨碍行洪的建筑物、构筑物以及从事影响河势稳定、危害河岸堤防安全和其他妨碍河道行洪的活动	水利部
22	禁止非法引水、截水和侵占、破坏、污染水源；禁止破坏、侵占、毁损抗旱设施	水利部
23	禁止破坏、侵占、毁损堤防、水闸、护岸、抽水站、排水渠系等防洪工程和水文、通信设施以及防汛备用的器材、物料的行为	水利部
24	省、自治区、直辖市人民政府应当划定区域，禁止露天焚烧秸秆、落叶等产生烟尘污染的物质	生态环境部
25	禁止在人口集中地区和其他依法需要特殊保护的区域内焚烧沥青、油毡、橡胶、塑料、皮革、垃圾以及其他产生有毒有害烟尘和恶臭气体的物质	生态环境部
26	在禁燃区内，禁止销售、燃用高污染燃料；禁止新建、扩建燃用高污染燃料的设施	生态环境部

续表

	禁止措施	管理部门
27	禁止在海洋自然保护区的核心区实施各种与保护无关的工程建设	生态环境部、自然资源部、林草局
28	禁止在海洋特别保护区的预留区实施改变区内自然生态条件的生产活动和任何形式的工程建设活动	生态环境部、自然资源部、林草局
29	禁止在海洋生态红线区内实施围填海、采挖海砂、新增入海陆源工业直排口，以及其他可能对典型生态系统产生不利影响的开发利用活动。严格控制海洋生态红线区内河流入海污染物排放，控制渔业养殖规模	生态环境部、自然资源部
30	禁止侵占自然湿地等水源涵养空间	水利部、生态环境部、林草局
31	禁止采挖、破坏珊瑚和珊瑚礁；禁止砍伐海岛周边海域红树林	自然资源部
32	禁止出售、收购国家一级保护野生植物	林草局、农业农村部、市场监管总局
33	禁止破坏野生动物的生息繁衍的环境	林草局
34	禁止在经济生物的自然产卵场、繁殖场、索饵场和鸟类栖息地进行围填海活动	生态环境部、自然资源部
35	禁止将重点保护古生物化石转让、交换、赠与、质押给外国人或外国组织	自然资源部
36	除收藏单位之间转让、交换、赠与其收藏的重点保护古生物化石外，其他任何单位和个人不得买卖重点保护古生物化石	自然资源部
37	禁止破坏、危害海岛军事设施的行为	自然资源部
38	禁止在军事禁区外围安全控制范围内兴建涉外项目，进行爆破、射击以及其他危害军事设施安全和使用效能的活动。在未划定外围安全控制范围的军事禁区和军事管理区外围邻近地带兴建涉外项目，不得危害军事设施的安全保密和使用效能。禁止在作战工程安全保护范围内进行开山采石、采矿、爆破等危害作战工程安全和使用效能的活动。禁止在军用机场净空保护区域内修建超出机场净空标准的建筑物、构筑物或者其他设施，不得从事影响飞行安全和机场助航设施使用效能的活动。	人防办

续表

	禁止措施	管理部门
39	禁止在水域军事禁区内建设、设置非军事设施，从事水产养殖、捕捞以及其他妨碍军用舰船行动、危害军事设施安全保密和使用效能的活动	人防办
40	禁止有损测量标志安全和使测量标志失去使用效能的行为	自然资源部
41	禁止进行影响人民防空工程使用或者降低人民防空工程防护能力的作业	人防办
42	禁止经中华人民共和国过境转移危险废物，禁止将放射性废物和被放射性污染的物品输入中华人民共和国境内或过境转移	生态环境部
43	国家逐步实现固体废物零进口	生态环境部
44	禁止在居民区和学校、医院、疗养院、养老院等单位周边新建、改建、扩建可能造成土壤污染的建设项目	发改委、自然资源部、生态环境部
45	禁止冲滩拆解船舶	交通运输部
46	禁止来自重大动植物疫情流行的国家和地区的有关动植物、动植物产品和其他检疫物进境	海关总署、农业农村部、林草局
47	禁止来自所有国家或地区的动植物病原体（包括菌种、毒种）、害虫、有害生物体、非法转基因生物材料、土壤、动物尸体进境	海关总署、农业农村部、林草局
48	禁止屠宰、经营、运输下列动物和生产、经营、加工、贮藏、运输下列动物产品：封锁疫区内与所发生动物疫病有关的；疫区内易感染的；依法应当检疫而未经检疫或者检疫不合格的；染疫或者疑似染疫的；病死或者死因不明的；其他不符合国务院兽医主管部门有关动物防疫规定的	农业农村部
49	禁止出口未定名的或者新发现的具有重要价值的野生动植物	林草局
50	禁止犀牛角和虎骨贸易	林草局
51	禁止为出售、购买、利用野生动物或者禁止使用的猎捕工具发布广告；禁止为违法出售、购买、利用野生动物制品发布广告	农业农村部、林草局、市场监管总局

续表

	禁止措施	管理部门
52	禁止商业性加工销售象牙及制品	林草局
53	禁止未命名的古生物化石出境	自然资源部
54	禁止新建或投产使用不符合强制性节能标准、节水标准的项目和生产工艺	发改委、水利部
55	禁止生产、销售、进口和使用国家明令淘汰或不符合强制性能效标准、节水标准的材料、产品和设备	发改委、水利部、住房城乡建设部
56	禁止生产、进口或者销售超过污染物排放标准的机动车、非道路移动机械	生态环境部、市场监管总局、海关总署
57	未达到土壤污染风险评估报告确定的风险管控、修复目标的建设用地地块，禁止开工建设任何与风险管控、修复无关的项目	生态环境部、自然资源部、住房城乡建设部
58	禁止易燃易爆、剧毒、传染性的危险废物转入本省行政区域内（广东）	广东省
59	机动车排放检验机构不得以任何方式经营或者参与经营机动车维修业务（广东）	广东省
60	禁止生产、销售、使用含石棉物质的建筑材料（广东）	广东省
61	禁止猎捕、买卖青蛙（河北）	河北省
62	禁止生产、销售和在经营中使用不可降解的一次性发泡塑料餐具、塑料袋，以及含磷洗涤用品和一次性木筷（西藏）	西藏自治区

资料来源：《国家发展改革委 商务部关于印发〈市场准入负面清单（2022 年版）〉的通知》，https：//www.gov.cn/zhengce/zhengceku/2022－03/26/content_ 5682276.html。

第十四，居民服务、修理和其他服务业类（见表 2 - 29）。居民服务、修理和其他服务业类是市场程度较高的行业之一，这类市场准入主要聚焦未成年人保护和传统遗留不良风俗的管理，意在通过限制市场主体行为，最大程度地实现对孤儿等特殊未成年人的保护及倡导现代文明。

表2-29　　　　　　　　居民服务、修理和其他服务业类

	禁止或许可事项	主管部门
1	未获得许可，不得建设殡葬设施	民政部
2	未获得许可，不得从事国家秘密载体维修、销毁业务	保密局

	禁止措施	管理部门
1	禁止除民政部门设立的儿童福利机构以外的其他组织和个人私自收留抚养孤儿、无法查明父母或者其他监护人以及其他生活无着落的儿童	民政部
2	禁止制造、销售不符合国家技术标准或封建迷信的殡葬设备、丧葬用品；禁止在实行火葬的地区出售棺材等土葬用品	民政部
3	禁止开发冰川（西藏）	西藏自治区

资料来源：《国家发展改革委　商务部关于印发〈市场准入负面清单（2022年版）〉的通知》，https://www.gov.cn/zhengce/zhengceku/2022-03/26/content_5682276.html。

第十五，教卫文体类（见表2-30）。教育、卫生、文化、体育与民众联系最紧密，是政府需提供的最重要公共服务，其服务质量直接关系到民众生活的幸福感。这一类市场准入限制共有11项禁止或许可事项，20项禁令，涉及特定医疗业务、广播电视制作、考古发掘、文化产品的进出口、彩票发行以及幼儿园办学准入、中小学培训准入、文物档案保护、文化产业准入等方面，意在通过限制市场准入，最大程度地保障中小学和幼儿园的教育质量，防范血液安全、文化安全、文物安全受到威胁。

表2-30　　　　　　　　　　教卫文体类

	禁止或许可事项	主管部门
1	未获得许可，不得设立特定教育机构	教育部、人力资源社会保障部
2	未获得许可，不得设置特定医疗机构或从事特定医疗业务	卫生健康委、中医药局
3	未获得许可，不得投资经营涉及公共卫生安全的业务	卫生健康委、海关总署、农业农村部

续表

	禁止或许可事项	主管部门
4	未获得许可,医疗机构不得配制医疗制剂、购买和使用特定药品、医疗器械	药监局、卫生健康委
5	未获得许可,不得从事考古发掘、文物保护和经营等业务	文物局
6	未获得许可,不得设立出版传媒机构或从事特定出版传媒相关业务	新闻出版署、版权局、广电总局、国家网信办、国务院新闻办、宗教局
7	未经许可或指定,不得从事特定文化产品的进出口业务	电影局、文化和旅游部、新闻出版署
8	未获得许可,不得从事广播电视相关设施的生产、经营、安装、使用和进口,不得使用广播电视专用频段	市场监管总局、广电总局、工业和信息化部、商务部
9	未获得许可或未履行规定程序,不得从事特定广播电视、电影的制作、引进、播出、放映及相关业务	电影局、广电总局
10	未获得许可,不得发行彩票	财政部、民政部、体育总局
11	未获得许可或通过内容审核,不得从事特定文化体育娱乐业务	体育总局、文化和旅游部、公安部、新闻出版署
	禁止措施	管理部门
1	禁止开展违反中国法律,损害国家主权、安全和社会公共利益的教育对外交流项目	教育部
2	禁止举办实施军事、警察、政治等特殊性质教育的民办学校和义务教育的营利性民办学校	教育部
3	实施义务教育的公办学校不得举办或者参与举办民办学校,也不得转为民办学校。其他公办学校不得举办或者参与举办营利性民办学校(实施职业教育的公办学校举办或者参与举办实施职业教育的营利性民办学校,适用《中华人民共和国民办教育促进法实施条例》等法律法规的有关规定)。	教育部
4	地方人民政府不得利用国有企业、公办教育资源举办或者参与举办实施义务教育的民办学校	教育部

续表

	禁止措施	管理部门
5	任何社会组织和个人不得通过兼并收购、协议控制等方式控制实施义务教育的民办学校、实施学前教育的非营利性民办学校	教育部
6	义务教育阶段学科类培训机构一律不得上市融资，严禁资本化运作；上市公司不得通过股票市场融资投资义务教育阶段学科类培训机构，不得通过发行股份或支付现金等方式购买义务教育阶段学科类培训机构资产（对面向普通高中学生的学科类校外培训机构的管理参照执行）	教育部、发改委、市场监管总局、证监会
7	禁止社会资本通过兼并收购、受托经营、加盟连锁、利用可变利益实体、协议控制等方式控制国有资产或集体资产举办的幼儿园、非营利性幼儿园	教育部、发改委、市场监管总局、证监会、民政部
8	禁止民办幼儿园单独或作为一部分资产打包上市；禁止上市公司通过股票市场融资投资营利性幼儿园，禁止上市公司通过发行股份或支付现金等方式购买营利性幼儿园资产	教育部、发改委、市场监管总局、证监会、外汇局
9	中小学校不得举办或者参与举办校外培训机构	教育部
10	个体医疗机构不得从事计划生育手术	卫生健康委
11	禁止非政府组织设置一般血站	卫生健康委
12	严禁向外国人或者外国组织出卖、赠送属于非国有企业、社会服务机构等单位和个人形成的对国家和社会具有重要保存价值或者应当保密的档案	档案局
13	禁止买卖属于国家所有的档案	档案局
14	禁止公民、法人和其他组织买卖法律规定不得买卖的文物	文物局
15	禁止国有不可移动文物转让、抵押，禁止非国有不可移动文物转让、抵押给外国人	文物局
16	禁止文物收藏单位举办或者参与举办文物商店或者经营文物拍卖的拍卖企业	文物局、市场监管总局
17	禁止文物商店从事文物拍卖经营活动和设立经营文物拍卖的拍卖企业，禁止经营文物拍卖的拍卖企业从事文物购销经营活动和设立文物商店	文物局、市场监管总局

续表

	禁止措施	管理部门
18	禁止从事色情业、赌博业和发行销售境外彩票	公安部、财政部、市场监管总局
19	非公有资本不得投资设立和经营通讯社、报刊社、出版社、广播电台（站）、电视台（站）、广播电视发射台（站）、转播台（站）、广播电视卫星、卫星上行站和收转站、微波站、监测台（站）、有线电视传输骨干网等；不得利用信息网络开展视听节目服务以及新闻网站等业务；不得经营报刊版面、广播电视频率频道和时段栏目；不得从事书报刊、影视片、音像制品成品等文化产品进口业务；不得进入国有文物博物馆	广电总局、新闻出版署、电影局
20	禁止商业资本介入宗教；禁止投资、承包经营宗教活动场所或者大型露天宗教造像	宗教局

资料来源：《国家发展改革委 商务部关于印发〈市场准入负面清单（2022年版）〉的通知》，https：//www.gov.cn/zhengce/zhengceku/2022-03/26/content_5682276.html。

第十六，《政府核准的投资项目目录（2016年本）》明确实行核准制的项目（专门针对外商投资和境外投资的除外）类（见表2-31）。这一类市场准入限制共有10项禁止或许可事项，主要涉及特定农业、特定能源、特定交通运输、特定信息产业、特定原材料、特定机械制造、特定高新技术、特定城建、特定社会事业等项目的投资建设，旨在保障这些项目牢牢掌握在国家手中，确保国家重点领域安全。

表2-31 《政府核准的投资项目目录（2016年本）》明确实行核准制的项目（专门针对外商投资和境外投资的除外）类——禁止或许可事项

1	未获得许可，不得投资建设特定农业、水利项目
2	未获得许可，不得投资建设特定能源项目
3	未获得许可，不得投资建设特定交通运输项目
4	未获得许可，不得投资建设特定信息产业项目
5	未获得许可，不得投资建设特定原材料项目
6	未履行规定程序，不得投资建设特定机械制造项目

续表

7	未获得许可，不得投资建设特定轻工项目
8	未获得许可，不得投资建设特定高新技术项目
9	未获得许可，不得投资建设特定城建项目
10	未获得许可，不得投资建设特定社会事业项目

资料来源：《国家发展改革委　商务部关于印发〈市场准入负面清单（2022年版）〉的通知》，https://www.gov.cn/zhengce/zhengceku/2022-03/26/content_5682276.html。

第十七，《互联网市场准入禁止许可目录》中的许可类事项类（见表2-32）。这一类市场准入限制共有6项禁止或许可事项，旨在针对数字时代国家安全的新变化、新挑战，有针对性地设置互联网市场准入事项，最大限度地保障数字时代的国家安全。

表2-32　《互联网市场准入禁止许可目录》中的许可类事项

1	未获得许可，不得从事网约车经营
2	未获得许可，不得从事互联网信息传输和信息服务
3	未获得许可，不得从事互联网中介和商务服务
4	未获得许可，不得从事网络视听节目服务或互联网文化娱乐服务
5	未获得许可，不得从事互联网游戏服务
6	未经认证检测，不得销售或提供网络关键设备和网络安全专用产品

资料来源：《国家发展改革委　商务部关于印发〈市场准入负面清单（2022年版）〉的通知》，https://www.gov.cn/zhengce/zhengceku/2022-03/26/content_5682276.html。

三　市场负面清单实践的基本特点

《市场准入负面清单（2022年版）》包括"禁止准入类"和"许可准入类"两大类，共计117项。对于禁止类事项，市场主体不得进入，行政机关不予审批。禁止准入事项列有6项，与《市场准入负面清单（2020年版）》相比，禁止准入类新增1条"禁止违规开展新闻传媒相关业务"。对于许可准入类事项，由市场主体提出申请，行政机关依法依规作出是否予以准入的决定，或由市场主体依照政府规定的准入条件和准入方式合规进入。许可准入类事项涉及国民经济18个行业111个事项，比《市场准入负面清单（2020年版）》减少了6条事项，主要涉及：在信息传输、软件和信息技术服务业中删除"未获得许可，不得租用境外卫星资源或设立国际通信出入口局"事项；在金融业中，删除"未获得许可，不得发行股票或进行特定上市公司并购重组"事项；在租赁和商务服务业中，删除"未获得许可，不得从事涉外统计调查业务"事项；在水利、环境和公共设施管理业中，删除"未获得许可或资质认定，不得进行限定领域内雷电防护装置施工，不得从事雷电防护装置检测工作"事项；在教育领域，删除"未获得许可，不得开展保安培训业务"事项；在卫生和社会工作领域，删除"未获得许可或资质条件，不得从事医疗放射性产品相关业务"事项；在《互联网市场准入禁止许可目录》中的许可类事项中，删除"未获得许可，不得从事互联网金融信息服务"事项。禁止类事项涉及156项。市场负面清单实践主要呈现了如下特点。

（一）以国家安全为重

国家安全主要体现在政治安全、国土安全、军事安全、经济安全、文化安全、社会安全、科技安全、网络安全、生态安全、资源安全、核安全、生物安全、极地安全、海洋安全等方面，这些方面也是市场准入重点关注的领域。如，为保障经济安全中的金融安全，《市场准入负面清单（2022年版）》第4条规定，非金融机构、不从事金融活动的企业，在注册名称和经营范围中不得使用"银行"，"保险"（保险公司、保险资产管理公司、保险集团公司、自保公司、相互保险组织），"证券公司"，"基金管理公司"（注：指从事公募基金管理业务的基金管理公司），"信托公司"，"金融控股"，"金融集团"，"财务公司"，"理财"，"财富管理"，"股权众筹"，"金融"，"金融租赁"，"汽车金融"，"货币经纪"，"消费金融"，"融资担保"，"典当"，"征信"，"交易中心"，"交易所"等与金融相关的字样，法律、行政法规和国家另有规定的除外。为保障文化安全，《市场准入负面清单（2022年版）》第4条规定，"非公有资本不得从事新闻采编播发业务、非公有资本不得投资设立和经营新闻机构，包括但不限于通讯社、报刊出版单位、广播电视播出机构、广播电视站以及互联网新闻信息采编发布服务机构等、非公有资本不得经营新闻机构的版面、频率、频道、栏目、公众账号等、非公有资本不得从事涉及政治、经济、军事、外交、社会、文化、科技、卫生、教育、体育以及其他关系政治方向、舆论导向和价值取向等活动、事件的实况直播业务、非公有资本不得引进境外主体发布的新闻、非公有资本不得举办新闻舆论领域论坛峰会和评奖评选活动"。

特别是，在世界百年未有之大变局环境下，国家安全的内涵和外延发生了新的变化，呈现了新特点，面临了新挑战，国家把网络安全提高到前所未有的高度，对互联网信息服务设置了诸多禁止事项，确保国家安全。比如，《与市场准入相关的禁止性规定》（2022年版）第57条规定，互联网信息服务提供者不得制作、复制、发布、传播含有下列内容的信息：（一）反对宪法所确定的基本原则的；（二）危害国家安全，泄露国家秘密，颠覆国家政权，破坏国家统一的；（三）损害国家荣誉和利益的；（四）煽动民族仇恨、民族歧视，破坏民族团结的；（五）破坏国家宗教政策，宣扬邪教和封建迷信的；（六）散布谣言，扰乱社会秩序，破坏社会稳定的；（七）散布淫秽、色情、赌博、暴力、凶杀、恐怖或者教唆犯罪的；（八）侮辱或者诽谤他人，侵害他人合法权益的；（九）含有法律、行政法规禁止的其他内容的。通过这些规定，在保障信息自由的同时，更要确保日常的信息服务要以保障国家安全为前提。

（二）以民生安全为本

《市场准入负面清单（2022年版）》特别关注民生安全问题，有较多的条款、全方面地保障民生安全。比如，《市场准入负面清单（2022年版）》第1条就规定，"未经许可或指定，不得从事特定植物种植或种子、种苗的生产、经营、检测和进出口"；第25条规定，"未获得许可，不得从事药品的生产、销售或进出口。"同时，对涉及食品、饮水安全、药品安全的事项进行限制加码，《市场准入负面清单（2022年版）》中"与市场收入相关的禁止性规定"第45条、第118条规定，"禁止屠宰、经营、运输下列动物和生产、经营、加工、贮藏、运输下列动物产品：封锁疫区内与所发生动物疫病有关的；疫区内易感染的；依法应当检疫而未经检疫或者检疫不合格的；染疫或者疑似染疫的；病死或者死因不明的；其他不符合国务院兽医主管部门有关动物防疫规定的。"第117条规定，"禁止来自所有国家或地区的动植物病原体（包括菌种、毒种）、害虫、有害生物体、非法转基因生物材料、土壤、动物尸体进境。"第73条至77条规定，"在饮用水水源保护区内，禁止设置排污口、禁止在饮用水水源准保护区内新建、扩建对水体污染严重的建设项目、禁止在饮用水水源一级保护区内新建、改建、扩建与供水设施和保护水源无关的建设项目、禁止在饮用水水源二级保护区内新建、改建、扩建排放污染物的建设项目。"第45条规定，"疫苗、血液制品、麻醉药品、精神药品、医疗用毒性药品、放射性药品、药品类易制毒化学品等国家实行特殊管理的药品不得在网络上销售"。另外，国家还对教育、文化、体育等领域的民生安全予以高度关注，如《与市场准入相关的禁止性规定》（2022年版）第141条规定，"义务教育阶段学科类培训机构一律不得上市融资，严禁资本化运作；上市公司不得通过股票市场融资投资义务教育阶段学科类培训机构，不得通过发行股份或支付现金等方式购买义务教育阶段学科类培训机构资产（对面向普通高中学生的学科类校外培训机构的管理参照执行）"；第142条规定，"禁止社会资本通过兼并收购、受托经营、加盟连锁、利用可变利益实体、协议控制等方式控制国有资产或集体资产举办的幼儿园、非营利性幼儿园"；第149条规定，"禁止公民、法人和其他组织买卖法律规定不得买卖的文物"；第150条规定，"禁止国有不可移动文物转让、抵押，禁止非国有不可移动文物转让、抵押给外国人"。

（三）以环境保护为要

在《与市场准入相关的禁止性规定》（2022年版）中，加入了大量环境保护方面的禁止性事项，如第100条规定，"禁止采挖、破坏珊瑚和珊瑚礁；禁止砍伐海岛周边海域红树林"；第98条规定，"禁止在海洋生态红线区内实施围填海、采挖海砂、新增入海陆源工业直排口，以及其他可能对典型生态系统产生不利影响的开发利用活动。严格控制海洋生态红线区内河流入海污染物排放，控制渔业养殖规模"；第93条规定，"省、自治区、直辖市人民政府应当划定区域，禁止露天焚烧秸秆、落叶等产生烟尘污染的物质"；第94条规定，"禁止在人口集中地区和其他依法需要特殊保护的区域内焚烧沥青、油毡、橡胶、塑料、皮革、垃圾以及其他产生有毒有害烟尘和恶臭气体的物质"；第126条规定，"禁止生产、进口或者销售超过污染物排放标准的机动车、非道路移动机械"；第127条规定，"未达到土壤污染风险评估报告确定的风险管控、修复目标的建设用地地块，禁止开工建设任何与风险管控、修复无关的项目"；第124条规定，"禁止新建或投产使用不符合强制性节能标准、节水标准的项目和生产工艺"；第125条规定，"禁止生产、销售、进口和使用国家明令淘汰或不符合强制性能效标准、节水标准的材料、产品和设备"；等等。广东和吉林还专门规定"禁止在燃气管网和集中供热管网覆盖的地区新建、改建和扩建燃烧煤炭、重油、渣油等燃料的供热设施"；[《与市场准入相关的禁止性规定》（2022年版）第33条］西藏专门规定了塑料品的禁止使用，"禁止生产、销售和在经营中使用不可降解的一次性发泡塑料餐具、塑料袋，以及含磷洗涤用品和一次性木筷（西藏）"［《与市场准入相关的禁止性规定》（2022年版）第132条］。

第四节　中国公共政策正向排斥实践的基本经验

新中国成立以来特别是改革开放以来，中国政府在外商投资准入、师德师风、市场准入等领域开展了负面清单制度改革，积累了负面清单管理的宝贵经验。回顾中国实行负面清单制度的发展历程，总结其成功经验，分析其现实启示，对于推进中国公共政策正向排斥具有重要的现实价值。

一　注重推进公共政策正向排斥的制度建设

政府应该以公平分配社会价值，推进各种政策正向排斥，努力促进社会公平目标。从《外商投资准入特别管理措施（负面清单）（2021年版）》《自由贸易试验区外商投资准入特别管理措施（负面清单）（2021年版）》《关于实行市场准入负面清单制度的意见》《市场准入负面清单（2022年版）》《税务系统公务接待正面清单（试行）》，到《深圳证券交易所创业板企业发行上市申报及推荐暂行规定（2022年修订）》《教育部关于建立健全高校师德建设长效机制的意见》《新时代高校教师职业行为十项准则》《教育部关于高校教师师德失范行为处理的指导意见》等，中央政府和地方政府在负面清单管理方面制定出台了系列政策文件，就市场、投资、师德等方面作出了系统而细致的限制性规定，充分发挥负面清单在推进公共政策正向排斥中的重要作用。推进公共政策正向排斥制度建设主要涉及如下方面。一是出台系列推进公共服务均等化的政策文件，逐步加大基本公共服务和公共产品供给力度，"做大蛋糕"，为贫穷弱势群体提供更多的政策惠顾，扩大推进公共政策正向排斥的积极影响。二是制定针对性负面清单排斥管理政策，就特殊领域的准入或许可作出禁止性规定，保障国家安全、民生安全、环境安全。三是注重外商投资准入、师德师风、市场准入等领域原生性公共政策制定时的政策效应评估，防止在政策出台时将本应接受政策利益的群体排斥在政策受益范围之外，造成社会不公。四是从政治、行政、司法和社会等多个维度建立负面清单救济机制，形成负面清单管理的救济网络，为受到负面清单管理的利益受损者提供多维利益救济渠道。通过利益救济网络建设，一方面给予利益受损者以利益补偿，维护社会公平正义，另一方面提升社会防范和治理政策负向排斥意识，夯实推进公共政策正向排斥的社会基础。

为了防止地方负面清单管理各行其是，中国负面清单管理特别强调制度的统一性。一是负面清单管理要符合法律法规的位阶原则。如，《市场准入负面清单（2022年版）》规定，列入清单的市场准入管理措施，由法律、行政法规、国务院决定或地方性法规设定，省级人民政府规章可设定临时性市场准入管理措施；清单实施中，因特殊原因需采取临时性准入管理措施的，经国务院同意，可实时列入清单。二是负面清单管理要符合地方服从中央原则。如，《市场准入负面清单（2022年版）》规定，党中央、国务院要求编制的涉及行业性、领域性、区域性等方面，需要用负面清单管理方式出台相关措施的，应纳入全国统一的市场准入负面清单；地方国家重点生态功能区和农产品主产区产业准入负面清单统一纳入市场准入负面清单；各地区、各部门不得另行制定市场准入性质的负面清单。三是明确负面清单责任部门。为了保障负面清单制度实施的有效性，中国对负面清单的各个事项都明确了主管部门，使负面清单管理准确、高效。

二　必要性原则：中国式负面清单制度实施的前提

就政府治理而言，目的必要性是指除非在必要的情形下，否则公共权力的行使不得随意干涉公民个人自由。这里的"必要的情形"一般应当考虑目的的重要性、紧迫性。手段的必要性是指目的必要的前提下，公共权力应当考量手段的种类、手段的损害大小等因素来选择对当事人造成的损害最小的手段。中国行政法学家姜明安认为，必要性原则是指"行政机关实施行政行为，必须在多种方案、多种手段中选择对行政相对人权益损害最小的方案、手段实施"①。市场负面清单遵循目的的必要性原则，即负面清单出于正当的目的。实施市场负面清单的目的在于把发挥市场在资源配置中的决定性作用与更好发挥政府作用统一起来，精简和优化行政审批，促进市场开放公平、规范有序。通过把那些需要政府审批的事项列入负面清单，把那些无须政府审批而是要更好地发挥市场配置作用的领域排斥出市场准入负面清单的范围，体现列入的事项确属必要原则。比如，国务院《关于实行市场准入负面清单制度的意见》规定，不能把法律、行政法规和国务院决定中的禁止类和限制类事项，现行禁止、限制市场主体投资经营的行业、领域、业务等，市场主体普遍采取的注册登记、信息收集、用地审批等措施简单列入市场准入负面清单。政府只将关系国家安全、生态环境、安全生产等方面的因素纳入负面清单，而对市场准入负面清单以外的行业、领域、业务等，各类市场主体皆可依法平等进入，政府不再审批。

外商投资负面清单包括禁止类和限制类两类。不管是禁止类外商投资负面清单，还是限制类外商投资负面清单，都要遵循合法性和合理性原则，即不仅要静态地审查特别管理措施的合理性和合法性，也要求依据动态的法律、法规、行政许可对特别管理措施进行必要性、合法性和合理性审查，在此基础上方可初步形成外商投资负面清单。服务贸易投资的高度开放是国际新贸易格局的主要特点，也是中国融入新一轮国际贸易秩序的基本要求，但是，涉及国家安全的领域必须对服务贸易投资进行限制。于是，中国式外贸负面清单管理确立了对核心产业和行业的必要性保护规则。2013年以来，虽然中国的外贸负面清单对金融业、制造业、商务服务业逐步放开，但是，对一些涉及国家安全的产业和行业则进一步加强，如涉及人民生命财产安全、政治安全、国土安全、军事安全、经济安全、文化安全、社会安全、科技安全、信息安全、生态安全、资源安全、核安全等有关行业、领域、业务等，如在《外商投资准入特别管理措施（负面清单）（2021年版）》中，对文化、体育和娱乐业的限制性措施共有7条，目的在于更好地保障中国的意识形态安全；对涉及全国重大生产力布局、战略性资源开发和重大公共利益的有关行业、领域、业务等进行特别管理，比如在2020年版的外贸负面清单中，对民航业制定了"民用机场的

---

① 姜明安主编：《行政法与行政诉讼法》（第六版），北京大学出版社、高等教育出版社2015年版，第74页。

建设、经营须由中方相对控股"的限制性措施,对信息技术服务业制定了"电信公司:限于中国入世承诺开放的电信业务,增值电信业务的外资股比不超过50%(电子商务、国内多方通信、存储转发类、呼叫中心除外),基础电信业务须由中方控股"。

《市场准入负面清单(2022年版)》的确立主要以保障经济安全为重点,保障关系国民经济命脉的重要行业和关键领域、重点产业、重大基础设施和重大建设项目以及其他重大经济利益安全;而《与市场准入相关的禁止性规定(2022年版)》所确立的负面清单主要与国家整体安全有密切关系。一是国土安全,如,第34、36条分别规定,"禁止在领海基点保护范围内进行工程建设以及其他可能改变该区域地形、地貌的活动","禁止破坏国防用途无居民海岛的自然地形、地貌;禁止将国防用途无居民海岛用于与国防无关的活动"。二是军事安全,如,第108条规定,"禁止在军事禁区外围安全控制范围内兴建涉外项目,进行爆破、射击以及其他危害军事设施安全和使用效能的活动。在未划定外围安全控制范围的军事禁区和军事管理区外围邻近地带兴建涉外项目,不得危害军事设施的安全保密和使用效能"。三是文化安全,如第154条规定,"非公有资本不得投资设立和经营通讯社、报刊社、出版社、广播电台(站)、电视台(站)、广播电视发射台(站)、转播台(站)、广播电视卫星、卫星上行站和收转站、微波站、监测台(站)、有线电视传输骨干网等;不得利用信息网络开展视听节目服务以及新闻网站等业务;不得经营报刊版面、广播电视频率频道和时段栏目;不得从事书报刊、影视片、音像制品成品等文化产品进口业务;不得进入国有文物博物馆"。四是信息安全,如第60条规定,"任何个人和组织不得从事非法侵入他人网络、干扰他人网络正常功能、窃取网络数据等危害网络安全的活动;不得提供专门用于从事侵入网络、干扰网络正常功能及防护措施、窃取网络数据等危害网络安全活动的程序、工具;明知他人从事危害网络安全的活动的,不得为其提供技术支持、广告推广、支付结算等帮助"。五是生态安全,如第78条规定,"禁止在自然保护区的缓冲区开展旅游和生产经营活动;在自然保护区的核心区和缓冲区内,不得建设不符合管控要求的生产设施"。

三 明确负面清单的标准性与边界性

要保障负面清单的有效实施,清单必须要有科学的标准、明确的边界且得到社会的广泛认可。一是师德清单要有地区差异。虽然负面清单具有一定的"可复制性",但是不能实行一张负面清单,而是由各地根据自身省市的地域文化和师德建设的实际情况,对师德负面清单的具体条目进行科学调整与细化,确保其适用性。比如虽然黑龙江版与江苏版的师德负面清单大致相同,但还是有一些细小的差异,黑龙江版对家长关系的规定为,"参加由学生及家长付费的宴请、旅游、娱乐休闲等活动,或利用家长资源谋取私利";黑龙江版的规定为,"索要、收受学生及家长财物,参加由学生及家长以多种形式付费的宴请、旅游、娱乐休闲等活动,或利用家长资源谋取私利"。二是负面清单覆盖范围要做到合理、清晰。一方面,负面清单需要涵盖高校师德负面行为的方方面面,促使高校教师提升自身的师德修养,杜绝师德失范行为的发生;另一方面,对清单条目做到明确、清晰、可操作,切忌含糊不清、模棱两可,防止惩戒难以执行,避免负面清单管理扩大化或减轻化。三是负面清单要分类制订。要依据许可类、管理类、评估类、处罚类等板块列出有关高校教师违反师德的条目,以此提升负面清单的准确性。

同时,什么标准的对象列入负面清单,标准要具体化,边界要清晰。譬如,中国式外贸负面清单管理主要从三个方面确定具体的对象:一是授权主体资格的确定。负面清单,规则很简单,非禁即入,只要是自由贸易试验区外商投资准入特别管理措施等相关文件没有约束禁止的行为,即视为符合规定。二是赋予主体资格的规定。负面清单被视作一种法律规范,由它决定市场准入的资格以及相关禁止条例。负面清单采用列举法,并尽可能明确化、细致化。三是制定市场准入的规则。一般来说,不管是哪个国家,都会运用计划手段对外资准入条件进行严格限制;而为了促进市场经济的发展,又要求国家营造宽松的市场准入条件。为了促进经济更好地发展,中国外贸负面清单管理确立了"法无禁止即可为"的原则。

另外,为了避免产生纠纷,在制作清单时用语要表达清楚、准确,避免有引发歧义的语句和条文,使清单的条件与边界具有可操作性。比如,在限制性条款上,就高管要求、股本比例、最低投资额等限制条件逐条加以明晰,并进行明确的表述,尽可能缩小相关部门的自由裁量空间,提高清单可操作性。同时,在负面清单中详细说明限制性条款时既要有国内法依据,也要尽可能与国际法接轨。师德师风负面清单对教师影响甚大,语句表达更要做到清楚、准确,避免有引发歧义的语句和条文。一方面,教职员工可能因一些似是而非的表述被扣上违反师德师风的帽子，严重挫伤师德师风负面清单的公信力；另一方面，通过明确的表述，把惩处措施与违规行为一一对应，才能使负面清单落到实处，不走过场。如，《教育部关于进一步加强和改进师德建设的意见》的第一条违规行为，"教师讥讽、歧视、侮辱学生，体罚和变相体罚学生的行为"，但是，什么是讥讽学生？什么是歧视？什么是侮辱学生，这在学术上都难以界定，更遑论现实操作了，这种不明确的表示容易导致惩处的主观性，要么惩处扩大化，要么大事化小、小事化无。再如，不管是教育部，还是各省市，都把"通过课堂、论坛、讲座、信息网络及其他渠道发表、转发错误观点，或编造散布虚假信息、不良信息"列入了负面清单，但是，什么叫不良信息？错误观点的标准是什么？是学术错误？还是思想错误？在多大范围内发表属于发表？等等，如不能明确界定，将极大地限制教师的教学科研的积极性，也将导致负面清单的处理行为"骑虎难下"，更糟糕的是，可能导致高校权力主体权力的滥用。

为了使负面清单管理具有操作性，《市场准入负面清单（2022年版）》对每一条禁止或许可事项都设置了"禁止或许可准入措施描述"。《市场准入负面清单（2022年版）》第20条规定，未获得许可，不得从事印刷复制业或公章刻制业特定业务。这一条的"禁止或许可准入措施描述"为：制作机动车登记证书、行驶证、号牌、驾驶证资格限制；制作拖拉机和联合收割机登记证书、行驶证、号牌、驾驶证资格限制；印制增值税专用发票、银行票据、清算凭证资格限制；印刷企业设立、变更、兼并、合并、分立审批；音像复制单位、电子出版物复制单位接受委托复制境外音像制品、电子出版物审批；印刷企业接受委托印刷境外出版物审批；内部资料性出版物准印审批；国家秘密载体制作、复制资质认定；公章刻制业特种行业许可。

四 确立与负面清单相衔接的监管与问责规则

实施负面清单管理后，在降低了外商投资准入门槛，促进贸易自由化的同时，也增加了国内市场环境不稳定因素。因此，上海自贸试验区政府监管重心由事前监管转向对市场主体投资经营行为的事中事后监管，并建立与之配套的社会信用监管制度。负面清单程序要求在准入时以负面清单不符措施为基准，面对负面清单限制和禁止的领域与行业，以及和非负面清单限制和禁止的领域、行业两种情况，利用社会信用体系监督和激励惩戒机制，对守信主体予以支持和激励，对失信主体在投融资、土地供应、招投标、财政性资金安排等方面依法依规予以限制；对严重违反市场竞争原则、扰乱市场经济秩序和侵犯消费者、劳动者、其他经营者合法权益的市场主体列入"黑名单"，对严重违法失信者依法实行市场禁入。

在市场准入负面清单管理方面，除了确立市场准入负面清单，中国还建立了一套与市场准入负面清单制度相适应的监管机制，保障负面管理取得成效。《市场准入负面清单（2022年版）》明确规定，按照"谁审批、谁监管，谁主管、谁监管"的原则，全面夯实监管责任，落实放管结合、并重要求，坚决纠正"以批代管""不批不管"等问题，防止出现监管真空。具体措施有：一是优化对准入后市场行为的监管，确保市场准入负面清单以外的事项放得开、管得住。二是严格依法设定负面清单的"红线"，加强事中事后监管。三是建立市场主体准入前信用承诺制，要求其向社会作出公开承诺，若违法失信经营将自愿接受惩戒和限制。四是健全守信激励和失信惩戒机制，对失信主体在投融资、土地供应、招投标、财政性资金安排等方面依法依规予以限制。五是将严重违反市场竞争原则、扰乱市场经济秩序和侵犯消费者、劳动者、其他经营者合法权益的市场主体列入"黑名单"，对严重违法失信者依法实行市场禁入。六是对不按时公示或隐瞒情况、弄虚作假的企业采取信用约束措施，在政府采购、工程招投标、国有土地出让等方面依法予以限制或禁入。

在师德师风负面清单管理方面，为了实现问责效果，师德师风负面清单确立了明确的师德问责事由，体现了一定的量化依据，使之有较强的可操作性。如，教育部规定如下教师违规行为：一是损害国家利益，损害学校和学生合法权益的行为；二是在教育教学活动中有违背党的路线方针政策的言行；三是在科研工作中弄虚作假、抄袭剽窃、篡改侵吞他人学术成果、违规使用科研经费以及滥用学术资源和学术影响；四是影响正常教育教学工作的兼职兼薪行为；五是在招生、考试、学生推优、保研等工作中徇私舞弊索要或收受学生及家长的礼品、礼金、有价证券、支付凭证等财物；对学生实施性骚扰或与学生发生不正当关系。各个省级教育部门也有类似的规定。这些追责事由为师德考核负面清单的实施提供了依据。

第三章 公共政策正向排斥分析框架：双层政策供给分析模型

从根源上看，公共政策排斥本质上是政府通过运用政策手段对社会各方利益进行权威分配，因而，政府供给的公共政策就成为形成利益分配格局——政策排斥的结果——的媒介。公共政策的强制性和权威性决定了各方主体可以名正言顺地追求或实现法定性政策所认同的利益。在具有正向排斥性的政策环境中，某些主体的非正当权益及追求非正当利益的行为被国家公共权力所排斥，从而有效增进另一部分群体的正当权益和正当利益，实现公共政策排斥结果的正当化。然而，在现实社会中，政策供给与公正价值导向有所偏差成为常态，例如通过政策安排使有些人比其他人占有更有利的出发点、更多的机会，或为了一些人得到更大的利益而剥夺另一些人的利益甚至自由，等等。假如政策供给秉持的是此类价值导向，那么，被排斥或被剥夺的对象就受到了非公正的政策对待而走向负向排斥陷阱。因此，需要从政策供给角度来探究推动公共政策正向排斥的阻滞因素，并据此来设计推动公共政策正向排斥的基本方略。据此，建构符合中国具体实际的政策供给分析框架，对于研究公共政策正向排斥的理论与实践问题具有很强的必要性与恰切性。

第一节 双层政策供给分析模型的建构依据

政策供给是促进公共政策正向排斥的基础性力量，也是有效解释公共政策正向排斥阻止因素的有效工具。论析当下中国公共政策正向排斥的过程及机理，有必要在对政策过程理论、新制度主义理论等进行评析的基础上，结合当下中国公共政策供给的具体特征，建构适合考察当下中国政策供给过程的分析框架——双层政策供给分析框架。

一 政策供给过程的研究传统

国内对于政策过程的研究相对滞后，直到最近十多年来，国内学者才逐渐加强了对中国政策过程的研究，主要呈现了三条路径：一是宁骚、胡伟、朱光磊、徐湘林、毛寿龙、胡象明等人对"政府过程"分析框架的研究。宁骚基于中国经验提出了中央地方之间的"上下来去"的政策制定模式。胡伟运用结构—功能主义分析方法把中国的政策过程界定为具有"内输入"特征的精英决策模型，"与西方国家不同，中国的决策制定过程基本不是一种社会互动过程，而是表现为在共产党的政策层内不同权力精英及其群体的政治互动，权力精英起决定性作用"[①]。朱光磊则从"大政府"视角出发，指出中国政府过程应研究意见表达、意见综合、决策施行等活动及其权力结构关系，特别是要深入考察国家政治权力结构和党政关系对中国政策过程的影响。胡象明将中国地方政府的决策过程总结为三种过程模式，即"中央—地方"或"上级—下级"过程模型，"民主—集中"过程模型和"领导—群众"过程模型。徐湘林则强调，以往在理论研究方面多集中在宏观的政治发展理论，而政策过程研究作为中国政治发展研究的中层理论，应集中于政治改革的政策选择、政策制定与政策实施等的理论假设与实践验证。毛寿龙等人运用制度分析与发展框架研究了中国公共政策的形成过程。二是竺乾威、白纲、王绍光等人的经验研究。竺乾威、白纲等研究者对中国的决策体制与决策过程进行了经验描述，他们提出中国政策过程的结构分析是对党、政府、人大的分析，过程是决策程序分析，中国的政策决策过程模式可以被概括为"党、政、人大三位一体，以党为主"。王绍光归纳了当下中国公共政策议程设置的基本模式。三是分散在不同领域的案例研究。兰秉洁、刁田丁运用理性模型和渐进模型对中国三峡工程的政策制定过程进行了分析。林小英通过研究改革开放后民办高等教育政策的演变，总结出"教育政策过程中的策略空间"解释框架，认为

[①] 胡伟：《政府过程》，浙江人民出版社1998年版，第283页。

中国教育政策变迁具有"上下回应"的特征。陈玲、赵静、薛澜等以中国的医疗改革决策为例系统地阐释了转型期中国政策过程的共识决策解释框架，此解释框架的核心观点是转型时期中国的政策制定过程，就是政策制定者、参与者或利益相关者达成共识的过程。陈玲在详细分析中国1980—2000年集成电路产业政策制定过程的基础上，提出了中国的双层政策过程分析模型。她指出，政策过程同时发生在制度化和社会化两个层面的政策舞台上，因此，应从官僚体系和社会网络层面来考察中国的政策过程。赵德余提出了目标优先决策模型。

与国内相比，西方学者对毛泽东时代的政策过程抱有浓厚的兴趣。薛澜等把西方学者对中国政策过程的研究概括为从精英决策研究到派系决策研究，再到官僚组织决策研究。

1. 精英决策研究

20世纪五六十年代，研究中国政治的西方学者大多将中国归入集权国家的模式，强调高层政治精英在决策中的决定性作用。精英斗争模型认为，若干党中央和政府的领导主导了政策的制定和发布，部一级的政府部门和专家对分管部门的中央领导高度负责，政策变迁是通过精英之间的权力斗争完成的。[①] 一些学者指出，集权政治下的重大政策是以高层领导根据自身对国家利益的理解和偏好来制定的，如"双百方针"等。其中具有代表性的著作主要有：兰普顿（Lampton）的《权力之路》，克雷恩（Klein）的《中国的精英研究及其生平资料》等。

2. 派系决策研究

从"文革"后开始，派系、非正式团体等方面的研究占据主流。派系决策模型的代表人物黎安友（Andrew J. Nathan）认为，共产党内部不同派别之间为了争夺权力而进行较量与斗争，表现在政策制定方面就是围绕资源进行斗争的过程。[②] 派系决策的另一代表人物邹谠（Tsou）则否认黎安友关于派系斗争是折中或妥协的假设，他认为派系之间并不是由于一派不能完全战胜另一派才妥协或折中，而仅仅是由于关系网络错综复杂、各方为了互惠互利才刻意维持着权力的平衡。派系决策研究的代表作主要包

---

① Lucian W. Pye, *The Dynamics of Chinese Politics*, Cambridge: Elgeschladerl, Gunn & Hain, 1981, p. 37.
② Andrew J. Nathan, *China's Crisis: Dilemmas of Reform and Prospects for Democracy*, New York: Columbia University Press, 1990, pp. 24-26.

括：黎安友的《中国共产党政治的派系模型》，邹谠的《中国共产党政治中的非正式团体研究》等。

3. 官僚组织决策研究

尽管派系视角的研究已经对中国政策过程的结构性因素进行了探讨，但是仍局限在非正式制度方面，而对来自官僚组织结构层面的正式制度如何影响政策过程的研究还不够。20世纪80年代以后，有一部分西方学者开始从制度层面关注中国的政策制定过程，进而出现了一些研究官僚部门及其行为模式的学者和研究成果。最具代表性的当数李侃如（Kenneth Lieberthal）和谢淑丽（Susan Shirk）等人。李侃如等通过对中国本土的调查研究认为，中国公共政策产生于中央政府各部门之间，中央和各级地方政府，各级地方政府在政策谈判中经过争论、妥协，最后才达成公共政策。[①] 他们还进一步指出，在诸多情形下，由于高层精英没有充足的时间、兴趣和知识来管理和负责所有具体政策，所以多数制定和执行政策的关键环节都是在国家层次上的各官僚部门做出的。[②] 谢淑丽则认为，20世纪80年代之后的中国决策过程已经逐渐从权威决策或精英决策转向制度规范和正式规则，制约决策过程的制度因素主要有政党与政府的关系、高层领导的选举机制、决策部门、政策参与者和决策规则。

国内外学者的研究为我们透视当代中国的政策过程提供了有益的视角，积累了深厚的理论基础。一是中国的公共政策与政治高度相关，能够提上议程的政策问题往往具有政治动因。二是中国公共政策的目标强调"模糊共识"。三是决策过程充满讨价还价的现象。即各部门、各地方本能地充当本部门或地方的"利益代言人"参与相关政策的酝酿和讨论过程。清华大学薛澜、陈玲等学者运用实证研究方法系统地阐释了中国的双层政策（前后台）模型，为我们观察转型期中国政策过程提供了初步的分析框架。但是，总体来看，目前中国政策过程的分析框架仍然存在巨大的模糊性和不确定性：一是影响官僚体系层面（前台）的要素有哪些？这些要素中哪些是决定性的？通过什么方式发挥影响作用？二是影响社会网络层面（后台）的要素主要有哪些？这些要素的影响力又取决于什么因素？通过

---

① Kenneth Lieberthal and Michel Oksenberg, *Policy Making in China Leaders, Structures, and Processes*, New Jersey: Princeton University Press, 1988, pp. 23－24.

② Kenneth Lieberthal and Michel Oksenberg, *Policy Making in China Leaders, Structures, and Processes*, New Jersey: Princeton University Press, 1988, pp. 54－75.

什么方式发挥影响作用？三是政策前台决定政策后台还是政策后台决定前台？等等；都需要我们进一步解释并验证。

源于西方经验的政策过程模型无法真正揭示中国公共政策形成的动力因素。只有基于本土资源建立的政策过程模型，才可能较好地解释当代中国的伟大决策实践。本书尝试在前人研究基础上进一步建构符合中国特色的政策供给过程分析框架，进而尝试分析当下中国政策正向排斥的阻滞因素。

二 双层政策供给分析模型建构的理论基础

要深入研究"政策供给过程"，就亟须将个案式的解释模型上升为一般化的分析框架，通过建立政策供给活动与外部环境变迁之间的"关系映射"，并设定和分析构成两者互动关系的核心要素，以此对当下中国政策供给过程做出解释。那么，如何建构一个社会化、综合化与本土化的政策供给过程分析框架？保罗·萨巴蒂尔（Paul A. Sabatier）等总结了四个成熟理论的标准：(1) 每个框架务必满足科学理论的框架。概念与假设表述务必相当清楚，而且需要形成内在的一致性。(2) 每个框架的基础务必是能够检验的实践经验及科学而周延的概念，可以被政策分析者认为是对理解政策过程有效力的。(3) 此框架作为一种实证性理论体系能够对政策过程进行解释和说明。(4) 该框架包含多组要素，既能够进行事实描述，又能够做出价值判断，通过分析这些要素能够从不同方面考察政策过程。[1] 徐湘林认为，政策过程作为一种分析中国政治改革的中层理论，它应该包括如下研究内容：其一，改革政策是在什么样的政治环境和体制下被制定和实施的。其二，影响改革政策制定和实施的重要变量包含哪些，这些变量（如社会群体、社会经济条件、政治组织和机构、政治领导人等）中的哪些变量可以起决定性作用。其三，对改革政策制定起决定性作用的群体、组织或个人，他们的政策偏好在政策选择中所依据的标准和条件是什么。[2] 据此，建构本土化的政策供给分析模型，我们首先需要厘清政策供给过程的一般规律和转型期中国公共政策供给过程的特点。

---

[1] Paul A. Sabatier and Christopher M. Weible, eds., *Theories of the Policy Process*, Boulder: Westview press, 1999, pp. 50–75.

[2] 徐湘林：《从政治发展理论到政策过程理论——中国政治改革研究的中层理论建构探讨》，《中国社会科学》2004年第3期。

(一) 团体决策理论及其对政策供给研究的启示

在个人——团体（社会）——国家（政府）的三维分析框架模式中，团体决策模型充分估算了团体力量及其在公共政策决策方面的重要意义（见图3-1）。团体决策模型的基本假设是社会团体及其组成人员也是经济人，他们基于政治爱好、态度、价值取向和利益的不同而组成各类利益集团，这些团体作为"经济人"经常会围绕不同的利益、权力、价值进行竞争，期望或迫使政府公共政策能够更多地考虑和实现他们的利益。由此，团体决策模型指出，公共政策实际上是多种政治力量互相作用的结果，是特定时期内团体斗争达成的均衡。

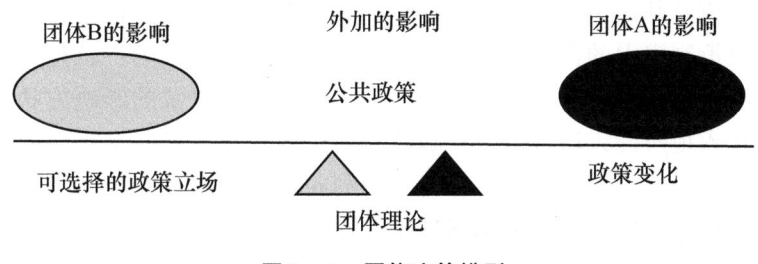

图3-1　团体决策模型

多元主义和利益集团理论是团体决策模型的理论基础。支撑多元主义理论框架逻辑假设的，是各种利益集团在政策产生过程中地位的平等，具有平衡分布的资源，且利益集团和政府、官僚机构、议会之间呈现非科层制的关系，对政策的产生具有同样的影响力。基于这种假设，团体博弈模型的基本思想得以形成：第一，利益集团是理解公共政策过程及民主机制的关键。在政府过程中不同利益集团的竞争会直接或间接影响公共政策。第二，大众与精英之间不存在永恒的区分。在参与决策的过程中，此时的个体可能不是彼时的个体。第三，在社会运行中，存在各种各样的权力中心和基础，但没有一个团体对所有领域的决策有独自支配的能力。第四，大量的竞争在利益集团之间存在。第五，公共政策体现了相互竞争利益团体的交易和妥协。

团体决策模型仅仅把政府看作在政治过程中与利益集团并列的单位，既对决策者在整个政治过程中发挥的独立且有创造性的作用有所低估，又忽视了国家作为政治共同体的重大调控和决定性意义，"从现实性来看，任何一个利益团体无论是在能力上还是法理上，都无法挑战和取代政府的主导地位。事实上，最终的政策产出结果不一定反映的是影响力最大的利益集团的诉求。因此，该模型无视公共利益要求的这种倾向，在某种意义上无疑是对政府及其政策产出的'非公共化'倾向的认可"。① 此外，该理论还把不同集团视同一律，并未看到公共政策内在呈现的是力量强大的利益集团的作用的事实，"集体成员的数量、集体拥有的资金、集团内部的凝聚力、集团的社会地位、领导能力的大小、与组织结构以及与决策者的关系，等等"②，都是决定利益集团能力的关键要素。因而，团体博弈模型也遭受了学界的诸多批评。然而，其基本思想对我们研究中国政策供给仍然具有重要的启发意义：一是我们要高度关注利益分化背景下中国利益群体的形成及其对中国政策供给的影响，如果不考虑利益群体在现阶段中国公共政策制定中的作用是不符合现实的，也是不科学的；二是在中国的政策实践中，利益群体与政府的关系，利益群体对政策的影响力状况有待进一步深入地研究，这将成为理解转型期中国政策变迁非常重要的一把钥匙；三是在政策排斥的后台充斥着各个利益群体博弈的身影。因而，团体决策模型将为我们研究政策正向排斥的形成过程提供一个重要的理论分析工具。

（二）政策网络理论及其对政策供给研究的启示

对政策过程中各政策参与者的角色互动关系的深入解释莫过于政策网络分析框架。过去30多年中，在全球化的推动下，政策网络发展成为政策分析领域中的核心范式之一。③ 针对复杂的政策过程，政策网络理论着力探讨网络和社会背景、结构和行动者，以及政策网络和政策结果的关系，并以此来审视和解析行动者在政策过程中如何基于特定的文化环境、制度转变来制定政策并进行治理。由此，发展了关于政策网络的四种代表性分析方法：一是以罗茨为代表的结构分析法。结构分析法提出网络结构能够影响政策产出的结果，强劲的政策网络可以有效地限制政策代理人，继而形成长久有力的政策共同体，政策参与者在此种特定的结构方式下通过协商合作从而影响政策走向。故此，政策网络的功效是政策过程接续的

---

① 卢坤建、姚冰：《论公共政策分析中的"公共"原则——可持续发展角度的透视》，《中国矿业大学学报》（社会科学版）2000年第1期。
② 陈庆云：《公共政策分析》，中国经济出版社2000年版，第126—127页。
③ John Hudson and Stuart Lowe, *Understanding the Policy Process: Analysing Welfare Policy and Practice*, Bristol: Policy Press, 2004, p.127.

重要影响因素，然而，政策中断也可能是政策网络弱化的结果。二是以格兰特·乔丹（Grant Jordan）为代表的组织互动分析法。该分析法的核心概念是"政策共同体"一词。从其概念内涵来看，政策共同体存在于对一个政策问题有共同的价值观时，当没有共同理念时，政策共同体不存在。①三是以窦定（Dowding）为代表的人际互动分析方法。窦定认为网络并不能直接影响政策结果，而是通过影响行动者之间的互动从而影响政策结果。政策结果的解释依赖于政策行动者的特征和政策行动者的利益关系，行动者的偏好特征、行动者之间利益关系的强弱。四是以大卫·诺克（David Knoke）为代表的网络分析法。诺克认为，任何复杂政治系统的基本单位不是个人，而是社会行为者的位置或角色以及这些位置之间的关系或者联系。②

政策网络理论自一开始也受到了学界的质疑。比如有学者指出，由于政策网络研究的焦点是国家与利益团体之间的结构关系，所强调的是稳定性而非变迁性的关系，缺乏对政策网络变迁的研究，影响了其解释效用。但是，我们认为，政策网络理论对于中国的政策供给过程具有很强的解释力。第一，政策网络理论从新的视角重新回答了一些基本问题，例如"谁决策"或"谁在制定政策"，这对我们理解新时期中国的政策制定主体及其制定方式同样具有很强的现实价值。第二，在政策网络视角中，公共政策制定发生在包含各种行动者（个体、联盟、官僚、组织等等）网络之中，这些行动者没有一个拥有决定其他行动者的权力，公共政策往往是在一些机构或利益群体之间不断调整双方需求目标和利益过程的结果。因此，在中国的政策形成过程中，利益群体也应成为重要的研究变量。第三，政策网络理论正视了政策过程中的多元政策参与者，并且肯定各个政策主体在理性选择下有各自的利益需求，更能真实地反映公共政策过程中行动者之间的资源交换和利益调和的行为现象。因此，多元政策参与者所掌握的权力、资金、信息等资源的拥有量应成为我们考察政策走向的重要因素。

---

① Grant Jordan, "Sub-Governments, Policy Communities and Networks: Refilling the Old Bottles," *Journal of Theoretical Politics*, Vol. 2, No. 3, 1990, p. 327.
② David Knoke, *Political Networks: The Structural Perspective*, Cambridge: Cambridge University Press, 1990, p. 7.

(三) 新制度主义理论及其对政策供给研究的启示

20世纪80年代，马奇与奥尔森发表了《新制度主义：政治生活中的组织因素》一文，被视为揭开了新制度主义政治学研究的序幕。新制度主义纠正了行为主义过于关注人的行为而忽视制度环境的缺陷，研究行动者与结构之间的互动关系，形成了包含历史制度主义、理性制度主义、社会学制度主义的新制度主义学派。

新制度主义的"新"体现在既关注制度在政治生活中的作用，又吸收行为主义的动态、过程、定量化的研究方法。这是新制度主义政治学的基本特点，[①] 即强调制度与行为的互动，一方面，注重制度对行为的影响，任何行为以及任何理性选择都是"嵌入"在一定的制度背景中，制度对行为有着重要的影响；另一方面，政策参与者对制度环境和制度安排也会产生反作用，这种反作用集中表现为政策参与者通过协商、妥协等博弈过程改造或创设新的制度。

新制度主义对政策供给研究的启示主要体现为：第一，制度设定一定的约束条件并引导着决策者在政策制定中进行一系列"理性"的计算与选择，进而塑造政策者的行为偏好和行为动机。因此，分析政策供给过程应考察决策者所处的制度环境。第二，新制度主义认为，政策供给过程是各种社会力量运用其所拥有的政治资源，以及因此形成的政治影响力，对政府决策施加影响，进行谈判、协商、交易和妥协的互动过程。因此，分析政策供给过程不但要考察政策供给的各个环节，更要考察每个阶段背后各种力量的博弈状况，分析参与者的地位、行为影响能力的强弱、关系互动程度等对决策的影响，方能找到政策供给的动力因素。第三，各政策主体的互动关系在什么地方展开，作为新制度主义的一个分支——以埃里诺·奥斯特罗姆为代表的制度分析与发展框架较好地回答了这个问题。奥斯特罗姆用"行动舞台"的概念揭示了各行动主体政策博弈的平台。所谓行动舞台，是指个体间相互作用、交换商品和服务、解决问题、相互支配或斗争的社会空间。她认为，行动舞台由行动情境和该情境下的行动者两方面构成，行动舞台框架内需要用这两方

---

① 朱德米：《当代西方政治科学最新进展——行为主义、理性选择理论和新制度主义》，《江西社会科学》2004年第4期。

面来诊断、解释和预测行动与结果。①

三 双层政策供给分析模型建构的现实依据

（一）内输入式精英决策仍然是转型期中国公共政策供给的基本模式

根据中国的决策实践来分析，当下中国的决策模式仍然是典型的精英模式。正如李国强指出："尽管改革开放给中国带来了沧桑巨变，但精英决策模式却被保存下来了。"② 其一，政策输入的主体是权力精英。社会上各种利益要求不是由政治体系外部的社会结构输入决策中枢，而是权力精英作为"利益代表"主动寻求和确认政策问题，代替人民进行政策输入。一方面，在当代中国，各级人大和政协组织以及各民主党派和社会组织是群众利益表达和利益综合的重要途径。另一方面，中国政策中枢系统内部沟通通道主要有以下几种形式：会议、讨论、通报、批示、文件传递，以及体制内的政策研究机构提供的内部政策建议或咨询报告等，而这些内部沟通大多是通过权力精英来完成的，"这不是公开的可以普遍参与的制度，这种意见收集往往由行政部门主动发起，其对象是有选择性的"。③ 其二，中国的政体决定了政府组成人员是人民委托的少数精英，由政府官员作为决策主体而维系的决策模式也是一种精英决策模式。从实际的政治运转来看，虽然人大和政协通常被认为是民意的代表机构，但是从这两个机构的人员组成来看，都是由挑选出来的社会精英组成的。

（二）独特的官僚体系是中国公共政策供给的鲜明特色

与西方国家的政策供给相比，转型期中国公共政策供给有着自身的鲜明特色：一是"议行合一"的政治权力结构使得政府既是决策主体，又是具体负责政策执行和修改的主体。而人大作为立法机关在决策体系中只处于"从属"地位，对政府的制约有限。随着政府体制改革的深入

---

① ［美］埃里诺·奥斯特罗姆：《制度性的理性选择：对制度分析和发展框架的评估》，载［美］保罗·A. 萨巴蒂尔编《政策过程理论》，彭宗超等译，生活·读书·新知三联书店2004年版，第55—56页。
② 李国强：《精英决策与中国政治体制改革》，载徐湘林主编《渐进政治改革中的政党、政府与社会》，中信出版社2004年版，第82—89页。
③ 张国兵、陈学飞：《我国教育政策过程的内输入特征——基于对"211工程"的实证研究》，《黑龙江高教研究》2006年第8期。

推进，虽然人大作为权力机关的作用开始逐步加强，但是政府在公共决策过程中仍然发挥着核心作用。二是执政党和政府"党政合一"的现象十分突出。三是中国政府体系中部门管理的"条条"和地方管理的"块块"职能交错。"条条"指的是从中央到地方各级政府业务内容性质相同的职能部门，按不同的业务内容从横向分设工业、农业、财贸、文教等不同的职能部门系统。"块块"指各个层级地方政府。① 这说明仅仅将政府机构作为政策供给过程的分析单元是不充分的。政党和政治、政府与权力机构的关系、政府职能划分等，均须纳入研究者的视野。

（三）利益群体政策影响力扩大是转型期中国公共政策供给的一个新特征

20世纪70年代改革开放的大门开启之后，伴随着经济的不断发展，国家与社会的关系持续调整。社会环境的变迁不仅促进了利益关系的多元化，而且也为利益群体参与和影响政策过程创造了条件。特别是利益分化形成了大大小小、特色各异的利益群体，而不同利益群体利用其在权力、资源、金钱、关系、影响力等方面的优势，使其在公共政策供给过程中所起的作用越来越突出。因而，对政策主体的分析，就不能忽略利益群体的影响。当然，除了利益群体，还会有其他利益相关者也会对政策过程产生各种影响，但他们的影响还比较微弱，或者说一旦他们的力量足够强大，就会化身为利益群体介入政策过程。中国政治民主化的推进也为利益群体政策影响力的扩大提供了政治空间。"在一个民主国家，决策者处在权力的重要职位上。这些人必须与种种竞争的利益群体和压力打交道，使得通过他们的努力而最终达到改变现状的结果。"② 特别是在社会利益的分化与重组过程中，原有的利益格局被打破，私营企业主、个体户、自由职业人员等新的利益群体逐步形成，正在不同程度地对政府决策产生直接影响。③

（四）行动者之间的激烈博弈越来越成为中国公共政策制定的常态

进入21世纪以来，各个行动者争夺立法主导权，甚至尽量排斥利益竞争方参与分羹，导致政策博弈正在成为一种治理方式。中国学者李秀

---

① 马力宏：《论政府管理中的条块关系》，《政治学研究》1998年第4期。
② [美] 拉雷·N. 格斯顿：《公共政策的制定——程序和原理》，朱子文译，重庆出版社2001年版，第80—81页。
③ 程浩、黄卫平、汪永成：《中国社会利益集团研究》，《战略与管理》2003年第4期。

峰等在《中华人民共和国邮政法（修订草案）》意见征集过程中，论证利益团体的影响力已大增，他指出，博弈两方之一是国家邮政局与邮政企业，企图在政企合一的体制下，巩固已有的权力，并进一步扩大邮政专营范围以扭转市场颓势；另一方则是由12家包括UPS与FEDEX等国际快递公司所组成的中国国际货运代理协会国际快递工作委员会，其结果由后者占上风。在《中华人民共和国电力法》的修正过程中，国家发改委与电监会难以达成共识，原因就是双方关于电力市场准入监管与电价监管职能归属的争议不断。而表面上看似与市场利益无关的《中华人民共和国环境影响评价法》从1998年起草到2002年10月通过，其间也争议不断，主要是因为这部法律所涉及的国务院有关部门，特别是国家发改委与国家环保总局（现生态环境部）对于环评权的争夺。由此可见，中国的政策制定越来越呈现出行动者相互博弈的势头。

以上分析为我们建构具有本土化特征的公共政策供给过程分析模型提供了理论基础和现实依据。

第二节　双层政策供给分析模型的分析框架

不管是新制度主义理论，还是政策网络、团体博弈理论，都重在强调政策行动者将对政策供给产生重大影响，但却忽视了官僚体系本身对政策供给过程的作用。对于中国来说，不管是上述哪一个理论都是缺乏解释力的。因此，分析中国的政策供给过程，有必要建构既符合中国实际，又符合学理逻辑的政策供给分析框架。作为政策分析的一个范畴，研究特定时期一国的政策制定活动应基于"关系视角"，并且将不同主体之间以及主体与环境之间各种复杂的"关系"置于动态的过程之中，才能揭示政策过程中出现的各种活动和现象。剧场理论认为，剧场可分为前台和后台，前台是表演的场合，人们根据剧场的规则、出场顺序、角色定位有意控制自己的"表演"；后台是相对于前台而言的，表演者在后台为前台表演作准备，真正的个人利益、个人真实想法是在"幕后活动"的，后台的现实可能与前台的表演不一致，甚至掩盖那些不能在前台表现的东西。① 借鉴政策供给过程的相关理论，结合中国政策供给的具体环境，我们认为，中国的政策供给过程既需要分析前台显性的政策供给过程（即官僚体系的政策供给过程及其影响因素），又要深入把握政策供给背后的博弈过程（即社会网络的政策博弈过程及其影响因素），还要深入研究官僚体系与社会网络之间的互动关系。这一分析模型可概括为双层政策供给分析模型②，即当下中国的政策供给过程发生在官僚体系（政策前台）和社会网络（政策后台）两个层面的政策舞台上，是政策前台的制度环境、政策后台的博弈格局，以及双方互动共同作用的过程，因此，当下中国公共政策供给的过程及其结果要从官僚体系（政策前台）、社会网络（政策后台）和两者的互动界面三个层面来考察。

具体而言，这一分析模型包含三层基本含义：一是官僚体系依靠正式规则运行，是政策供给的合法性力量，宪法秩序、以前的政策结构、政策风格、执政党的意识形态、资源配置方式等因素是影响官僚体系（政策前台）供给意愿和供给能力的基本变量，这些因素将决定官僚体系政策供给的走向；二是社会化层面的政策协商网络为政策供给过程提供潜在的、关键的动力，政策行动者的网络位置、权力对比、资源禀赋、行动策略等因素是影响政策行动者政策影响力的基本变量，这些因素将决定谁能影响政策供给的走向；三是由于官僚体系（政策前台）层面的政策过程缺乏实质的合法性，而社会网络层面（政策后台）的政策过程又缺乏形式的合法性，两者的有效互动才能完成政策的合法化过程，最终形成有效的政策供给。政府治理过程的开放程度、政府的政策取向、政策参与者的"嵌入性"程度等因素是影响两者互动过程与效果的基本变量，这些因素将决定社会网络层面的政策压力能不能够进入官僚体系层面、谁的政策需求能够得到官僚体系的认可，进而影响政策供给的走向。具体分析框架如下（见图 3-2）。

---

① ［美］欧文·戈夫曼：《日常生活中的自我呈现》，黄爱华、冯钢译，浙江人民出版社 1989 年版，第 10 页。
② 该分析模型参考了陈玲关于双层政策过程理论的论述。参见陈玲《官僚体系与协商网络：中国政策过程的理论建构和案例研究》，《公共管理评论》2006 年第 2 期。

第三章 公共政策正向排斥分析框架：双层政策供给分析模型

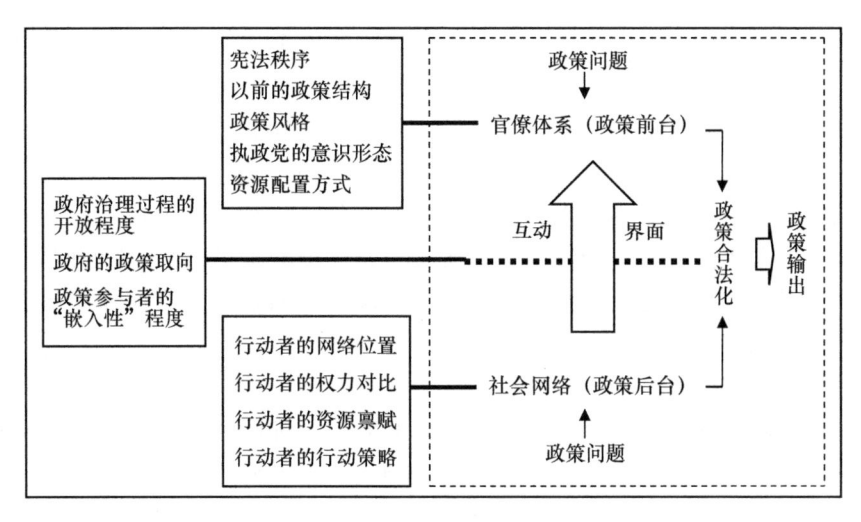

图 3-2 双层政策供给模型示意图

一 官僚体系（政策前台）的运行方式及其影响因素

政策前台即前台政策制定舞台，就是政策提出、酝酿、构思和决策的官僚体系，主要包括党委、人大、政府部门及体制内的政策咨询机构，它们依靠正式的程序和规则互动。官僚机构是政策过程的关键力量，也是政策子系统的中心。[1] 政策过程的核心就是把有效的利益要求转换为权威性的公共政策的过程，而这个过程需要官僚体系来完成。那么，在当下中国，政策过程中的利益要求是如何转换成权威性公共政策的？研究表明，是通过共识机制来完成的。首先，全国人民代表大会常务委员会（简称"全国人大常委会"）本身就是一种共识机制，是指重要决策经过全国人大常委会的集体讨论，按照少数服从多数的原则决策的体制。其次，中国政府的行政首长负责制也是一种共识机制。《中华人民共和国国务院组织法》第四条规定："国务院工作中的重大问题，必须经国务院常务会议或者国

---

[1] [加] 迈克尔·豪利特、M. 拉米什：《公共政策研究：政策循环与政策子系统》，庞诗等译，生活·读书·新知三联书店2006年版，第98页。

务院全体会议讨论决定。"《中华人民共和国地方各级人民代表大会和地方各级人民政府组织法》第七十八条规定:"政府工作中的重大问题,须经政府常务会议或者全体会议讨论决定。"再次,共识机制是中国共产党集体领导制度的基本特征。《中国共产党章程》(2022年10月22日通过)第十条第五款明确规定:"凡属重大问题都要按照集体领导、民主集中、个别酝酿、会议决定的原则,由党的委员会集体讨论,作出决定;委员会成员要根据集体的决定和分工,切实履行自己的职责。"接下来的问题是,什么因素影响官僚体系的共识过程?或者说什么因素影响官僚体系提供政策安排的能力和意愿呢?

(一) 宪法秩序

宪法秩序可概括为依据宪法设计而形成的一种政治制度以及基于这种政治制度的运行而形成的国家权力受到制约、人民权利得到保障的社会政治秩序。从政治运行过程的层面看,宪法秩序主要包括国家政治制度、政府组织结构以及执政党、政府与代议机构的关系、政党制度、中央与地方关系、决策机制等子要素。结合本书研究的需要,我们主要从根本政治制度、政府组织体制以及决策体制三个方面来考察。

首先,根本政治制度作为一国政治生活的基本骨架构成了政策供给过程的宏观情境,不仅确立整体社会的秩序架构,而且在此基础上生成了现代政府体制的决策程序,它对于官僚体系的政策供给具有根本性的决定作用。在中国,中国共产党领导下的人民代表大会制度构成了中国公共政策过程运行的基本权力架构,这种架构决定了"三位一体,以党为主"成为中国公共政策的政治制度结构,进而决定了党的各级代表大会及其常委会、各级人民代表大会及其常委会、各级政府常务会议及其全体会议成为中国最主要的宏观政策供给舞台。而且,党在国家制度中处于核心地位,党政关系自然成为理解中国行政决策制定的关键,"党政关系问题直接关系到国家的权力结构、决策过程和政治关系",[①] 因此,中国共产党的执政理念、基本路线、方针政策将对政府决策走向产生决定性的影响。另外,在"议行合一"的政权结构,政府既负责重大政策的决策,又负责政策执行和修改,而人大作为立法机关,在现实中属于"二线",政府在决策过程中发挥着核心作用。

---

① 林尚立:《当代中国政治形态研究》,天津人民出版社2000年版,第424页。

其次，政府组织体制不仅规定了官僚体系中政策行动者的活动空间和决策规则，规定了决策者之间的权力关系，同时也为官僚体系决策者提供了载体和资源保障。从宏观上说，中国政府组织体制由部门管理的"条条"和地方管理的"块块"组成。所谓"条块分割"是指中央或上级政府职能部门垂直对本系统实行直接领导，从而使各级地方政府难以对上级直管事务进行有效干预；而当中央把某些事务的管理权下放给地方时，上级职能部门也难以对这些事务进行有效干预。[1] 这种条块管理的组织结构将促使中央各部委和地方政府拥有各自独立的利益，从而难以避免产生部委之间、地方之间的矛盾冲突。

最后，决策体制决定政策参与者的范围、程序，影响决策的质量和效率。所谓决策体制，是指关于行为主体之间相互关系、决策权力分配、运行机制及决策方法、程序规范的总称。在决策体制中，决策结构、决策方式和决策机制是三个最主要的相互关联的部分。(1) 决策结构是指参与决策的行为主体（包括个人、组织、机构）之间相互关系的组成方式。决策结构的不同既决定着决策方式的安排和决策机制的设计，也从根本上影响着公共权力运行的整体功能。(2) 决策方式是指决策行为主体行使决策权力的方法和形式。决策方式不仅会影响决策信息的处理效率，也会营造不同的决策情境，从而对政策的产出形成影响。(3) 决策机制是指相互关联的决策环节、步骤按照一定的先后顺序排列形成的决策流程。决策机制决定一项政策形成的过程及其方式，也深刻影响政策的质量与效率。

（二）以前的政策结构

以前的政策结构是指新政策推出前已经对该类问题所设定的政策情境。新的政策制定以前，总会面临着已实施政策结构的制约。这就是新制度主义者们所说的"路径依赖"。诺斯认为，制度之所以能够有路径依赖的倾向，是因为其具有四个自我强化的机制：第一，建立制度需要巨大的初始成本，但制度一旦建立，它的运行费用相对较低；第二，制度会逼迫相关人主动或被动地去适应它，以增强自身在既有制度下的获益能力；第三，制度所确定的行为规则会对人们产生强大约束力并促使其去遵守；第四，制度会为相关人提供稳定的预期和对未来发展的信心。[2]

---

[1] Manion Melanie, "Policy Implementation in the People's Republic of China: Authoritative Decisions Versus Individual Interests," *The Journal of Asian Studies*, Vol. 50, No. 2, 1991, pp. 253–279.

[2] 姚洋：《制度与效率：与诺斯对话》，四川人民出版社2002年版，第193—194页。

（三）政策风格

在政策研究文献中，最常被讨论和引用的两种政策风格为理性主义传统与渐进主义传统，两者有着鲜明不同的政策变迁思维。理性主义传统认为，政策变迁是对原有政策的根本性改变，它强调人们具有主观能动性和把握客观规律的能力，决策者能够"从备选方案中选择一个能够获得完美结果的方案"，实现政策的变迁；渐进主义传统则认为决策者认识能力和决策所需资源具有局限性，应重视未知因素和可变因素对决策的制约作用，主张以渐进的方式推进决策以减少风险。政策风格影响政府对政策方案、策略的选择，也影响政策供给主体的供给意愿，如依据渐进主义的决策思维，由于政策变迁是局限在现行政策的小幅修正范围内，可提高他们对政策供给的意愿。

（四）执政党的意识形态

戴维·米勒等指出："意识形态是具有符号意义的信仰和观点的表达形式，它以表现、解释和评价现实世界的方法来形成、动员、指导、组织与证明一定的行为模式或方式。"[①] 如果用政策供给过程研究的框架来说，执政党的意识形态是指执政党在政策供给中所遵循的价值观念。公共政策价值导向是执政党意识形态的核心，它决定政策者的政策信仰和政策偏好，制约着决策活动的全过程。正如赫伯特·A.西蒙指出，决策应包括价值要素和事实要素，政府在进行决策时必然包含着一定的价值向度。[②] 在中国，中国共产党在政治、组织和思想上实现了对立法机关、行政机关和司法机关的统一领导，因而，其决策价值导向成为影响中国公共政策供给的最关键要素，影响着政策目标的确定、政策方案的制定和政策工具的选择。

（五）资源分配方式

现代公共管理认为，资源分配方式主要有市场、计划、社会三种方式。这三种资源分配方式在社会生活领域中有着各自相对有效的"势力范围"。其中，市场主要在经济领域中起主导的调节作用；政府主要管市场以及社会难以发挥作用的公共领域；社会主要在政府和市场作用效率低的

[①] ［英］戴维·米勒、韦农·波格丹诺主编：《布莱克维尔政治学百科全书》，邓正来译，中国政法大学出版社2002年版，第368页。

[②] ［美］赫伯特·A.西蒙：《管理行为》，詹正茂译，机械工业出版社2014年版，第44—50页。

领域起协调、整合作用。公共政策本质上是对社会价值的分配,因此,资源分配方式决定决策者的决策理念和政策方案的选择原则、政策工具的选择域。

二 社会网络(政策后台)的运行方式及其影响因素

政策后台即后台政策制定舞台,就是参与或影响政策过程的机构、团体或个人所组成的非正式关系网络,包括非正式的论坛、俱乐部、微信群、媒体等,它们依靠非正式的程序和规则互动。后台政策制定舞台参与者众多,包括行政官员(包括部委官员和地方官员)、技术官员、专家、社区、企业、民众等各类利益相关者。在利益多元化的背景下,各个政策主体为了各自的利益,必然围绕政策供给过程展开各种斗争、协商、交易活动。换言之,政策供给过程是一个各种利益相关者和利益集团以各种方式影响政策走向的博弈过程。因此,政策博弈成为政策后台的主要运作方式。正如欧文·E.休斯所强调的那样:"政策结果产生于一系列政府内部行为者和外部行为者之间的政治竞争。"[1] 在中国,政策后台的博弈状况将在一定程度上决定政策的走向,正如有学者所说的那样,在实际决策中,政府决策层对重要政策议案进行表决前一般都已经进行过广泛的意见征求、调研讨论和协商,所以,最终都会在最大程度上达成一致共识,从而在表决时大多会全数通过。[2] 因此,中国公共政策供给的实际效果不仅取决于正式官僚体系的政治选择,还取决于各利益相关者和利益群体在政策博弈过程中的力量大小和行为选择。那么,哪些因素决定政策行动者影响政策的能力?这是政策供给必须探讨的核心问题。

(一)政策行动者的网络位置

不同政策行动者在政策网络中的位置将直接决定其在政策供给中的影响力,正如有学者所说,行动者与权力相关性位置的差异,直接影响到政策安排变动的性质和方向。[3] 劳曼和克诺克进一步阐述,政策网络与政策

---

[1] [澳]欧文·E.休斯:《公共管理导论》(第二版),中国人民大学出版社2001年版,第229—232页。
[2] 赵德余:《政策制定的逻辑:经验与解释》,上海人民出版社2010年版,第23页。
[3] 涂晓芳:《政府利益论——从转轨时期地方政府的视角》,北京大学出版社、北京航空航天大学出版社2008年版,第181页。

后果之间关系的关键在于网络成员在政策网络中的位置和角色，而不是成员本身。① 大卫·马什和罗兹认为，联结性强、整合程度高的政策网络往往可以产生可预见的政策后果，而联结性弱、整合程度低的政策网络则难以产生可预见的政策后果。因而，处于政策社群的行动者政策影响力最强，而处于议题网络的行动者影响力最弱。②

（二）行动者的权力对比状况

政策供给过程实质上就是把各政策参与者的观点综合成最终政策的过程。格雷厄姆·T. 艾利森（Graham T. Allison）指出，政策供给的结果"取决于规则和各个参加者的力量对比"③。新制度主义认为，制度塑造着政治斗争的方式，并且通过这种塑造方式影响政治结果，同时，行动者并不是制度的被动接受者，它在受制度制约的同时也会反过来改造、重塑制度。这种制度重塑的过程及走向取决于制度相关人对权力的运用能力。行动者之间的权力差距越大，掌握优势权力的行动者对政策的影响力就越强，那些拥有较大权力的政策相关人就成为关键的政策相关人，将对政策的走向产生较大的影响。

（三）行动者的资源禀赋

行动者的权力又必须依托其所拥有的资源，因而其拥有的资源禀赋决定他们在政策过程中的影响力和效果。行动者的资源禀赋可划分为经济资源、政治资源、组织资源以及关系资源等。这些资源禀赋不仅为行动者自身的行为选择提供资源基础，也为其在政策博弈中占据优势地位提供砝码。因此，行动者资源禀赋的强弱及其结构体系对政策的走向具有直接而重要的影响。首先，政治资源直接决定行动者在政策供给过程中所处的位置。其次，经济资源的多寡影响行动者的行为策略及方式，从而影响其活动空间，而且行动者经济资源多寡也影响着博弈对方对其的依赖程度。再次，组织结构完善程度、组织动员能力的高低决定其在政策博弈中的影响力，从而决定其对政策结果的影响程度。最后，决策行动者与官僚体系关

---

① 参见石凯、胡伟《政策网络理论：政策过程的新范式》，《国外社会科学》2006 年第 3 期。
② 大卫·马什和罗兹以利益综合、成员资格、垂直相互依赖性、平行相互依赖性以及资源分配为指标，把政策网络区分为政策社群、专业网络、府际社群、制造者网络和议题网络。参见 David Marsh and R. A. W. Rhodes, *Policy Networks in British Government*, Oxford: Clarendon Press, 1992, pp. 13 - 14。
③ Graham T. Allison, *Essence of Decision: Explaining the Cuban Missile Crisis*, Boston: Little Brown, and Company, 1971, p. 57.

系的紧密程度影响其在政策过程中的话语权。

(四) 政策行动者的行动策略

行动者的行为策略是指政策行动者使用其资源资本影响公共政策的方法。有学者总结了中国的政策行动者影响政策的主要方式：接近和影响政治权威、通过利益代言人直接游说、采取行政诉讼和参加听证会、通过主管部门及领导或全国人大、人民政协提案、组成合作联盟、直接或间接接触立法决策者等。[1] 不同的行动策略对政策走向影响不同，比如，合作联盟将比一般的利益相关者产生更大的影响，因为那些汇聚了强大资源和利益的集团将具备更大的议价和谈判能力，从而能够在政策博弈过程中占据先机，并击败共同的对手。

三 政策前后台互动过程及其影响因素

在政策前后台的互动过程中，后台的行为主体反映和表达自己的愿望与要求，促使公共权威主体制定政策予以满足，而前台的行为主体则对后台所反映的社会问题进行优先级的排序，然后按照其价值取向和客观情势的需要来推进具体政策的供给。

政策前后台互动过程实质上就是政策合法化的过程。制度化层面上的官僚体系提供政策过程的正式规则，其政策过程拥有形式的合法性，但缺乏实质的合法性[2]，因此，需要社会网络层面的协商互动提供实质合法性资源；而社会网络的政策过程是通过政策博弈、妥协并达成共识的过程，其政策过程有利于实现实质的合法性，但却不能实现形式的合法性，因此，其政策诉求的合法化需要官僚体系的合法律化，即各方的政策诉求需要得到官僚体系的体认才能成为合法律性政策。因此，在现代社会中，政策的有效形成需要官僚体系（前台）和社会网络（后台）有效互动的政策合法化过程。那么，哪些因素影响互动的过程及效果？这是互动层面必须探讨的主要问题。

(一) 政府治理过程的开放程度与政策互动过程直接相关

从某种意义上看，政府治理过程的开放程度反映出政府与社会的力量

---

[1] 邢乐勤、顾艳芳：《中国利益集团政治参与的特点分析》，《浙江学刊》2010年第2期。
[2] 公共政策合法性包含两层含义：一是指形式合法性，即公共政策的制定必须与国家有关法律的规定相一致；二是实质合法化，即公共政策制定必须尊重民意，获得民意的认同。

对比以及体制内决策主体与外部社会公众之间的互动水平。总体而言，在开放度比较低的传统社会，政策供给过程会体现出鲜明的"内部输入"的特征，这时政策后台博弈主要表现为政府机构内部不同级别官员之间在决策过程中的互动关系，政府决策者和体制外参与者的博弈通道处于关闭状态，这时，官僚体系没有设置体制外利益诉求体认环节，而是自身单独决定政策的走向。随着政府治理过程中开放度的不断提升，在公共政策领域中社会公众的参与会呈现出从体制外向体制内转移的鲜明特色，"外部输入"开始在政策过程中日益显现出强大的影响力。

（二）政府的政策取向与政策互动过程密切相关

社会网络层面（后台）的政策诉求要转化为有效的政策供给，就必须要通过前台的合法化过程，因此，首先须通过官僚体系的体认这一环节。那么，什么样的利益诉求能够得到官僚体系的体认呢？这与在既定的制度环境下形成的公共政策利益取向密切相关。（1）官僚体系（前台）坚持公共利益取向，那么，此时官僚体系主要采用民主决策机制，从而使强势利益群体与弱势群体的利益诉求都能得到平等的体认，政策结果是理想型公共政策。（2）如果官僚体系层面的公共政策利益取向为团体利益取向或取向不明确，此时各个利益群体都试图通过不同的渠道施加影响力以使政府的政策有利于其自身利益，但是，由于政策影响力的差异，强势利益群体的利益诉求将得到官僚体系的体认，最终导致强势利益群体决定政策的走向，弱势利益群体可能受损。（3）官僚体系把自身利益作为政策利益取向，政策目标变为追求政府及其公务人员的福利最大化，此时，政策决策被政府所操纵，官僚体系不设置体认环节，而是自身单独决定政策的走向。在这种模式中，官僚体系对自身利益的认知决定着政策的走向。

（三）政策参与者的"嵌入性"程度与政策互动过程紧密相关

在政策过程研究领域，"嵌入性"是指政策参与者成为某政策网络的成员。当政策参与者尚未与决策者建立有效联系时，即使他们反对政策，通常也难以影响或阻止公共政策出台；当政策参与者与决策者建立强大纽带关系时，利益损失方才有能力阻止或推动某一公共政策的出台。在政策变化过程中，不同的政策潜在受益者的嵌入性也不同。在某些改革中，政策改革的潜在利益受损者是体制内的既得利益群体。当它们发现改革将对自己造成足够大的利益损失时，他们就会利用与决策者的密切关系，制造障碍阻滞或延缓改革的进程。相反，还有一些改革可能会使部分普通民众的利益受损,但他们与决策者的关系较远,因而一般难以改变改革的进程。

第三节 政策供给过程的验证及其适用性

从政策研究的角度看,新医改决策具有目标差异性大,政策方案多,政策风险高,各类公共政策专家、学者和研究机构参与政策制定的广度与深度空前扩大的特点,而且是在网络时代背景下经济政策向社会政策决策的转型阶段的一次公开、审慎和重大的公共政策决策过程,因此作为当下中国政策供给过程的案例研究具有很强的典型意义。从2005年3月到2009年3月,中国新一轮的医疗体制改革历时4年,先后有9套备选方案参与角逐,经过反复论证、广泛讨论和征求意见,最终出台了《中共中央 国务院关于深化医药卫生体制改革的意见》。新医改决策过程表明,当下中国政策供给既受到官僚体系层面(政策前台)运行过程的约束,也受到社会网络层面(政策后台)运作过程的影响,还受到两者互动层面诸要素的制约,是政策前台的制度环境、政策后台的博弈格局和界面的互动结构共同作用的结果。

一 新医改决策过程中的官僚体系及其共识过程

从新医改决策的政策前台来看,一系列相关的官僚组织部门构成了政策供给的正式舞台。参与新医改政策制定的官僚体系主要有:国务院及其相关部委,国务院临时机构,以及体制内思想库等。医改方案的供给过程实质上是官僚体系内部达成共识的过程,但是这种共识的过程并非方案的择优,而是折中的过程。在新医改政策供给过程中,官僚体系达成共识的策略主要有:一是内部化策略,即通过成立国务院副总理为组长的国务院医改领导协调小组,实现对部门间的意见分歧的有效协调,促进共识达成。二是折中糅合的共识策略,即针对竞争性方案的分歧,由专门小组对多家方案进行糅合和折中,最终形成以公益性为目标的折中式方案,"最终方案兼顾了此前的各方争论,财政投入兼顾医保体系和公立医院双方的利益，医疗服务亦涵盖公立医院和民营医院，形成了由政府埋单，医院、医保和患者三方皆大欢喜的大结局"①。官僚体系选择以公益性为目标的折中式方案主要受到以下诸因素的影响。

（一）宪法秩序

从新医改决策过程来看，宪法秩序的变化对新医改的启动及变迁的走向产生了深刻的影响：一方面，党的十六大确立的新的国家领导集体对医疗改革的高度关注，有力地推动了新医改的启动，并确定了"恢复医疗卫生公益性，加大政府财政投入"的指导思想，为医改方案定下了"政府主导"的基调；另一方面，行政首长负责制保障了国务院高层领导（如总理或副总理）对医改决策的决定性影响，例如，为了回应百姓看病难看病贵的问题，最高决策者最终决策医改要走公益性主导的"广覆盖、保小病"思路，使整个决策过程在大方向上始终没有脱离如何实现医疗服务公益性的探索，保障了新医改决策的有序推进。

（二）以前的政策结构

以前的政策结构对新医改决策的影响主要体现为路径依赖的作用，比如，在新医改政策中，由于受到既得利益群体的强大阻力，废除医保政策的双轨制并没有设定一个明确的时间表。再如，在医生、医院、药厂、医药代表等既得利益群体的阻挠下，以药养医的体制并没有在新医改中得到彻底的改革，即没有创设有效机制对医院、医生收入与药品销售收入之间的联系进行有效切割，没有实施医药分开，医生开大处方的动机并没有在源头上予以遏止。

（三）政策风格

自 20 世纪 70 年代末以来，渐进主义的思维方式和决策模式在推动改革开放的进程中占支配地位。这种渐进主义的思维方式在新医改决策中也得到了很好的体现，比如，最终方案并没有提出与原来市场化改革完全不同的方案，而是提出了渐进改革的近期目标和长远目标。再如，在新医改中，政府还提出中国医疗保障覆盖面应首先建立城镇职工基本医疗保险制度，保障国有企事业单位职工的基本医疗，然后再逐步扩展至民营企业员工、个体工商户、农民等人群的渐进改革思路。

---

① 陈玲、赵静、薛澜：《择优还是折衷？——转型期中国政策过程的一个解释框架和共识决策模型》，《管理世界》2010 年第 8 期。

(四) 执政党的意识形态

公共政策价值导向是官僚体系意识形态的核心。官僚体系决策价值导向在一定程度上决定新医改政策的走向。为解决医疗卫生领域的低效率、低水平发展问题，1979年，中国时任卫生部部长钱信忠在接受采访时提出"运用经济手段管理卫生事业"，开始了效率为导向的医疗卫生体制的市场化改革。1978—2003年，这种效率导向的医疗改革导致了大医院与小医院、城乡医院之间的资源严重不均衡；更为严重的是，一些医疗卫生服务机构基于牟利动机提供大量的过度服务，造成了医疗资源的极大浪费。2003年，党的十六届三中全会确立了科学发展观的执政理念，特别是2006年10月23日胡锦涛总书记在中共中央政治局第35次集体学习时对医疗卫生事业公益性的强调，指导新医改重新回归到以人为本的公益性价值导向上来。公益性价值目标的确立，为新医改制订"恢复医疗卫生公益性、加大政府财政投入"的最终方案定下了基调。

(五) 资源分配方式

20世纪80年代初，中国确立了从计划经济逐步转变为社会主义市场经济的经济发展战略，通过40余年的发展，市场手段逐步成为中国经济社会生活中资源分配的主要方式。市场手段在新医改政策中也有充分的体现：虽然新医改确立了政府主导的方向，但是新医改并没有回到改革开放前运用计划手段配置医疗资源的老路，而是强调积极运用政府和市场两种手段。一方面强调政府要加大投入，保障社会成员能够享受基本的医疗卫生服务；另一方面强调要用市场手段提高医疗卫生服务的效率，如实行医院绩效工资制，推进公立医院改革，扶持民营医院发展，鼓励民营医院与公立医院竞争，等等。

二　新医改决策过程中的社会网络及其博弈过程

从新医改决策的政策后台来看，参与或影响政策制定过程的机构、团体和个人形成了一个非正式的社会协商网络。参与新医改决策的协商网络大致有如下几类：主管官员、业界专家、医院及其医生、医药行业协会、公众等。在医改决策的后台，为了使政策决策的结果有利于自身，各种参与者包括政府官员、媒体、学术界、企业界等都在政策过程的各个阶段围绕医改目标、医改方案等展开了激烈的博弈。这种博弈过程集中体现在：

(一)"市场主导"派与"政府主导"派的纷争与协调

实际上,政府主导的改革思路并没有在新医改之初确立,而是经历了各政策主体在政策后台激烈博弈的过程,是政策后台各政策主体妥协的结果。一是卫生部(现国家卫生健康委员会)内部的纷争。由于受到经济领域民营化浪潮的影响,特别是"宿迁改革"的放大效应,最初卫生部计划的改革方案倾向于"市场化"思路。2005 年 7 月 13 日,政策基调从市场化转向公益性,并指明"卫生事业是政府实行一定福利政策的社会公益事业"[①]。政策基调骤变令人出乎意料,也折射出卫生部内部的巨大分歧。二是相关政府部门、研究机构的激烈交锋。正当卫生部内部进行激烈纷争之时,2005 年 7 月 29 日,国务院发展研究中心发布报告称,中国 20 世纪 90 年代以来以市场化为导向的医疗卫生体制改革"基本不成功"[②]。此言论如同重磅炸弹,将医改方案推出了卫生部的院墙,更多相关政府部门和研究机构开始加入医改的政策讨论和制定,比如北京大学主张"政府主导",而北京师范大学和清华大学则强调"市场主导"。经过市场主导派与政府主导派间的激烈博弈,催生出政府主导兼顾市场的改革思路,并最终确定了医改"兼补供方和需方"的总方案。

(二)医改部门之间的博弈与妥协

当政府主导确定下来后,政策方案(特别是政府的钱怎么用)又成了国务院各部门及其官员之间激烈博弈的主题。卫生部主张实行"英国模式",关注基本医疗的提供,认为政府投入应用于常见病和多发病;劳动和社会保障部(后与人事部合并为现人力资源和社会保障部)主张实行"德国模式",认为应该从大病着手,建立全民医保体系,将政府资金投入到医疗保障中;财政部则认为,就当前的医疗体制而言,投多少钱也无法解决问题,因此对加大政府投入持保留态度。在是否实现全民医保的问题上,劳动和社会保障部一直主张逐步实现全民医保,而卫生部主导的重建社区、试行收支两条线、医药统购统销政策,与劳动和社会保障部的全民医保政策形成分庭抗礼之势。各部门对医改方案之争实际上就是部门职权之争,因为"建立覆盖城乡居民的全民医疗保障系统"是劳动和社会保障部的工作目标,"完善基层卫生服务体系"和"推进公立医院改革"是卫

---

① 叶建国、张庆源、种昂:《卫生部讨论城市医改基调公益性》,《经济观察报》2005 年 11 月 28 日。
② 《国务院研究机构最新报告说"中国医改不成功"》,《中国青年报》2005 年 7 月 29 日。

生部的重要任务，"加大政府财政投入"是财政部的职责所在。各个部门为了实现各自的政策目标，分别寻求相关的研究机构、思想库和利益相关者的支持，以至于"国务院医改领导协调小组的成立未能消除各部委之间的意见分歧"[①]。事实上，最终方案兼顾了此前的各方争论，财政投入兼顾医保体系和公立医院双方的利益，足以证明政策后台博弈对政策走向产生了深刻的影响。

（三）利益相关者的利益表达与行动效果

在医改案例中，医药行业协会、医院及其医生、公众是最主要的利益相关者，他们对新医改决策的积极参与，在一定程度上影响了医改最终方案的制订。2007年3月1日，在国家发改委发出第22次药品降价方案的第二天，中国医药企业管理协会就向国务院提交《关于改革"以药养医"机制的建议》，直指"以药养医"无底洞。2008年3月，中国医药商业协会也谏言医改要落实"医药分开"。在制订方案阶段，相关利益团体也开始频频接触一些已经进入政策制定过程的专家，如2007年春某受托方案出来之后，包括国内和国际医药产业的代表就开始找到方案负责人，寻求合作。[②] 又如，某国内医药企业管理协会，也是在同期开始找到某政策研究中心负责人，希望以中心为平台，资助他们展开讨论并影响舆论。[③] 当征求意见稿出台后，某些利益相关者更是抓住方案确定的最后阶段，对决策者展开了更加猛烈的攻势，比如医药行业协会震惊于方案中规定的"定点""统一定价""全部使用基本药物"等规定，随即开会协商并联名向医改协调小组提交意见。[④] 有些利益团体还通过包括"媒体见面会"和多渠道"上书"等形式对政策最终方案的制订展开影响活动。例如，因《关于深化医药卫生体制改革的意见（征求意见稿）》明显忽略了药品流通领域全国30多万家零售药店的利益，2008年11月中国医药商业协会组织全国33家医药协会进行了一次联合"上书"。[⑤] 在这一阶段，作为直接利益

---

① 陈玲、赵静、薛澜：《择优还是折衷？——转型期中国政策过程的一个解释框架和共识决策模型》，《管理世界》2010年第8期。
② 王绍光、樊鹏：《政策研究群体与政策制定——以新医改为例》，《政治学研究》2011年第2期。
③ 王绍光、樊鹏：《政策研究群体与政策制定——以新医改为例》，《政治学研究》2011年第2期。
④ 柴会群：《新医改方案：6个月里改进了什么？》，《南方周末》2009年4月9日。
⑤ 王绍光、樊鹏：《政策研究群体与政策制定——以新医改为例》，《政治学研究》2011年第2期。

相关者的公众也积极参与到政策方案的制定中来。比如，在向群众征求意见（2008年10月14日—2008年11月14日）期间，协调小组就收到群众意见35929件，其中网民意见31320条，传真584份，信件4025封。①

利益相关者对医改过程的积极参与，极大地影响了医改方案的最终制定。如，在行业协会的积极斡旋下，医改方案征求意见稿中"直接配送、统一定价"等语句在定稿中被删除，代之以"基本药物实行公开招标采购，统一配送，减少中间环节"和"国家制定基本药物零售指导价格"②。再如，中国医药商业协会的积极游说引起了中央最高决策者的重视，其专门签署意见，安排各相关部委组织人力，当面倾听企业与行业协会的意见，并吸收了其中合理的要求。③ 社会各界的积极参与也对最终方案产生了积极的影响，如最后定稿与征求意见稿相比，共进行了190余处修改④。但是，虽然普通公众人数众多，但意见分散，与中国医药商业协会、医院等强势利益群体相比，影响力明显处于弱势，最终医改方案的修改明显与公众的愿望相距较远，以至于老百姓对决策的最后方案直呼"看不懂"，还有的政府官员说，作为医疗改革的纲领性文件，普通老百姓看不懂是正常现象。⑤

（四）政治权威：医改决策的协调者和仲裁者

在新医改决策过程中，政治权威既结构化于政策前台的各个官僚组织部门，也活跃在政策后台的协商网络中。由于政治权威发挥了强有力的协调与仲裁作用，医改决策过程中各政府部门之间、各思想库之间、各利益相关者之间激烈的利益博弈才得以较好地协调，才能形成有效的政策产出。政治权威在医改决策过程中的功能主要体现为：一是设立议程的"机会窗"的调控者。医改问题从民众私下话题转变为媒体议程、公众议程，最终提上了政府的政策议程，正是政治权威及时回应社会需求，推动医疗服务最大程度转向公益性的结果。二是医改决策过程中的"黏合剂"和"总指挥"。比如，政治官员对政府主导基调的确定，平息了"政府主导"

---

① 《新医改十问——发改委、卫生部负责人就医改意见和实施方案发布答问》，《中国食品药品监管》2009年第5期。
② 柴会群：《新医改方案：6个月里改进了什么？》，《南方周末》2009年4月9日。
③ 王绍光、樊鹏：《政策研究群体与政策制定——以新医改为例》，《政治学研究》2011年第2期。
④ 柴会群：《新医改方案：6个月里改进了什么？》，《南方周末》2009年4月9日。
⑤ 《医改方案百姓看不懂》，《济南日报》2008年10月17日。

或"市场主导"的争论；为了协调难以拍板的争论，如补贴医院还是医保，决策最高层最终选择了兼顾医院、医保和患者三方的决策方案。三是把握医改决策的政治方向。由于"看病难、看病贵"已经成为社会诟病的突出问题，如何正面回应这一政策需求，充分体现执政党代表广大人民利益的执政宗旨，最高决策者确定了最大程度满足公益性目标的政府主导改革思路。正是由于执政党强有力的领导作用，保证了医改不偏离官僚体系的意识形态，引导医改走渐进主义改革的道路。

三 政策前后台互动结构及其对医改决策的影响

政策前后台的互动几乎贯穿了新医改决策的全过程，并对最终方案的形成产生了重要影响。例如2008年9月，卫生部组成10个调研组分赴全国不同省份，围绕深化医改的十个专题展开调研。这次调研为基本医疗保障体系建设、基本药物制度建设、基本医疗服务体系建设、公共卫生体系建设以及公立医院改革五大方面的新医改终稿提供了基础材料。从整个新医改决策过程看，政府决策过程的有限开放、政府的政策取向、政策参与者的"嵌入性"程度制约政策前后台的互动效果，进而影响政策方案的形成。

（一）新医改决策过程的有限开放与互动效果

社会网络层面的利益诉求能否上升到官僚体系层面首先取决于政府决策过程的开放程度。在新医改方案的形成过程中，决策主体向民间借力，按照"互斥"原则组织多家科研机构形成了9套方案，每一套方案都代表了不同的利益诉求，这就为政策选择时实现"好中选优"创造了条件。同时，决策层也多次通过召开座谈会的方式征求利益相关者（如中国医药商业协会）的意见和建议，并在方案的最终确定过程中又多次向社会公开征求意见，显示出政府决策中的开放、民主和审慎的新思维。由于参与各方对医改进行了长时间的充分讨论，政策被成功地导向现实可行的折中方案，兼顾了各方的利益诉求，最重要的是避免了无底洞式的"英国模式"和缺乏现实基础的"德国模式"这两种极端情形。但是，由于公民参与立法制度、公民批评建议制度、公民民意调查制度等公民参与政策制定的制度与途径还没有普及到政府决策中来，导致政府决策过程的开放实际上是对精英群体的开放，而普通公民难以直接参与医疗卫生政策的制定，大量分散的公民的政策意见得不到有效的采纳、引导和反馈。再如，在新医改过程中，虽然政府通过网上征求民众意见，但是农民多数不会上网表达意见，未能有效地提出自己对医改的诉求。事实上，城市的困难群体也未能通过网络途径有效表达自己的意见和建议，从而导致最终的医改方案中普通民众的诉求（如医保跨地区转移接续问题、大病医疗救助问题等）并没有得到很好地重视，老百姓直呼看不懂，最终的方案很难真正满足公众实际的需求。另外，由于中国的政治体制和公共决策机制未能提供一个各利益群体平等博弈的政策舞台，导致各方的利益诉求未能得到平等对待，比如，在新医改方案中，主要考量的是公立医院之间的利益平衡问题，而民营医院的利益诉求却没有得到同等重视，医改方案中仍然没有提出创造公立医院与民营医院平等竞争的环境的思路与措施。

（二）新医改决策的价值取向与互动效果

从新医改决策过程看，社会网络层面的利益诉求能否得到官僚体系的认可与肯定也取决于其是否与政府政策取向相一致。2003年之后，在对过去医改的反思中，中国政府较清晰地认识到医疗卫生事业的公共属性，坚定地选择了政府主导投入的政策方略。这种政策取向对各政策主体的互动效果产生了重要影响，事实上，在北京大学、复旦大学、北京师范大学、国务院发展研究中心、世界银行、世界卫生组织、麦肯锡公司、中国人民大学、中国社会科学院9套方案中，北京大学的政府主导方案在最终方案中得到较好地体现，这种互动效果关键的原因就在于其与政府的政策取向保持一致。2006年10月，北京大学中国经济研究中心副主任和中华医学会副会长被邀请给中共中央政治局讲解了"国外医疗卫生体制和我国医疗卫生事业发展"。这种选择性互动对于医疗保障体制"公益化"共识的形成发挥了重要作用，但政府对这些专家的选择和对专家意见的采纳可能带有较明显的偏向性，从而不利于决策者全面掌握信息并作出正确的决策。

（三）新医改政策参与者的"嵌入性"程度与互动效果

从新医改决策过程看，社会网络层面的利益诉求能否得到官僚体系的认可还取决于政策参与者的"嵌入性"程度。即使是体制内机构，"嵌入性"程度越高，其政策影响力也越大。比如，在政策方案酝酿阶段，中国人民大学、清华大学、中金公司等一开始并没有受到政府委托制订医改方案，但是后来它们利用特殊渠道"直达天听"，获准提交方案。在政策方案制定阶段，虽然国务院参事室并没有参与政策方案的前期制定，但是其利用"直通车"优势，针对《关于深化医药卫生体制改革的意见（征求意见稿）》中有关公立医院改革试点措施不够具体、操作性不够强等问题，成立公立医院深化改革专题调研组，对全国九省市的部分公立医院改革情况进行了为期 5 个月的独立调研。这次调研为最终决策提供了非常关键的政策性意见。① 对一些外部自主参与的利益相关者而言，"嵌入性"越高，其政策影响力也越大。比如行业协会与决策者之间的关系较紧密，因而它们的意见和建议在最终医改方案中都得到了较好的体现，而普通公众虽然人数众多，但是由于政策"嵌入性"程度较低，他们对政策影响有限，因而他们许多利益诉求在最终医改方案中却受到排斥。

从上可知，官僚体系（政策前台）、社会网络（政策后台）、前后台的互动结构都对新医改方案的形成产生了重要的制约作用。由于这三个层面在某种程度上对科学民主决策的偏离，导致新医改政策仍然留下不少政策负向排斥的烙印。

1. 由于官僚体系对渐进主义的过分信仰，导致新医改方案过多地留下了渐进主义的烙印，比如，虽然方案提出了加快医疗保险制度的改革，但直到今天，不同身份群体之间的医保水平仍然存在较大差距。再如，对于一些特殊群体（如农民工）的医疗保障的制度设计也没有明确的计划。

2. 由于缺乏健全的民意表达与吸纳机制，社会普通民众参与政策制定缺乏程序上的规定，所以并不能形成有效的民众监督，从而使那些普通民众反映强烈的利益诉求被排斥在方案之外。比如，对于新农村合作医疗中普遍存在群众积极性不高、保障水平低等问题也缺乏应有的重视，基本医疗卫生服务的立法建设也被忽略等。

3. 医改方案的出台过程是通过折中而非择优来达成共识的政策过程，但由于政府未能提供一个各利益群体平等博弈的政策平台，导致新的医改方案明显带有强势利益群体的偏向，比如医药流通企业的政策意见在最终方案中被吸纳，公立医院的财政补贴的需求在方案得到了进一步满足，一些强势群体的特权在新医改方案并没有制定取缔的措施；相反，一些弱势

---

① 王绍光、樊鹏：《政策研究群体与政策制定——以新医改为例》，《政治学研究》2011 年第 2 期。

群体合理的利益诉求却似乎被无意间忽略了，如并没有为民营医院如何平等进入医保体系提供政策保障，致使民营医院难以与国有医院进行平等竞争；城市和乡村在报销比率上仍然存在差距。

4.由于医改决策过程实质上是政府主导的过程，普通百姓未能有效参与到医改决策过程中，导致一些关系普通百姓切身利益的议题被排斥在医改方案之外，比如在新医改方案中，仍没有创设有效机制对医院、医生收入与药品销售收入之间的联系进行有效切割，医生开大处方的动机并没有在源头上予以遏制；医疗资源供给不足与医疗资源过度浪费并存的局面仍然没有找到一条较好的解决途径等。

综上，经过多年的实践，中国已经创造了一个符合具体国情的政策供给模式——双层互动模式。双层政策供给分析框架在本书的适用性主要体现在三个方面。第一，公共政策正向排斥是一种各个政策主体的理性选择行为。公共政策正向排斥是多元行为主体在制度空间内进行互动之下的行为选择，是在动态环境中的一种策略行为。因此，双层政策供给分析框架坚持从影响官僚体系政策供给的制度环境和行动者影响政策走向的现实因素双层视角来分析政策供给的过程，为我们分析公共政策正向排斥的制度环境、揭示公共政策正向排斥的阻滞因素提供初步的思维框架。第二，公共政策正向排斥的形成过程要从官僚体系层面、社会网络层面及两者的互动层面上进行考察。首先，公共政策正向排斥是在特定的制度环境中进行，制度是影响政策排斥的无形变量。主要体现在：制度塑造了政策者的行为偏好和行为动机，并引导着决策者在排斥性政策的制定中进行一系列"理性"的计算与选择。那么，哪些制度驱使官僚体系供给排斥性政策呢？回答这一问题有助于我们理解公共政策正向排斥生成的制度性成因。其次，公共政策排斥本质就是社会价值的分配过程，每个利益相关者都在政策后台为政策有利于自身而与其他主体进行着理性的博弈，谁能在博弈中取胜就代表着谁能决定政策的走向，因而，政策后台各政策主体的政策影响力应当成为考察公共政策正向排斥形成过程的关键。最后，官僚体系的政策供给缺乏实质的合法性，而社会网络的政策供给又不能实现政策的形式合法性，因而，正向排斥性政策的形成还应从两者的互动中寻找答案。第三，本书并不奢望对所有公共政策正向排斥现象的发生进行科学的预测和完尽的模型建构，只是试图建构一种对当下公共政策正向排斥的规律作出一定解释的模型。本书利用双层政策供给的分析框架，在厘清和理顺中国公共政策供给诸多实践问题的基础上，从官僚体系层面、社会网络层面、互动层面上对促进公共政策负向排斥向正向排斥转化的路径进行一般性探讨。

第四章　公共政策正向排斥的阻滞因素：政策供给视界的阐释

如前所述，公共政策正向排斥，是指以政府为主的政策主导者依据公正原则，通过政策手段将不应当享受政策利益的社会成员或社会群体排除在政策受益范围之外，实现对社会利益的合理分配的过程和结果。那么，什么因素阻滞了公共政策正向排斥的过程和结果？这一章，我们就试图运用政策双层供给分析模型来分析这个问题，并以当下中国为研究对象，从一般意义上揭示公共政策正向排斥的阻滞因素。

第一节　阻滞公共政策正向排斥的前台镜像：制度环境因素

根据行政生态学理论，公共政策排斥必然在一定的制度环境中运行，作为公共政策排斥的主要主导者——官僚体系，其行为选择及效果必然受特定制度环境的影响，"制度环境为人们可供选择的制度安排的范围设置了一个基本的界限，从而使人们通过选择制度安排来追求自身利益的增进受到特定的限制。"[①]

[①] 樊纲：《渐进改革的政治经济学分析》，上海远东出版社1996年版，第28页。

一 体制转轨与行政型分权：官僚体系独立利益的生成土壤

在传统计划经济时期，在个人利益和局部利益服从整体利益的观念指引下，资源集中在中央政府手中，政府部门是落实经济计划的一个工具，中央政府利用资源分配权对各个部门进行协调控制。随着计划经济向市场经济转型的推进，政府部门的角色、动机发生显著变化：（1）各级政府部门正在逐步将资源配置权回归市场。作为中央政府的一部分，各个部委已经从市场的直接管理者转变为参与者和服务提供者，从而承担了规划引导者、市场监管者、仲裁员和服务者等综合性角色。（2）利益分配机制的改革进一步强化了政府部门及其下属企业结成联盟的动机：上级监管部门在行政垄断下给予下属企业各种特许经营和政策优惠，而下属企业作为市场主体，将经济利益和政府寻租利益传导给上级监管部门。（3）体制转轨带来的利益主体多元化进一步强化中央各部门追求部门利益的动机。中央、部门之间尽管在最根本的利益上也许并不存在冲突，然而，因其担负的责任与行使的权力不同，为了实现自身利益最大化或面对不同政绩衡量指标时，他们就会为了追求自身利益而在相关领域中展开激烈博弈。

中国现行行政立法体制为政府部门追求自身利益的行为提供了制度保障：（1）立法模式上的行政主导。为保障行政管理专业性的时效性，1982年的《中华人民共和国宪法》以授权方式确立了中央政府及其部门的行政立法权。2000年的《中华人民共和国立法法》第七十一、七十二条又进一步明确了部门规章的法律效力。在行政管理的复杂性和专业性的背景下，政府部门实际上掌握了中国多数政策和法规的起草权。有资料表明，近20年来，在人大通过的法律中，由国务院相关部门提交的法律提案占总量的75%—85%。① （2）立法程序中的部门主导。在行政立法的整个步骤中，法律草案的起草是最重要的环节。而《行政法规制定程序条例》第十一条规定，行政法规由"国务院组织起草。在实践中，除一些重要的综合性议案是由国务院法制办牵头起草外，多数法规和规章的起草都是由各主管部门负责起草的，在主管部门起草后，再由国务院法制办进行审核和协调，最后提

---

① 江涌：《警惕部门利益膨胀》，《瞭望新闻周刊》2006年第41期。

交政府办公会议审议通过或以国务院名义向全国人大或全国人大常委会提请通过。① 这在事实上为政府及其部门谋求自身利益提供了可能性。

另外，体制转轨和行政性放权促进了地方政府独立利益的生成。在计划经济体制下，权力过分集中于政府，束缚了经济发展的活力。为改革这种弊端，中国政府在20世纪50年代末和70年代初曾进行了两次以向地方政府放权让利为核心的行政性分权改革，但两次改革都引发了地方政府过度投资的非理性行为，导致两次改革都以失败告终。改革开放后，邓小平认为放权仍然是解决旧体制弊端的一个重要突破口，指出历史上多次"过分强调反对分散主义、闹独立性，很少强调必要的分权和自主权"②，从此掀起新一轮的放权让利改革。

"与改革前'就事论事'的地方分权相比，改革中的地方分权使得地方在财政、行政和政治上都获得了一定的'解脱'，赢得了一定的自主权。"③ 具体表现在三个方面：（1）下放财政权和税收权，实施财政包干体制。从1980年起，中央对大部分地区实行"划分收支、分级包干"体制，1988年又进行第三次改革，实行"财政大包干"。（2）下放投融资权限。主要措施是简化基建项目审批手续、扩大地方政府投融资审批权限、扩大企业投资融资决策权。（3）下放企业管理权限。中央政府把部分国有企业管辖权下放给省级地方政府，实际赋予省级地方政府剩余控制权和剩余索取权。④（4）下放政府人事管理权限。从1984年开始，干部人事制度由原来的"下管两级"改革为"下管一级"，这一改革使各级党政主要首长获得了直接任命其下属的权力。

从理论上来说，以包干为主要特征的财政管理体制在赋予地方政府更大利益独立性的同时，也赋予了地方政府更大责任，但体制性因素和政府绩效考核制度的弊端实际上助长了地方保护主义行为。金和辉等调查发现，在实行财政承包制后，地方政府每增收一元钱，就会留成0.75元，而1970—1979年的地方政府相应留成仅为0.17元。⑤ 与此相对照，中央财政收入占全国财政收入的比重逐步下降，由1981年的57.6%逐步下降

---

① 蔡定剑：《中国人民代表大会制度》，法律出版社2003年版，第292页。
② 《邓小平文选》第二卷，人民出版社1994年版，第329页。
③ 林尚立：《国内政府间关系》，浙江人民出版社1998年版，第318页。
④ 银温泉、才婉茹：《我国地方市场分割的成因和治理》，《经济研究》2001年第6期。
⑤ Hehui Jin, Ying yi Qian, Barry R. Weingast, "Regional Decentralization and Fiscal Incentives: Federalism, Chinese Style," *Journal of Public Economics*, Vol. 89, No. 9–10, 2005, p. 1783.

到 1992 年的 45%。① 财政包干带来的地方政府留成的提高实际上对地方政府形成了巨大的边际激励作用，刺激地方政府更积极地发展当地经济，但这种包干制的财政体制弊端也逐步显现，它直接导致中央财政能力的下降，带来严重的中央财政危机，导致中央政府对地方政府的控制能力严重弱化。针对这一问题，以分税制为核心的财政管理体制改革应运而生。

分税制管理体制改革以增值税改革为主体，将增值税作为中央政府和地方政府的共享税，建立了以增值税为主体、营业税和消费税为补充的流转税制度，分税制管理体制改革在一定程度上避免了助长地方保护主义的不良倾向。但中央和地方固定收入的划分没有完全脱离隶属关系，如中央企业所得税归中央，地方企业所得税归地方，而大量国有企业实际上实行的是地方所有制，这导致地方政府仍然设法保护地方企业利益，特别是分税制把与经济增长直接有关的增值税的 25% 留给地方政府，地方政府利益与地方经济发展仍然密切相关，进一步刺激了地方政府的利益追求动机，地方政府主体利益凸显。地方政府作为权力主体，具有相对独立的利益追求动机和行为能力，这为地方政府通过政策供给实施地方保护提供了动力和现实条件。"如果同一批人同时拥有制定和执行法律的权力，这就会给人的弱点以极大的诱惑，使他们动辄要攫取权力，借以使他们免于服从他们自己所制定的法律，并且在制定和执行法律时，使法律适合于他们自己的私人利益。"② 在部门利益与地方利益的驱使下，现实经济运行中政府集"裁判员"与"运动员"于一身的特殊角色，使政府部门和地方政府"自觉"并成功地成为制造政策负向排斥（供给非正义政策）的主体。政府部门和地方政府可以在一定程度上根据自己的偏好，自主确定政策目标，通过政策供给来尽可能地扩展利益空间，公共政策呈现出明显的辖区利益导向，从而阻碍公共政策正向排斥的推进。比如，为了维护城市居民的利益，城市政府制定了城市居民子女与农民工子女不同的义务教育入学政策。

二 政策价值导向：功利主义的价值取向

任何决策活动都必然受到决策者价值取向的制约。决策价值观不仅影

---

① 唐兴霖、李东辉：《论中央与地方关系调整的制度化取向》，《学术研究》1999 年第 2 期。
② ［英］洛克：《政府论》，瞿菊农、叶启芳译，商务印书馆 2005 年版，第 91 页。

响着政府对决策议程的优先次序选择,而且还影响着政府对不同社会政策方案的选择偏好和政策评价。

自1978年以来,中国社会转入市场化改革的轨道,极大地冲击了中国社会的传统道德观念,公共政策的基本价值取向由政治理想主义转向现实的功利主义。在改革开放之前,中国社会是一个高度政治化的社会,政治控制和影响着公民的社会生活和经济生活,作为价值分配工具的公共政策"充当了实践政治理想的工具"①。改革开放之后,中国确立了"效率优先,兼顾公平"的政策制定总原则。虽然2003年以来中国的公共政策价值取向逐渐转移到公平上来,但是由于路径依赖和政策复杂性的影响,政策价值的功利主义导向仍然在政府特别是地方政府决策中具有重要的影响:以功利作为公共政策的目的,公共政策谋求"最大多数人的最大幸福";以"效用"作为选择和评价公共政策的依据,公共政策追求"效用"最大化;以个人物质利益为核心,公共政策满足个人物质利益要求;优先考虑现实利益,公共政策功能的现实性突出;强调效率价值,公共政策结果不能兼顾社会公平正义。②功利主义价值取向导引下的政策实践使得政策偏离正向排斥的轨道,滑向负向排斥的泥沼。

其一,公共政策偏离社会公平公正价值目标。在功利主义价值导向中,公平正义价值原则在公共政策的价值位序中低于功利原则,且从属于功利原则。因而,难免使公共政策偏离社会公平公正价值目标而成为逐利性实用政策。政府部门及其领导人常常将GDP增长和短期政绩视作至上目标,却很少考虑政策的长期效果和可持续发展。与此相呼应,政府也主要使用经济性指标而非社会性指标来考核公共部门的工作人员,"效率优先,兼顾公平"在工作中实际被演绎成"只顾效率,难顾公平"。然而,在经济增长指标远远超过规划指标的同时,环保、公共卫生、社会保障等社会发展却严重滞后,其结果是"对现实功利的追求不能成为理想目标过程中的一个环节,有的反而会成为理想目标追求中的一个'异己'的阶段。"③

其二,弱势群体的利益和幸福得不到保护。功利主义公共政策认为,为实现大多数人的最大幸福可以以牺牲部分人的权益和幸福为代价。在现实中,由于强势群体依靠较多的政治经济资源而享有强大的话语权,进而

---

① 罗德钢等:《行政伦理的理论与实践研究》,国家行政学院出版社2002年版,第68页。
② 崔浩:《功利主义价值取向的公共政策及其实践反思》,《浙江社会科学》2009年第4期。
③ 刘祖云:《当代中国公共行政的伦理审视》,人民出版社2006年版,第8页。

容易得到政策保护；而弱势群体由于缺乏经济与政治资源，他们的利益往往受到功利主义政策的忽视。

其三，社会利益分化严重和社会发展失衡。在功利主义的价值位序中，平等、自由、民主等政治价值让位于功利原则，这种价值位序亦使其在追求效率优先实现经济快速增长时忽视利益平等分配问题，导致城乡发展失衡、区域发展失衡、社会排挤和社会剥夺感严重。近年来中国的贫富差距进一步扩大就是明证。从城乡来看，"尽管21世纪以来，在一系列惠农政策、扶贫政策的作用下，城乡差距有了显著缩小，但仍高于国际平均水平。据国家统计局数据，2020年城镇居民人均可支配收入为4.38万元，而农村居民仅为1.71万元，城乡收入比约为2.56倍"[①]。从地区看，中国政府按照东、中、西三大地带顺序，分阶段、有重点地展开布局，将投资与政策都向东部沿海地区倾斜，采取了优先发展东部沿海地区的一系列政策措施，但是却导致地区发展严重失衡。

其四，对公共利益的漠视和破坏。功利主义对个人利益的张扬，诱使公共行政人员追逐个人利益、部门利益和短期利益而抛弃社会公共利益和长远利益，以权谋私，通过权力设租、寻租和权力资本化寻求个人或部门利益的最大化。例如，政府常常忽略社会长期发展效益而陷入政策短视，导致出现形式主义工程甚至是自然环境恶化等诸多社会问题。

詹姆斯·M. 布坎南（James M. Buchanan）代表的公共选择理论认为，在政府政策行为中，政府公务人员也是追求自身利益最大化的理性经济人。在功利主义价值导向的影响下，政府制定的公共政策不可避免地倾向于政府自身利益，从而产生政府利益导向型政策输出。由于政府及其公务人员是经济人，当政策对政府自身利益有利时，政府就会实行这个政策；当政策有损于政府自身利益时，政府就不会实行这个政策。在这个政策决策机制中，强势利益集团和弱势利益集团的利益都可能被忽略，政策结果随政府自身利益的变化而变化，政策完全被政府所操纵了。这种利益取向下的决策可以简化为：当政府以自身利益作为政策利益取向时，政策目标变为追求政府及其公务人员的福利最大化，在个人决策机制中政策被政府所操纵，并随政府偏好的改变而改变，政策结果具有很大的不确定性，可能是弱势利益群体被排斥，也可能是强势利益集团被排斥。例如，在许多

---

① 罗志恒、原野：《中国的贫富分化与共同富裕》，《国际金融》2022年第4期。

地方，公务员群体往往在住房、子女教育等方面享有特权，"部委公务员作为一个特殊的群体，在房改十年之后，依然可以享受准福利分房"①；再如，在一些省直或市直机关幼儿园只招收机关干部子女入园。

三 政府激励机制：政治晋升锦标赛机制

政府作为社会治理的最主要主体，其推动经济增长和社会发展的热情和行为方式选择直接关系经济增长和社会发展的快与慢、好与坏。道格拉斯·C. 诺思深刻揭示这一道理，"国家的存在是经济增长的关键，然而国家又是人为经济衰退的根源"②。那么，如何激发政府的热情并引导政府的行为就成了社会治理中的关键课题。周黎安认为，政治晋升锦标赛是中华人民共和国成立以后中国政府官员的最主要激励模式。③ 运用这种机制来考察地方政府和中央各部委的行为动机具有非常重要的价值。

在政治晋升锦标赛机制中，地方政府之间、政府部门之间引入了竞争机制，这种竞争可以大大促进各种生产要素（尤其是资本和人力资本）的流动；同时，每个官员的仕途升迁都与本地（本部门）的业绩挂钩，大大调动其推动地方经济或部门工作的积极性，这在相当程度上解决了信息不对称的问题，大大节约了监督成本。再者，政治晋升锦标赛还会产生出一种维持这种激励制度的积极因素，因为上级领导作为这种激励制度的成功者，自觉地维护这种制度的正常运行，从而使各级政府自觉成为经济和社会发展的持续动力。

然而，这种政治晋升锦标赛机制也对政府决策产生了诸多消极影响。第一，为了便于比较，政府官员的考核与晋升依赖于一些可测度的经济指标，于是，官员政绩考核往往以 GDP 和财政收入增长指标等较容易测度的指标为核心，从而导致地方官员注意力过分注重 GDP 的数字增长，而忽视经济的持续发展和全面发展。第二，政治晋升锦标赛机制是一种自上而下的考核机制，客观上造成了地方官员"只对上负责不对下负责"，"不怕群众不满意，只怕领导不注意"的行为习惯，从而导致公众所遭受的政策负

---

① 赵小剑：《部委公务员福利房回潮》，《决策探索》（上半月）2008 年第 4 期。
② ［美］道格拉斯·C. 诺思：《经济史中的结构与变迁》，陈郁、罗华平等译，上海三联书店、上海人民出版社 1994 年版，第 20 页。
③ 周黎安：《中国地方官员的晋升锦标赛模式研究》，《经济研究》2007 年第 7 期。

向排斥问题难以优先得到政府官员的关注。第三，政治晋升锦标赛机制把考核的焦点放在一个地区或部门在官员任期内的发展情况，会驱使政府官员特别是地方官员倾力关注任期内的经济指标的高低，而忽视教育、科技和医疗卫生等方面的指标，导致教育、医疗和住房等社会问题很难像经济那样被地方官员所关注。据统计，1998—2005 年，全国在教育、科学、医疗卫生等领域的财政支出比例不但没有上升反而下降。[1] 第四，政治晋升锦标赛机制也会诱使政府政策偏向于强势利益群体，因为，在政治晋升锦标赛背景下政府官员的根本利益在于辖区的经济增长，那么一切利益诉求必须与经济增长的要求相兼容，而强势利益集团常常是当地经济增长的支柱，这就容易形成双方利益的结盟。凭借这种结盟关系，强势利益群体往往对地方政府或中央部委政策制定产生关键性影响。例如，获得与其他社会群体不同的特权（比如企业家子女中考加分政策）。总而言之，在某些情况下，政治晋升锦标赛机制使地方政府不自觉地成为公共政策正向排斥的阻滞力量。

四 决策体制：精英主导型决策模式

精英主义的代表人物托马斯·R. 戴伊曾对精英决策模式作了经典阐述：社会可划分为拥有权力的少数人，以及未拥有权力的多数人。少数人是社会的精英，多数人是非精英，精英享有分配社会价值的权力；公众则未能影响公共政策。[2] 由于中国转型期社会结构分化程度仍然不高，当代中国决策过程中利益表达与综合主要由精英来完成，社会力量对公共政策的影响力较弱，这是一种典型的精英决策。[3]

虽然近年来网络技术的发展大大促进了公民的政策参与，但是中国的决策模式仍然深深镶嵌着精英主义的烙印：（1）中国的政体是人民代表大会制，人大和政协通常被认为是民意的代表机构。但就实际政治运转而言，这两个机构是由挑选出来的政治和社会精英组成的，这种决策体制决定了中国仍然是少数人代表社会大众决策。（2）社会群众参与公共决策的技能不熟

---

[1] 周黎安：《中国地方官员的晋升锦标赛模式研究》，《经济研究》2007 年第 7 期。
[2] [美] 托马斯·R. 戴伊：《公共政策新论》，罗清俊等译，韦伯文化事业出版社 1999 年版，第 29 页。
[3] 胡伟：《政府过程》，浙江人民出版社 1998 年版，第 254—255 页。

练、掌握的信息等社会资源与权力精英相比极端不对称,以及利益表达渠道不畅通等因素使人民群众参与决策成本过高,在决策过程中处于被动接受的客体位置,对政策的影响力极小。① (3) 20 世纪 80 年代开始的改革带来了社会利益格局的重新调整,知识精英由于国家建设与发展的需要获得了前所未有的政治信任,强烈的经济意识使经济精英成为具有强大影响力的政治力量,中国精英决策模式的构成开始悄然变化,由单一的政治精英决策模式向政治精英与知识精英、经济精英合作的模式转化。中国学者康晓光指出:"市场化改革确实剥夺了集权主义体制的经济基础,而且造就了强有力的社会集团。"②

这种精英主导型决策模式有着其独特的优势:(1) 少数人决策可以大大降低决策成本;(2) 精英决策减少了大众民主决策中反复的讨价还价环节,能相对迅速地作出判断;(3) 精英决策把占社会少数的精英们的根本利益和人民群众的整体利益有效统一起来,有利于公共决策较好地实现广大人民群众的利益。然而,中国现实运行中的精英主导型决策模式也显现出一些明显的负向排斥效应:(1) 政治精英与应然的委托人之间的授权关系链条断裂,致使他们所掌握的机构与权力不受有效制约,从而使作为代理人的精英们主导政策供给过程,导致精英价值代替大众价值的发生,普通大众的价值不一定都能在政策中得到体现。(2) 由于决策主体是社会的精英阶层,他们为自己小集团的利益和统治集团的利益考虑,可能导致普通民众的利益在政策供给中受损。因为,"在制度与行动者之间,一般是强势行动者决定制度的正义程度及其实施,弱势行动者寻求制度变迁以期保护自身利益的可能性或机会很少"③。(3) 带有自利性倾向的政府官员容易形成对政策的垄断和对其他政策主体的排挤效应,从而实现有效控制整个政策过程封闭运行,导致决策信息不对称、决策程序不透明情形的出现,于是,大多数民间组织由于无从知晓政策系统的内部结构和具体运作机制而处于被动接受的地位,即使遭受政策负向排斥也难以救济自己的权益。(4) 在精英主导决策中,精英决定不同公共政策组合的菜单系列以及

---

① 李杰、吴永辉:《我国决策模式剖析》,《社会科学研究》2006 年第 6 期。
② 康晓光:《中国特殊论——对中国大陆 25 年改革经验的反思》,《战略与管理》2003 年第 4 期。
③ 李月军:《以行动者为中心的制度主义——基于转型政治体系的思考》,《浙江社会科学》2007 年第 4 期。

特定系列中不同选项的优先顺序,并按照选定的菜单及优先顺序分配公共财政。然而,阿罗不可能性定理表明,在满足一般理性假设的前提下,形成完全一致的偏好是不可能的。因此,政府在决策过程中,必然将那些社会普遍关注而又符合自身偏好的问题提升到公共政策议程的优先地位上。比如,计划经济时期,"以钢为纲""政治挂帅""工业优先发展"等政策偏好一直左右着中国公共财政的分配,而"户籍改革""高等教育入学公平""农民工子女入学""农民养老保障"等却被排斥出公共财政分配的政策议程。

五 行政监督体制:异体问责乏力的行政问责制

孟德斯鸠曾说过,"一切有权力的人容易滥用权力,这是万古不变的经验,防止滥用权力的办法,就是以权力约束权力"①。要使权力行使者不敢、不能滥用权力,就必须建立全面有效的行政问责制,使一切公共权力处于监督与制约之中。自2003年的"非典"事件以来,中国问责制经历了一个从"不问责"到"问责",从"潜规则问责"到"制度问责",从"弹性问责"到"刚性问责",从"行政一把手问责"到"党政一把手问责"的过程,行政问责正逐步从"风暴"向制度化转变。

但是,由于主客观条件的限制,中国的行政问责制还存在诸多问题,其中最主要的问题是异体问责乏力。具体表现为:一是人大问责缺位。由于人大问责须在党委的领导下进行,而党政不分的状况又使政府决策官员与党委连成一体,从而导致人大对政府官员难以实施独立有效的问责,同时,人大的财政、编制、福利待遇等又要依赖于政府,进一步加剧了人大问责权的弱势。二是媒体问责缺位。由于昔日全能政府体制下形成的惯性思维,媒体被定位为政府"喉舌",同时,新闻采访权的内容、方式、程序等都缺乏具体的法律规定,致使新闻媒体在行政问责时的合法地位难以保障。三是公民问责乏力。多重委托关系②导致公民与官员之间存在严重信息不对称,削弱了公民的问责权,同时,大多数公众问责意识淡薄,再加上问责渠道的缺失,致使公民问责难以有效实现。四是司法问责力度不

---

① [法]孟德斯鸠:《论法的精神》(上卷),许明龙译,商务印书馆2012年版,第26页。
② 多重委托关系是指中国地方政府实际上处于两个委托—代理链条中:一是中央政府与地方政府的纵向委托—代理关系;二是辖区公众与地方政府的横向委托—代理关系。

足。在现实中,司法监督机关在组织人事上不完全独立,其人员编制、经费划拨都受制于同级政府,致使司法机关不敢问责。另外,司法机关的受案范围仅限于具体行政行为,使其难以问责。

这种异体问责乏力的行政问责机制可能会带来三个方面的后果:一是政府及其官员能够很容易地实现其自利性目标,从而使政策偏离公共利益的轨道;二是自上而下的行政问责将会导致地方政府和政府部门注重短期利益,忽略长远利益。正如本特·霍姆斯特罗姆(Bengt Holmstrom)等认为,面对多重任务委托,或者面对多维度工作,代理人往往会强烈关注那个最容易被观察、最容易显示绩效的工作,而忽视其他工作。[1] 而政策短视又会使政府把注意力(比如财政)集中在能带来短期绩效的基础设施上,而忽视关系长期利益的公平正义工程。三是普通民众的政策诉求难以触动政府的神经而被漠视。这三个问题都将阻碍公共政策正向排斥的推进。

总之,体制转轨与行政型分权、功利主义决策价值取向、锦标赛式政治晋升机制为官僚体系驱动政策负向排斥提供了动机和舞台,异体问责乏力的行政问责制为官僚体系驱动政策负向排斥而免受惩处提供了机制保障,这些因素共同构成了官僚体系阻滞政策正向排斥的制度环境。

第二节 阻滞公共政策正向排斥的后台演绎:社会网络因素

新制度主义认为,行动者所处的制度环境将塑造其行为策略,而不同行动者在互动过程中又会建构出新的制度环境。正如加布里埃尔·A. 阿尔蒙德、戴维·伊斯顿、查尔斯·林德布洛姆等人所强调的那样,政策制定过程是各种社会力量运用其所拥有的政治资源,以及因此形成的政治影响力,对政府决策施加影响,进行谈判、协商、交易和妥协的过程。因而,我们在考察政策前台政府政策供给的制度环境的同时,也要考察政策后台各行动者相互博弈并影响政策供给的过程及结果。

---

[1] Bengt Holmstrom, Paul Milgrom, "Multitask Principal-Agent Analyses: Insentive Contracts, Asset Ownership, and Job Design," *The Journal of Law, Economics, and Organization*, Vol. 7, 1991, pp. 24–52.

第四章　公共政策正向排斥的阻滞因素：政策供给视界的阐释

在政策的创制或选择过程中，不同行动者之间的力量对比、博弈结果决定了政策的走向。换言之，政策变迁的力度与绩效取决于相关利益者的博弈过程与结果。那么，进一步的问题是，谁在政策过程中政策影响力更大？厘清这一问题有助于我们更深入理解政策正向排斥的阻滞过程。

一　决策者的政策偏向：多重利益之间博弈的结果

在政策后台，除了利益团体之间的博弈，政府本身也不是铁板一块，决策者之间（包括政府部门之间、中央政府与地方政府之间）也进行着激烈的博弈。这种博弈主要是围绕着利益来展开的，正像马克思所说："'思想'一旦离开'利益'，就一定会使自己出丑。"① 这种利益博弈主要体现为公共利益与私人利益、长远利益与短期利益、中央利益与地方利益之间的博弈。

首先，公共利益与私人利益之间的博弈。政府和官员的经济理性决定公共政策与政府官员存在两个不同的目标：公共利益最大化和政府及其官员自身利益最大化。在政治地位得到保障的前提下，政府官员会努力追求诸如个人价值的实现、职位的升迁、个人经济利益的增进、对舒适生活的追求等私人利益。② 因此，当公共利益与个人利益发生冲突时，政府官员可能会利用其手中的权力，根据其自身利益最大化的目标来制定公共政策，这种选择有可能以牺牲公共利益为代价。

其次，长远利益与短期利益之间的博弈。在现今的政绩考核机制下，长远利益与官员的任期政绩缺乏关联性，难以转换成其晋升的资本，而短期利益却能够很好地满足政府官员晋升、经济利益、生活改善乃至民众支持的期望，而且下届政府的偿还能力和承受能力并不是本届政府举债规模的约束条件。因而，当长期利益与短期利益发生冲突时，政府官员往往会以牺牲公共政策所应追求的长远利益为代价，而选择以追求短期利益为目标的短期行为。

最后，中央利益与地方利益之间的博弈。作为一个行政区划中的政权机构，地方政府代表三个利益层次，以两种身份出现在政治经济生活的舞台

---

① 《马克思恩格斯全集》第二卷，人民出版社1957年版，第103页。
② ［美］詹姆斯·M.布坎南：《自由、市场和国家：20世纪80年代的政治经济学》，吴良健等译，北京经济学院出版社1989年版，第17—26页。

上:从宏观管理上,其代表国家利益;作为地方利益主体,其代表辖区利益;同时,地方政府还有自己的利益。同样,地方行政长官处于政策主体系统的中心位置,理应追求公共利益,但作为追求自身利益的利益人,权力最大化、职务晋升与经济利益也是其追求的重要目标。但是,在晋升机会日益注重政绩的情况下,地方行政长官主要通过发展地方经济、塑造醒目政绩来获得晋升机会的最大化,而市场主体所创造的经济绩效和地方行政长官的晋升机会密切相关。于是,当中央利益与辖区利益、自身利益发生冲突时,地方政府官员往往会选择辖区利益、自身利益而牺牲中央利益。

总之,当各种利益发生冲突时,在监督系统乏力的情形下,政府更有可能选择私人利益、短期利益、地方利益,从而阻滞公共政策正向排斥的实施。

二 影响力差距:话语权失衡的博弈结构

在中国,人民代表大会制度是宪法秩序的最根本要素,它决定着社会各个群体在国家决策中的权力分配格局,决定着社会各个群体在国家决策中的影响力。换言之,谁能够在人民代表大会的名额中占优势地位,就表明这一群体在国家决策中的影响力越大。

从中国的人大代表选举法中,我们可以看到社会各个群体在国家决策中的权力分配状况。1953年通过的《中华人民共和国全国人民代表大会和地方各级人民代表大会选举法》(简称《选举法》)规定,在选举全国人民代表大会代表时,农村按人口每八十万人选代表一名,城市则按人口每十万人选代表一名,即农村选民的实际选举权是城市选民的1/8。1979年的《选举法》第10条明确规定按城乡人口1∶4比例分配自治州、县、自治县人民代表大会的代表名额;第12条明确规定,按城乡人口1∶5比例分配省、自治区人民代表大会代表名额。此后,1982年、1986年、1995年修订的《选举法》虽然对城乡人大代表比例作出了调整,但仍然把城市与农村人大代表比例维持在1∶4的水平。《选举法》对人大代表名额的制度性规定直接导致各社会群体在人大代表实际名额分配中的失衡,进而导致城乡不同社会群体话语权的失衡。农民代表数在人民代表大会中的不足,导致农民在国家政策及日常决策中话语权的缺位,使得一些有损农民利益的负向排斥性政策得以通过。2010年,《全国人民代表大会关于修改

《中华人民共和国全国人民代表大会和地方各级人民代表大会选举法》的决定》中规定，要"按照每一代表所代表的城乡人口数相同的原则，以及保证各地区、各民族、各方面都有适当数量代表的要求进行分配"。"在十二届全国人大，来自一线的工人、农民代表401名，其中农民工代表数量更是大幅增加。党政领导干部代表则大幅下降，比上届降低了6.93个百分点，代表结构明显优化。"①特别是，党的十八大以来，中央强调要进一步增加农村基层人大代表的比例。选举法的修改和党的十八大以来相关政策的实施从宪法秩序层面有力纠偏了过去各群体在国家决策中话语权失衡的状况，对遏制与治理负向排斥政策奠定了制度基础。

从应然逻辑看，坚持公共利益取向是公共政策的归宿点。然而，实际上这种价值判断忽略了利益集团的影响。政治学家厄尔·莱瑟姆说明了集团决策机制下公共政策的产生过程："所谓公共政策，就是在特定时刻团体斗争达成的一种切实平衡，它代表了相互争斗的派别或团体为了实现自身需求而持续努力达到的一种平衡。"②虽然中国没有达到这种集团决策的状态，但是也不能否认利益群体的影响，中国的垄断行业难以改革就是明证。换言之，政府在政策制定过程中不可避免地受到利益群体的影响。由于各个利益群体的政策影响力存在差异，公共政策将会更多地受到强势利益群体的影响而更少地受到弱势利益群体的影响，此时政府政策目标与政策方案便会更有利于强势利益群体，而弱势群体的应得权益和社会福利将受到损失，从而阻碍公共政策正向排斥的实现。如，在国有企业的影响下，国有企业仍然享有民营企业所没有的特权，"在行业准入方面，（政府）对民营企业存在不平等歧视。在金融、石油、电力等行业，民营企业很难介入，民间投资仍面临着'玻璃门''弹簧门''旋转门'的无形障碍"③。

三 信息鸿沟：强弱群体之间信息利用能力不均衡

在信息化的今天，个人和群体对信息资源以及信息传播市场、信息传播

---

① 铁永功：《人大代表结构优化体现民主进步》，《光明日报》2013年3月1日。
② Earl Latham, "The Group Basis of Politics," in Political Behauior, ed. Heinz Eulau, Samuel J. Eldersveld, and Mottis Janowitz, New York: Free Press, 1956, p.239.
③ 皮剑龙：《尽快立法保护民营经济发展壮大》，《新京报》2023年3月12日。

媒介掌握的多少,已经成为社会地位和竞争能力的重要标志。个人和群体对信息资源的掌控能力不仅影响其参与政府政策制定的热情,而且影响其对政府决策的影响力。换言之,社会群体信息利用能力的高低直接决定了其对政府决策的影响程度,进而影响其利益的获得,信息不对称必定导致信息拥有方为牟取自身更大的利益使另一方的利益受到损害。然而,当前中国的社会群体之间的信息利用能力却存在巨大差异。

一方面,媒介的功利性行为导致强弱群体之间信息利用能力的不平衡。在市场经济时代,广告收入和消费能力的权衡是媒介选择关注对象的根本标准。经济精英以"广告商"的身份成为媒体重要的"衣食父母",社会精英以主流文化塑造者的身份成为媒体的合作者,政治精英以意识形态代表者的身份成为媒体的领导者,他们自然成为媒体迎合的对象,于是,在"媒体的舞台上,登台表演者往往是社会的'知名者',即权力拥有者、资本控制者或维护政治和经济权力体系不可或缺的社会主体"①。相反,弱势群体无论是在消费能力还是话语权力上,都无法与他们抗衡,加之其往往处于碎片化的状态,无法影响攸关其切实利益公共讨论的方向,客观上造成了大众传媒对社会弱势群体的排斥和歧视,造成信息资源分配上的不平等。学者王绍光就指出,"现在的情况是,先富起来的人……不仅在财富分配上占有优势,而且在舆论资源上也占有优势"②。

另一方面,信息资源分配格局致使强弱群体之间信息利用能力的巨大差异。由于经济收入、文化素质、社会地位的不同,不同人群之间在信息拥有量和利用信息能力方面存在差别。"在媒介的使用和控制方面,社会地位的高低和社会成员所掌握的权利大小直接决定了每一个人控制传播媒介和通过媒介获取信息服务机会的多寡"③。正如安东尼·吉登斯(Anthony Giddens)指出,"'信息经济'的趋势似乎加重了处于高层的人与处于底层的人之间的分离"④。

弱势群体信息利用能力的劣势,导致其在政府决策中缺乏话语权,其政

---

① Herbert J. Gans, *Deciding What's News: A Study of CBS Evening News, NBC Nightly News, Newsweek and Time*, New York: Vintage Books, 1980, pp. 25 – 32.
② 王绍光:《社会公正也是硬道理》,《中国供销合作经济》2003 年第 1 期。
③ 段京肃:《论"信息断裂"与弱势群体的边缘化》(上),《淮海工学院学报》(社会科学版) 2006 年第 1 期。
④ [英] 安东尼·吉登斯:《社会学》(第四版),赵旭东、齐心、王兵等译,北京大学出版社 2003 年版,第 77 页。

策诉求很难在政策中得到充分的体现，比如在新医改中，政府把新医改方案放在网上听取了民众的意见，但是，由于大多数农民没有网络而难以表达意见，于是，他们所关注的问题（比如农民工的医保转续、农民异地就医的报销、村医的出路等）并没有在新医改中得到足够的关注。更为严重的是，弱势群体信息利用能力的劣势可能会导致弱势群体的命运被强势群体所掌控，因为在信息时代，谁失去了传播能力与传播工具，就等于失去说话与表达的能力，等于将自我形象的阐释权拱手交给媒介掌控者。

四　分利主义：分利群体排外性行为逻辑和利益排他

每一个社会个体或群体参与政治生活，都是为了获得某种利益，马克思就曾说过："人们为之奋斗的一切，都同他们的利益有关。"① 对于社会群体来说，主要有两种增进其成员利益的途径：一种是通过努力增加全社会的总体利益，从而使自己在总利益中的份额随之增加；另一种是努力争取自己的成员在社会总利益中得到更多的份额。② 由于每一个利益群体成员都是社会成员中极小的一部分，即使其为社会创造了巨大的利益也只能分到极小的一部分，所以作为理性的群体成员往往都不愿意单方面付出成本去争取社会公共利益。结果是，利益群体一般会选择后一种途径来增进其成员的利益，"如果社会中的典型组织只代表其中一小部分人的利益，则该组织必然不肯为增加全社会的利益而作出自我牺牲。"③

由此，各个利益群体都会使出浑身解数追逐和维护从社会总利益中分割出来的特殊利益，并施加影响力把这种利益通过政策确定下来。同时，为了保持成员的收益不减或分得的份额更大，享有特殊利益的特殊群体就会通过设立政策壁垒来实现排他性，因为组织的成员越少，每一成员分得的份额就越大；反之，每增加一位新的成员，就意味着原有成员利益的减少。曼瑟·奥尔森把这种利益群体称为"排外性"利益集团。他认为，各国的利益集团，尤其是经济领域的分利集团，无不利用其组织优势，为霸

---

① 《马克思恩格斯全集》第一卷，人民出版社1995年版，第187页。
② 韩向民、赵斌：《奥尔森的国家兴衰理论及其现实性》，《文史哲》1999年第5期。
③ [美]曼瑟·奥尔森：《国家的兴衰：经济增长、滞胀和社会僵化》，李增刚译，上海人民出版社2017年版，第66页。

占市场和控制资源而不择手段地排斥异己,"分利集团,一旦大到可以成功,就会成为排他性的,并且会尽力限制分散成员的收入和价值"①。为证明这一论点,他列举了集团分利行为的具体情形,"当分利集团通过政治行动寻求实现目标时,排挤新成员的原因就在于:如果获胜联盟最小的话,分配给每个联盟成员的收益就会更多。院外游说者,甚至寻求政治分肥的军事联盟,如果招募的成员比取胜必需的成员数目多的话,每个成员能够分到的收益就会减少。就像卡特尔必须包括所有的销售者一样,因此从事政治或军事运作的联盟必须包括足够多的成员才能获胜。在一个不确定的世界上,最小获胜联盟的规模事先是不可能知道的。在这种情况下,联盟必须在每个成员较低的收益和更大的获胜概率之间权衡。尽管如此,仍然存在某一点,在该点上为了代表现有成员的利益而将新进入者排除在外。"②而且他还进一步指出,"以分利为导向的院外集团和卡特尔一样,必定是排他性集团,而不是共容性集团。"③

在政治决策过程中,由于强势分利群体对政治决策起决定性作用,而其他相对弱小的群体在政治决策中处于劣势,导致最终形成的政治决策可能并不是全体的意愿,而只代表这些特殊利益群体的利益,或者说向其利益倾斜的政策。由于分利群体的政策活动不是致力于把蛋糕做大,而是设法在既定大小的蛋糕中争取如何给自己多分一些,因而不可避免地导致"公共政策可能沦为分利联盟的祭品,这些利益团体在追求自身利益时,经常是以牺牲整体的公共利益为代价的"④。更为糟糕的是,在分利群体排外性行为逻辑中,分利群体并不关心社会财富的损失与增加,而只关心自身所得,结果是"一部分人虽然多拿了一些,但还会同时打破一些本来大家可以分到手的瓷器"⑤。总之,分利群体的分利行为使得一些人特殊利益增加,但是也必然带来另外一些人利益受到不公

---

① [美] 曼瑟·奥尔森:《国家的兴衰:经济增长、滞胀和社会僵化》,李增刚译,上海人民出版社2017年版,第86页。
② [美] 曼瑟·奥尔森:《国家的兴衰:经济增长、滞胀和社会僵化》,李增刚译,上海人民出版社2017年版,第83页。
③ [美] 曼瑟·奥尔森:《国家的兴衰:经济增长、滞胀和社会僵化》,李增刚译,上海人民出版社2017年版,第84页。
④ 朱云汉:《台湾民主转型期经济政策制定的效率与公平性问题》,载朱云汉、包宗和主编《民主转型与经济冲突》,桂冠图书股份有限公司1999年版,第26页。
⑤ [美] 曼库尔·奥尔森:《国家兴衰探源:经济增长、滞胀与社会僵化》,吕应中等译,商务印书馆1999年版,第51页。

平的排斥，导致政策负向排斥的发生。

五　政策均衡的非中性：非对等资源禀赋下的政策形成逻辑

资源禀赋决定论认为，在既定制度环境下，当事人可以凭借其资源禀赋，形成对政策安排设计和选择过程中的竞争力和控制力，以设计出最有利于其自身的政策安排。我们假定：A（资源优势者）和B（资源劣势者）满足完全理性和拥有完全信息，且交易成本为零，A和B行动满足二维（2×2）博弈空间和支付结构；个体A和B有着不同的资源禀赋，A为资源优势者；$A_{11} > A_{12}$，$A_{22} > A_{21}$，$B_{11} > B_{12}$，$B_{22} > B_{21}$（见表4-1）。

表4-1　　　　　　　　政策博弈均衡的支付矩阵

个体/行动/支付	行动组合	B	
		行动1	行动2
A	行动1	（A11，B11）	（A12，B12）
	行动2	（A21，B21）	（A22，B22）

那么，在利益不一致的情形（在政策负向排斥发生过程中，强势利益群体与弱势利益群体常常处于利益不一致的情形之下）下，依据资源禀赋决定论，A是资源优势者，为了最大化地实现自身利益，他们会利用自身资源优势所带来的影响力和控制力选择最大化自己利益的行为策略组合，于是，将会产生以下结果：只需要满足 $A_{11} > A_{22} > 0$，资源优势者A可以不顾B的行动而直接选择行动1，虽然B在支付矩阵中 $0 < B_{11} < B_{22}$，但B知道，如果不跟从A将得到小于或等于零的支付，虽然A也会出现小于或等于零的支付，而B知道A更能承受支付为零的非合作均衡结果，而且也能够预期到A在选择其利益最大化策略时，如果不跟从A的行动其利益损失更大（比A还要大），特别是当B无法承受持续支付小于或等于零的结果时，无论A如何行动B都将跟从A采取合作，由此形成资源劣势者B对资源优势A的依附关系，进而产生黄少安预言的那样，"在初始合约缔结过程中，个体拥有非对等谈判力，拥有控制力的个体利用控制权制定

出有利于自身效用最大化的制度安排"①，即政策是资源优势者 A 有意设计和选择的结果。以上分析我们不难得出，政策博弈主体不平等资源禀赋决定均衡政策的非中性，即某一个体或群体拥有资源越多（财富越多、职权越大），其对政策安排的选择和控制权也就越大，越能影响政府制定吻合其利益最大化的政策安排，从而使政府决策带有明显的强势利益群体的利益导向，而弱势利益群体因缺乏影响政治决策和公共政策的通道和手段，则成为利益博弈中的受损者和政策负向排斥的被排斥对象。这种现实恰好印证了那样一种观点，"一些集团很富有且势力强大，拥有重大影响力，而有些集团力量太薄弱而为人所忽视"②。

在资源禀赋不均衡的环境中，强势利益群体比弱势利益群体在政府决策中具有更强的影响力，从而使最终的政策可能偏向于强势利益群体。而且，由强势利益群体所主导供给的政策又为相关行动者之间的关系设定了新的约束或激励，这种制度约束或激励进一步固化了不同政治行动者之间的权力资源不对称，形成了强制性资源与利益在不同行动者之间进行相对稳定的分配。就中国现实来说，随着中国社会结构和利益的高度分化，那些与政治权力联系密切的组织化的群体凭借其在权力结构、关系网络和资源市场中的优势而取得较大的选择权和议价权，垄断了大部分的利益表达和利益分配的渠道，而大部分普通民众因为其所处的社会地位难以进入政治参与和利益表达的有效渠道，也难觅合适的利益代言人为其发声，于是，常常出现政府决策带有明显的强势利益群体的利益导向，而弱势利益群体因缺乏影响公共政策的通道和手段，却成为利益博弈中的受损者，成为政策负向排斥的被排斥对象。

特别是，由于政府和强势利益群体有共同利益，且他们的利益是同方向变化的，虽然两者可能没有任何串谋，但是客观上却达成了默契，政府帮助强势利益群体实现了其利益，强势利益群体也反过来暗中帮助政府实现了其利益。在现实中，政府采取的常见的政策供给模式是团体利益取向与政府利益取向相结合的政策供给模式，实现政府与利益群体利益的简单平衡。更为糟糕的是，政府和利益群体在认识到利益上的一致性时可能会进一步进行"串谋"：强势利益群体通过游说促使政府出台有利于自己利

---

① 黄少安主编：《制度经济学研究》（总第二十六辑），经济科学出版社 2009 年版，第 57 页。
② [美] 迈克尔·罗斯金等：《政治科学》（第 6 版），林震等译，华夏出版社 2001 年版，第 92 页。

益群体的政策,而政府也会以此机会"创租"与"抽租",据此,政策结果偏向强势利益群体,从而使公共政策偏离正向排斥的轨道,产生对弱势群体的政策负向排斥。

综上,由于各方行动者政治资源、行动能力和影响力等的差异,导致弱势群体无法对强势群体形成有效制约,公共政策往往因而成为强势行动者"精心设计并被强加于其他行动者之上的产物"[1],从而导致公共政策偏离正向排斥的轨道。

第三节　阻滞政策正向排斥的前后台互动界面:互动结构因素

任何一项政策都是政策前后台互动的结果。政策前台与政策后台具有不同的特点和功能:前者行使着公共权力,指向正式的政策决定,并且可以直接采取公共行动,但官僚体系制定每一项政策都要依赖于具体的人来完成,因此必然离不开政策后台各政策参与主体的努力;而后者所形成的政策方案则需要导入前台并获得前台的体认与合法化才能产生真正具体的政策行动。一方面,虽然前台单方制定的政策是有效的,对政策对象有约束力,但是,现代民主理念要求政府在政策出台前必须经过政策后台协商与认同。因此,支持公众的政策参与就成为公共政策取得合法性的基本途径,因为合法性"究其根本,只能产生于公众对政府之政治理念、制度与政策及其施政行为发自内心的认同和支持"[2]。另一方面,政策后台又需要通过合法化的行动使所达成的政策方案得到前台的体认而获得合法地位。总之,官僚体系制定的政策取得公众的认同与政策后台所达成的政策方案获得前台的体认构成了政策互动结构的两个方面。换言之,这种政策互动结构是统治集团与民众之间进行政治沟通和政治对话的一种制度设计,其有效运行是政策获取合法性的根本前提。

---

[1] [日]青木昌彦:《比较制度分析》,周黎安译,上海远东出版社2001年版,第205页。
[2] 黄健荣:《论现代政府合法性递减:成因、影响与对策》,《浙江大学学报》(人文社会科学版)2011年第1期。

然而，要实现政策前后台良性互动并不容易。一方面，由于成本太高或者害怕决策主导权被削弱，官僚体系常常演绎为单向型决策：虽然设置各种途径听取公众的意见，但是实际上官僚体系对公众意见并不理会，仍然按照自己的意图来制定政策，比如常见的价格听证会；另一方面，强势群体利用自己的政治经济的优势地位使自己所主张的政策方案获得官僚体系的体认，弱势群体的政策诉求往往被忽略或被搁置，这种政策方案显然难以获得弱势群体的认同，从而使互动偏离了最终目标——政策合法性。不管是前面的哪一种情形，政策获得的只是官僚体系自身或社会个别群体的认同，而不是社会公意，从而丧失了政策的实质合法性。更为严重的是，经过这种互动所形成的政策不可避免地带有强势群体和政府的偏见，从而使政策偏离正向排斥的价值轨道，形成负向排斥性政策，导致公共政策合法性的衰减。

一 互动结构不协调之一：前后台的对话结构失衡

政策合法化机制的核心目标就是要促成官僚体系与社会网络达成政策共识，这就需要建立官僚体系与社会网络的平等对话结构，实现政府与社会的良性互动。但是，现阶段的"政社关系"与平等对话结构还有较大的距离，现阶段的政策合法化还主要体现为政府主导的合法化。这种情形下政府供给的政策固然可以满足形式的合法性，却也容易造成脱离实质合法性的风险。

其一，"金字塔"型政府科层制难以满足以民为本的价值要求。一方面，它结构繁杂、体制僵化、官僚气十足，难以对服务对象的需要做出有效、迅速的回应。另一方面，这种官僚体制下，某些政府官员为民做主的观念比较浓厚，不重视公众对公共过程的参与。这种科层制的、自上而下的决策模式，导致行政主体习惯于主宰政策过程。实际上，在现实中，将市民的表达、申诉行为视为非正常行为，将"非顺民"视为"刁民/暴民"更是隐含了官僚体系与公众之间权力失衡的行为逻辑。

其二，社会利益表达机制难以满足公众的政策参与需求。以信访为例，信访是民众非常重要的利益表达和权利救济方式，但是在信访的数量与基层政府的政绩挂钩的考核体制下，这种利益表达方式的有效性值得怀疑。有研究者指出："信访立案率是一个相当小的数字，其概率被认为与彩票中奖率差不多。而由于信访机构缺乏对职能部门的约束力,大部分信访事项被无形地消化掉了,许多信件批转到有关部门就石沉大海了。"①

其三,合法化权力分配格局进一步凸显体制内外失衡的对话结构。政策合法化具有取得合法地位和取得正当性的双重诉求,这就意味着政策合法化要依赖于体制内外的良性互动。但是,在实现政策合法化的过程中,政策制定主体往往将政策方案提交给合法化的体制内主体,他们通常并不认为政策方案的合法性存在问题,或者干脆冒险闯关,试图以合法地位来粉饰其中的问题。实践证明,这种体制内合法化不仅不能为政策方案的合法性提供实质性的帮助,而且会弱化政策合法性。

二 互动结构不协调之二:强弱群体利益实现程度不均衡

在政策合法化过程中,我们不仅要关注政府与社会公众的互动关系,还要进一步关注社会公众中强势群体、弱势群体与政府的互动关系,这是关系到谁(少数人还是多数人)的合法化问题。在利益多元化的时代,实现政策的有效供给需要政府对社会各群体的利益进行有效的平衡,这就需要保障社会各群体的利益诉求得到平等表达与采纳,从而保障政策得到最广泛的公众认同或实质合法化。然而,实际上强势群体与弱势群体的利益表达权并没有得到平等的保护,由此必然带来政策偏离实质的合法性。

一方面,强弱群体利益表达渠道失衡导致其利益表达程度不同。党的机构、政府机构、民主党派、社会团体是体制内利益表达的主要渠道,但是,强势群体凭借自己与这些机构的亲密关系,或者通过非正规渠道(如拉关系),使自己的利益诉求得到有效的表达,而弱势群体自身的利益诉求难以得到有效的表达。另外,单位是中国各社会群体利益表达的直接渠道,然而,强势群体往往有其强大的单位为其利益保驾护航,而弱势群体往往是没有单位或者在较差的单位,其单位的利益表达能力与强势群体的单位难以相提并论,从而造就强势群体与弱势群体利益表达渠道的不

---

① 王中汝:《利益表达与当代中国的政治发展》,《科学社会主义》2004年第5期。

平衡。

另一方面，强弱群体在政策供给中的利益采纳不同导致其利益实现程度不同。就弱势群体来说，由于尚未形成具有群体凝聚力的团体，使他们的影响力只能以外在的、分散的压力方式表现出来，难以吸引政府的注意力，因而大大降低了弱势群体的利益主张在政策供给中被采纳的可能性。相反，强势群体不仅在现实中能够结成一种比较稳定的结盟关系，甚至能与媒体、政府建立结盟关系，从而使其具有强大的社会能量，对公共政策供给过程产生强大的影响，其政策建议更能得到政府的采纳。

三　互动结构不协调之三：利益相关者参与决策的制度不健全

利益相关者概念常用于企业管理的研究中，所谓利益相关者是指能够对组织的决策和活动产生影响或可能受组织的决策和决策活动影响的个人、群体和组织。前面我们所谈的公众是一个整体的概念，但是，不管从理论上还是实践上，公众并非都有必要也不可能参与每一项公共政策的制定，因此，为了增强公民参与的实效性和公平性，政府在决策中把利益相关者纳入进来就显得尤为必要。利益相关者理论为在政策供给领域中引入多元参与提供了合法性依据，通过利益相关者的共同参与，可以发挥不同利益相关者在社会问题治理中的主体作用和智慧，保障利益相关者的合理利益，维护社会的公平和正义，提升政策的合法化程度。一般来说，利益相关者理论应用于政策供给大致要经过几个步骤：首先，界定政策的核心利益相关者；其次，分析不同核心利益相关者的利益需求；最后，协调不同核心利益相关者的利益需求，实现各方的互动合作。但是，中国的利益相关者参与决策制度尚不健全，导致难以形成有效的决策互动。

其一，尚未建立利益相关者决策参与前置制度。所谓的利益相关者决策参与前置制度就是在政策正式出台前必须要经过利益相关者参与讨论的制度规定。从现阶段中国的决策实践来看，利益相关者的政策参与制度尚未真正建立。主要体现在：一是政策制定中的利益相关者参与并未得到决策者的重视，比如在新医改方案的制订中，政府虽然用了一个

第四章　公共政策正向排斥的阻滞因素：政策供给视界的阐释

月的时间征求公众的意见，但是却忽视了一个非常重要的利益相关者——农民，因为大多数农民没有机会上网表达自己的意见，导致农民在这场事关重大的政策供给中的参与缺席。二是尚未制定界定利益相关者的标准与方法，导致利益相关者的界定带有随意性。科学准确地界定政策的利益相关者，不仅可以大大提高决策的效率，而且可以大大减少政策负向排斥现象的发生。如果利益相关者得到了准确的界定，那么他就可以及时地表达自己的利益诉求，减少自己受到不平等待遇的可能性。但是，大多数政策制定的参与者都是政府指定的（比如听证会的参加人），由此产生利益相关者缺乏代表性，甚至重要利益相关者缺席的现象。三是利益相关者的政策参与并未成为决策程序的硬性规定。除了《公司法》引入了利益相关者条款，大多数法律法规特别是程序方面的法规还未设置相应的条件，这就使利益相关者的政策参与还停留在理论讨论层面，未在实践层面得到常态运用。

其二，尚缺乏利益相关者平等协商的政策平台。政策合法化的程度取决于社会网络层面对政策的认同程度，这就需要建立各利益相关者的平等互动与合作机制。然而，由于缺乏利益主体平等参与博弈的平衡机制，现实中多元主体之间的力量和资源的不对称必然带来政策协商的不平等。在协商互动过程中，常常都是教育程度高、社会经济地位高、善于言说的利益相关者更容易主导讨论过程，这可能导致排除弱势利益相关者表达他们处境与主张的机会，弱势利益相关者的政策参与往往只是被收编与安抚。詹姆斯·博曼（James Bohman）表达了这种担忧：能力的不平等导致协商中的边缘群体不能有效地运用机会以利于自己成员的方式影响协商过程。[1] 艾里斯·玛丽恩·杨（Iris Marion Young）也曾指出，协商是一种竞争，参与辩论的各方旨在赢得辩论，而不是达成互相理解，由此就能得出下面的结论，即协商过程更为偏向那些喜欢竞争并了解游戏规则的人。[2] 总之，权力的实际不平等可能会导致政策供给过程演变成强势利益相关者推动政策合法化的游戏，使最终出台的政策偏

---

[1] ［美］詹姆斯·博曼：《公共协商：多元主义、复杂性与民主》，黄相怀译，中央编译出版社2006年版，第246页。

[2] Iris Marion Young, "Communication and the Other: Beyond Deliberative Democracy," in Seyla Benhabib ed., *Democracy and Difference: Contesting the Boundaries of the Political*, New Jersey: Princeton University Press, 1996, pp. 123–124.

向于强势利益相关者，而构成对弱势利益相关者的负向排斥。比如在义务教育均衡化政策供给中，那些掌握了决策权的决策者本身就是现阶段义务教育发展不平衡的既得利益者，因为其子女可能就读于优质学校，这种不均衡的义务教育不会给其子女带来不公平，而且这种不公平现状恰恰会给其子女带来与其他孩子不同的发展机会，因此，这些决策者通过排斥诸多利益相关者对义务教育改革政策的参与而竭力维持政策的现状。

四 互动结构不协调之四：界面协商制度不完善

界面是交往、沟通和互动的结合面，是多种力量之间的互动。在界面的协商过程中，如果撇开公民真正的协商参与和公众舆论的力量，那么，"政府官员必须认识到协商的表达价值还存在着实践上的理由：协商不仅有助于制定完善的公共政策，而且还能够促进这些政策的实施"[1]。因而，界面协商制度的完善程度与政策的合法化程度成正相关的关系。正如埃米·古特曼等所言，"政府官员不能单凭宣称他们喜好的政策对其同胞而言是正确的，即能正确处理一项议题；实际上，他们需要去探索必须长久受政策结果影响的公民之观点。当未经商议即惯性地形成具有约束力的政策时，政府不仅表现出对公民的不尊重，也暴露出加诸在公民身上的决策是欠缺正当理由的"[2]。在中国，界面协商的制度安排主要有听证会、咨询会、论证会和座谈会等。然而，中国的界面协商制度还存在一些不完善的地方。

其一，"形式"与"实质"脱节的听证会。《中华人民共和国行政处罚法》第23条规定，"在制定关系群众切身利益的公用事业价格、公益型服务价格、自然垄断经营的商品价格等政府指导价、政府定价时，应当建立听证制度，由政府价格主管部门主持，征求消费者、经营者和有关方面的意见，论证其必要性、可行性"。之后，听证制度广泛用于公共管理和政府决策中。然而，实践中"凡听必涨"的经验表明人们对听证会的可信

---

[1] Amy Gutman and Dennis Thompson, *Why Deliberative Democracy?* New Jersey: Princeton University Press, 2004, p. 23.
[2] [美] 埃米·古特曼、丹尼斯·汤普森：《商议民主》，谢宗学、郑惠文译，台北智胜文化事业有限公司2006年版，第21页。

度已大打折扣,听证会也没有产生应有的论证和说服功能,导致普通公众对听证会充满了不满和焦虑[1];大多数参与代表相信他们的参与对决策不会产生实质性影响,因为"听证会在某种程度上变成了'听证秀'"[2]。这种形式与实质脱节的听证会不仅会大大挫伤公众对经过听证会出台的政策的合法性认同,而且会导致强势利益群体的利益诉求在政策中得到体现,而普通公众的诉求往往受到不公正的排斥。实践中"凡听必涨"就是最有力的证明。

其二,专家点缀[3]式论证会。论证会是邀请专家就有待作出决定的问题所涉及的相关要素的必要性、可行性、有效性和科学性等进行论证并作出评估的一种制度。在协商过程中强调专家的作用并不与协商民主的精神相对立,相反,专家可以在协商过程中扮演重要角色,成为协商的推动者,包括提供不同的观点、理由和论证,解释复杂的问题以让一般人明白其中的道理等。然而,中国现阶段的论证会常常演变成了专家点缀式论证会,即在"专家"的构成上,有很多是各相关部门的官员,还有部分是与决策有利益关系的说客,这样的论证会只是对有关领导决策意图进行论证和注释,使决策方案符合程序性要求。而且,中国的大多决策咨询机构都缺乏应有的法律地位和独立性,如政策研究机构隶属政府,人员由政府安排,经费由政府支付,以致出现"相当数量的专家咨询是在'为论证而论证',为政府决策的合理性'背书',专家论证会甚至成为官员责任'解套'并回避社会批评的又一柄'独门暗器'"[4]。

其三,官员操控式座谈会。座谈会本质上是一种政策咨询形式。在座谈会上,决策者、行政官员与公民代表进行平等协商,不断修改他们起草的政策方案,以使政策方案最终符合科学性和合理性要求。然而,中国当

---

[1] 王锡锌:《公共决策中的大众、专家与政府——以中国价格决策听证制度为个案的研究视角》,《中外法学》2006年第4期。
[2] 柴清玉:《听证会岂能变成"听证秀"》,《决策探索》2005年第6期。
[3] 专家点缀是这样一种现象:由于决策制度上的安排,在今天至少要请一些专家装装门面,就像一个花瓶,放哪里,怎么放,要不要换,最终还是由我决定。专家意见符合我的意思就用,不符合的就弃。参见竺乾威《地方政府决策与公众参与——以怒江大坝建设为例》,《江苏行政学院学报》2007年第4期。
[4] 王锡锌:《我国公共决策专家咨询制度的悖论及其克服——以美国〈联邦咨询委员会法〉为借鉴》,《法商研究》2007年第2期。

下的决策座谈会未能很好地实现这一功能：一是参与座谈者由政策制定者挑选，从而导致座谈会常常出现走过场的情况。二是由于政府官员主导座谈过程，即使参与座谈者有不同的意见和观点，但慑于官员的权威而不敢表达，以致在座谈会上难以形成有益的意见。三是座谈会还未实现制度化，座谈会要不要开，选择谁来参加，等等，主要取决于发起者是否具有意见交流的真实意愿，缺乏制度性的规定。

以上分析我们可以看到，不管是政策前台的制度环境，还是政策后台的非均衡博弈，或者两者互动界面的合法化机制失灵，都可能最终产生负向排斥性政策方案，从而导致公共政策排斥偏离正向排斥轨道。

第五章　优化政策供给：推进公共政策正向排斥的根本路径

传统的政策供给模式具有内输入的典型特征，即民众的利益表达和利益综合主要是由权力精英通过会议、讨论、通报、批示、文件传递等内部沟通通道来完成的。由于权力精英受到自利动机和自身能力的双重制约，难以进行理想意义上的科学决策，同时，由于非精英的缺位使得精英思维进一步强化，造成非精英诉求更加边缘化，失去了对涉及自身利益问题的话语权，从而导致政治系统可能供给具有精英利益偏向型的负向排斥性政策。因此，建立政府和公众之间合作、互动和妥协的民主式政策供给模式，保障各政策主体特别是利益相关者能够以平等的身份充分参与到决策中来，才能制定符合正向排斥要求之公共政策。

第一节　强化决策权力制衡：推进公共政策正向排斥之官僚体系变革

在传统的单边防范模式下，国家和政府组织往往被视为公共事务防范的唯一主体，其他社会组织和民众被置于被动和配合的执行地位。在这种防范模式下，弱势行动者的制度化行动空间很小，公共政策容易成为以政府官员为代表的精英群体主导的产物，于是，将容易产生政府官员对政策的垄断和对其他政策主体的排挤效应。同时，这种防范模式也有效保障了决策精英们按自己的利益诉求和偏好来选择政策菜单和分配公共财政，从而导致政策可能偏离大众的利益诉求，产生政策负向排斥效应。因此，遏制与防范政策的负向排斥就需要从强化权力制衡着手，充分保障大众特别是利益相关人的决策参与权，从而有效制约负向排斥性政策的出台。

一 优化决策权力配置

从宏观上说，政府决策主体不仅包括行政首脑、政府各部委等具有最后决策权的个人、团体和机构，而且包括新闻媒体、社会团体、公民等影响政府决策的机构、团体和个人。政府决策不仅要让非政府部门、私人部门、社会群体等参与到正向排斥性公共政策的供给中来，还要强调公众特别是利益相关人的全面参与，明确公共决策中那些应当由社会组织、企业或公民承担的责任和义务，建立多元主体共同负责的社会文化，真正形成全社会共同参与公共决策的合作共治格局。从微观上说，体制内决策主体包括党委、政府、人大、政协等，要明确这些决策主体的决策权限，构建决策、执行、监督相互制约的制度体系。一是应明确党政之间的决策权限。一方面，要强化党委宏观决策权和对政府决策的监督权，弱化党委对政府的微观干预；另一方面，要谋划和制定有利于班子成员发扬民主、行使权利的制度安排，健全党政"一把手"施政行为公开制度，实行委员质询制度，防止权力过于集中，以班子成员行使权利来促进决策的民主性。二是应明确人大与政府的职权界限，保障人大能够有效监督和制约政府决策。虽然中国宪法、地方政府组织法等都对人大及其常委会以及政府的职责权限等作出了初步规定，但都缺乏实际操作性。三是应强化政协的民主协商功能。在决策过程中，政协委员可以密切联系一部分公众，反映公众的政策需求，不仅可以积极反映利益相关人的意见，而且可以对政府决策形成有效监督。

二 完善决策运行机制与程序

一般而言，决策过程包括以下几个环节：（1）问题的察觉与认定；（2）问题被列入政策议程；（3）政策目标的确立；（4）政策方案的拟定；（5）政策方案的评估与选择；（6）政策合法化（见图5-1）。为有效防范

第五章　优化政策供给：推进公共政策正向排斥的根本路径

政策负向排斥，一方面，有必要根据政策过程建构起保证决策过程有效、公平运行的运行程序和保障机制，具体而言，可以从以下六个方面来健全和优化决策运行机制和程序[①]：一是察觉机制，即能敏锐及时准确地察觉潜在的或已出现的公共问题的机制。二是公众参与机制，即保证公众以不同形式参与政府决策的途径及相关制度。三是专家参与机制，即让有关专家参与政府决策过程的机制。四是沟通机制，即使公众、决策机关、政策执行机关之间的信息有效传递与互动的机制。五是制约机制，包括决策权力制约机制、决策方案审查机制、决策行为过程制约机制等。六是协调机制，为了防止因职能交叉、部门分割、利益取向不同等导致的政策缺位或政策冲突带来的政策负向排斥而建立起的促进各部门协作决策的决策协调机制。

问题的觉察与认定	←	觉察机制（预警机制）
问题被列入政策议程	←	沟通（反馈、表达）机制
政策目标的确立	←	专家参与机制、协调机制
政策方案的拟定	←	公众专家参与机制、协调机制
政策方案的评估与选择	←	公众专家参与机制、制约机制、协调机制
政策合法化	←	公众专家参与机制、制约机制

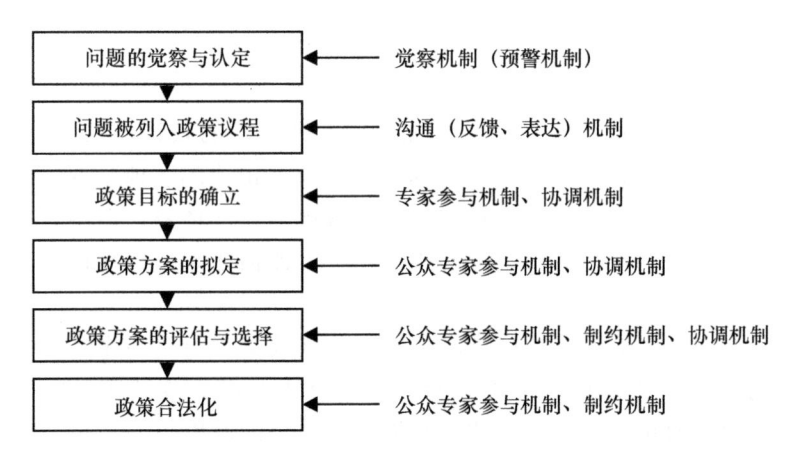

图 5-1　包容性政策的形成与决策机制的关系

另一方面，要实现决策程序化、法治化。决策程序一般应包括：一是明确当议事项。根据有关法律的规定，政府工作中的重大问题须经政府常务会议或全体会议讨论决定。何谓"重大问题"？法律应予以明确。二是规定议事程序。在政府决策方案论证过程中引入非可行性论证方法，凡是重大问题的决策，除非突发性、应急性的事件，应设置听取人民群众的意见和咨询专家进行研究论证的程序，变金字塔式的集中型决策结构为自下

[①] 王满船：《政府决策机制的内涵及其完善》，《国家行政学院学报》2003年第6期。

而上的多线平行式直接民主制。三是规定决策方式。当决策各方意见纷争的时候,可以通过表决做出决定,以合法民主的方式进行各方利益整合。政策表决可以缓和利益冲突的紧张局面,终止无休止的博弈,形成利益各方都不得不接受的方案。表决通常采用一致同意规则和多数规则。一致同意规则让利益各方表达自己的真实偏好,没有一方利益受损,实现政策的帕累托最优。① 多数规则是某项政策方案获得超过半数以上的比例同意就能获得通过的决策规则。对地方重大公共事项的决策中,影响面较大,可采用多数规则进行决策。

三 改善决策评估体系与机制

一项政策是否发挥了正向排斥的功能,需要对这一政策作一科学的评估。而科学的评估又需要依赖于健全的公共决策评估体系。负杰、杨诚虎在《公共政策评估:理论与方法》一书中指出,一套健全的公共决策评估体系应包含四个方面:一是科学、规范、有针对性的政策评估理论体系;二是一套完善的政策评估法律与制度体系;三是正式的、独立的公共政策评估组织体系;四是科学、有效的公共政策评估方法体系。借鉴这一论著的理论框架,建构协商共识决策模式下的决策评估体系可以从以下几个方面着力:

一是建构专门的政策排斥监控主体。公共政策运行是一个各种主体利益博弈的过程,公共政策是否符合公平、公正标准,政策实施的效果如何,不应由政府单一主体来评估,必须摒弃传统的政府单一主体实施的封闭式评估方式,建构由多元主体特别是利益相关者广泛参与的政策评估网络体系。为保证评估的有效性,可借鉴香港和一些欧洲国家的做法,建立专门审查评估政策法规的合法性、合理性、科学性、实效性的专门机构——平等机会委员会,及时监测并矫正负向排斥性政策,比如,在企业发展政策出台前,要有利益相关者参与的专门机构对中小企业在市场准入、金融借贷、税收减免、用人用工、社会地位等方面是否得到一视同仁、公平公正对待进行评估。2012 年 3 月江苏省建立的江苏省政策法规性别平等咨询评估委员会就是在地方政策法规制定中实现男女平等的有益

---

① 周学锋、徐凌:《民主决策与决策科学之辩证》,《统计与决策》2008 年第 17 期。

尝试。

二是实行对政策排斥的全程评估。即把评估活动贯穿政策的全过程。广义的政策评估包括政策方案执行前、执行中和执行后的评估，即事前、事中和事后的评估。事前预测要求设定政策的预期目标，并对政策的公平正义价值进行伦理分析与评估；事中评估是在政策实施中进行评估，对前面工作的进展情况与预期效果进行比较，总结问题，修正执行策略；事后评估要求比较公共政策的执行结果与预期目标之间的差距，为政策调整提供事实依据。长期以来，公共决策重视后期的政策绩效评估而忽视前置的政策评估。为此，要强化舆情监测、民意调查、专题评估相结合的政策出台前的可行性论证、不可行性论证。

三是政策评估条件保障机制。要保证协商共识型公共政策评估模式的有效运作，还需要建构一系列保障机制。其一，信息公开机制。美国学者约翰·克莱顿·托马斯在他的公民参与有效决策模型中指出，如果公民对决策的接受性要求越高，则公民参与的力度就会越大。[①] 因此，要建构协商式评估，必须加大政策评估网络建设，切实做到政策出台前、实施中、实施后的全程信息公开，确保公民特别是利益相关者能有效参与政策评估。其二，公民文化机制。即要大力塑造公民参与政治的文化氛围，为公民参与政策评估创造良好的政治心理背景和政治生态。其三，利益表达机制。对于一项或一组具体政策，不同的社会团体、新闻媒介以及普通群众可能有不同的利益诉求，因此，应建构互联网咨询、民意调查、公众论坛、市长热线等平台，保障各个主体都有平等的机会表达自己的利益诉求。

四　强化决策监督与问责

近代思想家不厌其烦地论述了这样一个道理：如果缺乏必要的监督与制约，政府权力就可能成为"脱缰的野马"，对国家和社会公共利益带来损害。因此，要防止政府决策与公共利益的背离，就要强化对政府决策的监督与问责。

从问责主体角度划分，行政问责包括同体行政问责和异体行政问责。

[①] ［美］约翰·克莱顿·托马斯：《公共决策中的公民参与：公共管理者的新技能与新策略》，孙柏瑛等译，中国人民大学出版社2005年版，第32—48页。

同体行政问责是指执政党系统对其党员干部的问责和行政系统对其行政人员的问责。异体行政问责即指行政权力主体系统之外的问责主体对行政权力主体所进行的问责。二者具有不同的问责权限、问责方式、问责对象，应该相互配合，共同行使问责权。对任何政府而言，同体问责是必要和有意义的，上级机关必须有制裁和约束下级的办法，这样才能建构起完整和有效率的行政体系。但是，在实行同体问责的情况下，其本身主体的单一性造成的职位与职责的游离，公共权力目标与手段之间的矛盾，容易促成公共权力异化，严重削弱行政问责的公信力。可见，同体问责与异体问责各自发挥功能和优势，共同实现对政府及其官员及时有效的问责，才是更完善也更值得期待的行政问责。因此，强化对政府决策的监督与问责，应从以下两个方面着手：

其一，要强化同体权力制约与监督问责。在中国行政问责实践中，行政机关上级对下级无论是在问责的权威性、有效性、及时性和结果处置的执行力方面是其他问责主体所无法比拟的。发挥同体问责功能的关键就是要以法律保障问责主体的权威性和独立性，增强问责主体问责的压力意识，使其勇于问责、善于问责。一是要增强审计监察独立性，提高行政审计监察问责效力。在政府体系中可以将各级政府机关中的行政审计监察部门独立出来，直接受中央审计监察部门垂直领导，并实行经济独立预算。二是要明确管辖主体，实施"党政"分开。在问责程序启动以后应该明确具体的管辖部门，针对不同的问责事由和问责客体，制定规范性的法律文件来明确由谁来问责，其中可以规定政府的问题由政府来负责，党委的问题让党委来负责，如果在问责的问题上涉及政府和党委的共同被问责事由的时候，可以由政府和党委共同委派相关人员来进行调查，对责任问题进行明确。做到责任明确，可以有效地促进问责制度的效率。三是明确调查主体及其权限。在调查问题上，对具体问题的调查，应当明确哪些问题是由纪委监委来调查，哪些问题是由检察院来调查；在决定作出的问题上，明确哪些问题由上级机关来作出处理决定，哪些问题可以是其他部门来作出处理决定。四是赋予专门职能机关的问责调查权和问责建议权。行政问责职能部门主要负责问责调查，然而不同案件的问责调查涉及不同的专业领域，比如，土地违法问责案件调查使用卫星遥感查处土地违法情况；食品安全问责调查涉及工商、质量检验、动植物检疫等多学科技能；矿难事故调查涉及矿山安全相关知识技能。这就要求在问责调查工作中，纪检监察机关应当会同安全生产监督管理部门、工商行政管理部门、质量技术监督部门、食品药品监督管理部门、国土资源管理部门等专门职能机关联合展开调查。在行政问责立法中，应当赋予专门职能机关的问责调查权和问责建议权，明确问责调查权限，以保证其与纪检监察部门通力配合，保障行政问责有效运行。

其二，要明确并落实异体问责主体的权责与法律地位。中国传统的行政问责的启动与实施，主要源于党委或行政领导，特别是领导人的批示，属于典型的同体问责。因此，当前明确行政问责主体的重点在于明确并落实异体问责主体的权限与法律地位，充分发挥异体问责的功能和优势。第一，进一步明确人大监督与问责功能。一是细化质询后果，对再次答复不满意的，应当启动表决程序、罢免程序，以真正发挥质询制度的功能；二是完善特定问题调查制度，如赋予特定问题调查委员会以诉讼法中规定的发出传票、拘传、搜查证据等强制性权力；三是增加不信任案和述职制监督方式，以增强问责实效；四是完善罢免权及其行使的规则与具体程序，如人大及其常委会就罢免案依法组织特定问题调查委员会的，在调查期间，罢免案所涉及的领导干部须暂停执行职务；保障被问责官员陈述、申辩等权利；罢免案被通过后，除了解除被罢免的领导干部职务，该领导干部在若干年内（如5年）不得担任任何公职等。第二，明确行政系统外的公民、法人、社会组织、人大代表、政协委员等异体问责主体的问责发起权和发起程序，细化包括问责的对象、事由、责任内容、追究方式、问责程序等规则，并设置行政系统外问责发起主体获得独立发布相关信息的渠道和权力，尤其要对网络问责的形式与内容、权利与保障、运作与实施等各个方面制定相应的法律法规，做出规定，使网络问责有章可循，有法可依。第三，强化民主党派对政府问责的力度。通过政治协商制度，设立专门组织和专门办事机构实施监督和问责，并规定具体的、可操作性的问责权利、形式、途径和程序，明确各民主党派的问责权限，使民主党派的问责、制约更具有权威性；同时，建立健全由政协出面组织各民主党派及社会各界人士，依照政协的职能，针对民生热点问题，定期对政府有关部门的工作及作风进行检查、评议、批评的民主评议问责机制。第四，健全司法机关问责。一方面，要改革现行的司法机关人员编制和经费预算受制于同级政府的控制办法，改由它的上一级司法机关与同级人大共同控制地方司法机关的人员编制，地方司法机关的经费由中央财政统一划拨，以确保司法机关的独立性和权威性，切实履行监督问责职责。另一方面，扩大司法机关的受案范围，加强法院对行政行为进行司法审查的力度。第五，落实新闻媒体的问责权。保证新闻媒体问责的合法地位，使得新闻媒体问责法律化、规范化，最大限度地发挥新闻媒体的监督优势，依法赋予新闻媒体应有的新闻调查权和报道权，建构媒体对问责事件的揭露、跟进和深度评议的保障机制，保障新闻舆论的客观性和公正性，使新闻媒体敢于真正约束政府的违法行为，对政府进行有效问责。

第二节　促进多元协作：推进公共政策正向排斥之社会网络优化

公共政策排斥利益影响的广泛性和复杂性决定了促进政策负向排斥向正向排斥转化的艰巨性和复杂性，促进政策负向排斥向正向排斥转化需要多元社会主体的共同参与和协作，否则不可能有效促进政策负向排斥向正排斥转化。有效促进多元社会主体共同协作，必须改进政策负向排斥向正向排斥转化的协商网络，这就需要在强化利益集团的引导与规制的基础上，提高弱势群体的组织化程度以增强弱势群体的政策博弈能力，并重塑政府公共服务职能以明晰政府决策价值导向和价值原则，建构多元主体平等博弈平台以提升公共政策决策质量。

一　强化对利益群体的引导与规制

西方对利益群体的讨论主要体现在利益集团上，汉密尔顿等认为，利益集团是"为某种共同的感情或利益所驱使而联合起来的一定数量的公民，不论他们占全部公民的多数或少数，他们的利益是同其他公民的权利或社会长远的和总的利益相左的"[①]。D. B. 杜鲁门将利益集团称作"在其

[①] [美]汉密尔顿、杰伊、麦迪逊：《联邦党人文集》，程逢如等译，商务印书馆1982年版，第46—48页。

成员所持的共同态度的基础上,对社会上其他集团提出某种要求"①的集团。罗伯特·达尔则认为利益集团指的是拥有各种资源、政治技能和专业知识的有组织社团。②然而,中国大多数学者认为,中国现有社会利益集团,大多没有完备的组织形态,也没有固定的组织架构,只是松散地、自发地、临时性地"结伙",以协同行动表达其特定的利益诉求,因此称之为利益群体更为合适。随着社会转型的进程,原有的社会利益格局被打破,为了在社会转型中获得更多的利益,各个利益群体采取不同的方式对公共政策施加影响,使公共政策呈现越来越强的非中性特征。

研究表明,利益群体是导致制度非中性的关键原因。这里所谓制度非中性指的是同一制度对不同人意味着不同的事情,同一制度给不同的个体或群体带来的利益结果相异。那些已经从现有制度安排或可能从未来制度获益的个体或群体,常常会努力维持和促成对自己有利的政策。③一般而言,强势利益群体对公共政策影响能力通常比弱势群体更强,这主要出于三个原因:一是强势利益群体通常对自己的利益认识更为清晰;二是强势利益群体常常更容易接触政治决策中心而影响决策者;三是强势利益群体掌握了更多的政治、经济、社会资源,因而具有更强的利益博弈能力。

在公共政策博弈过程中,强势利益群体由于掌握了国家公权力及公共资源的垄断使用和经营优势,并常常将自己的公权力使用、公共资源的垄断与经营等与公共利益挂钩,使其披上公共利益的合法性外衣,实现"部门利益公共化""行业利益公共化"。他们的组织化和"公共性"优势,使他们很容易影响或主导公共政策制定过程,制定出有利于自身的公共政策,将弱势群体排斥在政策利益受众之外,从而阻碍公共政策正向排斥的推进。强势利益群体对公共政策过程的掌控,进而影响公共政策内容,实现对弱势群体的剥夺,显然违背社会公正的基本原则,最终会导致强势利益群体和弱势群体之间的对抗和冲突,最终影响社会和谐与稳定,进而损害社会公共利益。

因此,有必要建构多元监督机制,强化对强势利益群体的引导和规

---

① [美] D. B. 杜鲁门:《政治过程——政治利益与公共舆论》,陈尧译,天津人民出版社2005年版,第41页。
② [美] 罗伯特·达尔:《论民主》,李柏光、林猛译,商务印书馆1999年版,第194页。
③ 张宇燕:《利益集团与制度非中性》,《改革》1994年第2期。

制。一是限制垄断利益群体的特权，对其有利于实现公共利益的公共行为加以激励，对有损公共利益的公共行为进行约束，引导其关注社会底层生活，发出对公共政策有益的声音，积极主动接受社会公众的监督；二是引入有效的竞争机制，打破既得利益群体的垄断地位，迫使垄断利益集团按照市场规则获取利润；三是塑造强势利益群体的公共精神，建立公开、透明的决策参与机制，将利益群体的政策参与行为纳入制度化轨道；四是要建立多元主体监督机制，加强对强势利益群体的行为规制，斩断政府与利益集团权钱交易、寻租牟利的渠道，对决策者漠视民主程序和偏离公民利益的行为进行问责和惩处，消除推进公共政策正向排斥的阻力。

二 提高弱势群体的政策博弈能力

所谓弱势群体指先天或后天禀赋与资源不足，导致其在政治、经济、文化、社会身份地位等方面处于不利地位的社会阶层和群体。与强势利益集团和一般社会阶层相比，弱势群体的经济生活状态通常较为贫困、生活质量处于社会底层，对各种困难和灾难的承受能力相对较弱，这又使他们的组织博弈能力较低，利益聚合和利益表达能力孱弱。弱势群体远离社会政治生活和公共政策决策中心，政治参与机会和政治影响力都较小，常常难以获取有效信息，没有通畅的渠道来表达自己的利益诉求，这导致他们常常被排斥在公共政策过程之外，成为公共政策过程的被动受众，进而沦为政策负向排斥的主要对象，这又进一步强化其弱势地位，形成恶性循环。要改变这种状态，就必须提高弱势群体参与公共政策过程的政策博弈能力。

首先，加大对弱势群体的政策扶持。提高弱势群体的政策博弈能力关键要加强对弱势群体的政策支持，努力改变弱势群体的经济生活状态。国家要在医疗、住房、最低生活保障等领域给予其更多的政策支持和倾斜，还要在发展性领域给予其更多的政策支持和倾斜，使弱势群体获得发展，进而从根本上"消除弱势群体"。一是要加大对弱势群体及其子女的教育保障力度。既要为弱势群体提供再教育和再就业的培训机会，增强其自身的科学文化素质，提高他们自身走出困境的能力，更要从根本上保障弱势群体子女的教育机会和成长机会，防止弱势群体陷入代际循环。二是要加强对弱势群体的就业支持力度。既要出台政策保障弱势群体公平就业的机会，又要保障其能够公平、及时地获得同等就业待遇。三是要加强对弱势群体创业的政策扶持和政策倾斜力度。在创业资金、税收、贷款、准入等方面给予政策扶持和倾斜，降低弱势群体准入门槛，使其有更多的创业机会，并为弱势群体创业提供保障性政策支持，消除他们创业的后顾之忧。

其次，要为弱势群体提供参与政策过程的渠道和机会。从政策过程来看，各种针对弱势群体的负向排斥性公共政策得以出台的直接原因是他们缺乏参与公共政策过程的渠道和机会，因而不能在公共政策过程中合理表达自身利益诉求和政策主张与意见。因此，要提高弱势群体应对负向排斥性公共政策的政策博弈能力，就要为其提供参与政策过程的渠道和机会。这要在两个方面作出努力：一是畅通开放式利益表达和吸纳渠道，增强弱势群体影响政策过程的利益诉求表达能力。国家应该加强教育和训练以提升弱势群体的利益诉求表达能力，同时应建立通畅的民意聚合和吸纳机制，倾听弱势群体声音，并将其转化为政策影响过程的实质性因素；二是完善公民参与机制，畅通弱势群体参与政策过程的渠道和机会。要将弱势群体的选举权和被选举权真正落到实处，进一步提高其在人大、政协中的代表比例，通过开放式公共政策过程和协商式政策执行等开放式公共政策方式为弱势群体提供平等参与政策过程的渠道和机会，吸纳弱势群体参与公共政策过程。

最后，完善有助于弱势群体发声的博弈规则。公共决策过程中充斥着多种博弈主体，主要可分为强势利益群体，普通公众利益群体和地方政府本身。强势利益群体有着很强的政策影响力，他们通过利益输送、利益寻租和接触关键政策决策者等方式来实现自身利益。而受政策影响的普通公众虽不拥有丰富政治资源，但也可以通过制度渠道反映自身利益诉求，如工会、消费者协会等。为了不使公共政策在分配公共利益时偏离大多数人的利益，政府必须构建有助于弱势群体发声的利益博弈机制，以保障他们的利益不受侵害。一是加强教育和训练以提升弱势群体的利益诉求表达能力，同时应建立顺畅的民意聚合和吸纳机制，倾听弱势群体声音，并将其转化为政策影响过程的实质性因素。二是从政治上保障弱势群体拥有平等的政策参与权。要进一步推行政策有关信息的披露和公开，使利益相关者在对政策议案和参与规则充分知情后做出自己的选择，保障公民平等的政治身份，为公民参与利益整合提供基本条件。三是不断改善弱势群体的生活水平。在"多方博弈"的利益整合过程中,弱势群体由于缺少与强势利益群体博弈的能力,在"马太效应"的作用下很难走出利益弱势的恶性循环。要实现政策利益分配结果的公平,需要政府在决策博弈过程中抑制自身和社会成员不正当的利益要求,通过政策倾斜以及社会资源再分配,弥补弱势群体的利益损失,在保障社会成员基本生活需要的同时,还需要不断提高弱势群体的收入水平,提升医疗、教育、住房等方面的保障水平,保障弱势群体的基本生活需要,让其能够有时间、有能力、有意愿参与公共政策的决策过程。四是要制定相关的法律援助和救助法规,为弱势群体提供相关的法律援助,逐步形成一系列配套的法律咨询与援助体系,使弱势群体的合理利益诉求通过规范化的渠道纳入公共决策过程,从而使他们能够通过法律途径维护自身的正当权益。为此我们应加强政府决策的法制化建设,防止地方政府权力的滥用和异化,斩断地方政府与利益集团权钱交易、寻租牟利的非法行为,对决策者漠视民主程序和偏离公民利益的行为进行问责和惩处。

三 重塑政府公共服务职能

简单说来,政府职能就是政府在从事社会公共管理活动和公共产品供给中应当承担的职责和功能。在现代管理型社会,政府职能主要表现为进行社会管理而不是政治统治,但管理型政府职能过于强调效率、技术、规则和程序,而忽视了被管理者的情感和需求,未能真正实现公共管理公民本位基础上的公平、正义等基本价值观,在反思传统政府职能的基础上,现代公共管理理论提出了"服务型政府"的基本理念,政府职能也从传统统治和管理转变为服务。

从现代服务型政府的基本理论来看,公平、责任、民主、法治是其基本要求和基本原则,以公共服务为其职能导向的现代服务型政府当然应该着力于遏止公共政策过程中的负向排斥现象,真正做到公平、公正地向社会提供公共产品和公共服务。但从公共政策负向排斥现实来看,当前政府在一定程度上已经背离了服务型政府的基本要义。因此,必须重新确立服务型政府理念,重塑政府的公共服务职能,这是实现公共政策负向排斥防范的基础和保障。

第五章 优化政策供给：推进公共政策正向排斥的根本路径

关于服务型政府的内涵，张康之指出，服务型政府不是控制导向而是服务导向，不是效率导向而是公正导向，服务型政府把工具效用与价值观照有机结合，它包含着合作和信任整合机制，是德治与法治的有机结合，是行政程序的灵活性与合理性的有机统一，服务型政府的行政自由裁量权受道德制约，它要前瞻性地提供公共服务。① 这是对服务型政府内涵全面而深入的概括，为我们理解服务型政府的本质内涵指明了方向。从社会契约论视阈出发，政府是社会成员为了维护基本社会秩序，维护自身利益而成立的公共服务机构，其主要职能就是公平、公正地为社会和经济发展提供公共产品和公共服务，而不是向社会提供具有负向排斥的有悖于社会公平和公正的公共政策，因此，从公共政策负向排斥防范角度而言，公共服务型政府基本内涵应该包括：公平公正的政府、民主法治德性的政府、回应和透明的政府、均等提供充足公共产品和公共服务的政府。

当下，重塑政府公共服务职能就是要推动基本公共服务高水平均等化，非基本公共服务不断满足人民群众日益增长的美好生活需要。基本公共服务高水平的均等包括宽领域的均等、高层次的均等和高质量的均等。正如李培林指出，共同富裕是中国高质量发展的重要组成部分，要将共同富裕贯彻到高质量发展的每一个领域当中。② 在更宽领域上，应该依据民众对美好生活的需要持续扩展基本公共服务的范围，不断地契合物质富裕和精神富足的要求。在更高层次上，就是要根据经济社会发展的实际，不断提升并落实"幼有所育、学有所教、劳有所得、病有所医、老有所养、住有所居、弱有所扶"的标准。在更高质量上，就是要实现基本公共服务供给以保障基本生活为重心转向以提高生活品质为重点，逐步实现高质量的"等值化"，即不论城乡、地区，全体人民都可以真实地享有全方位、无差别、高质量的基本公共服务。要合理引导社会预期，优先保障义务教育、基本医疗、就业、社会保障等基本民生性公共服务供给，逐步扩大公益性基础设施和生态环境保护等公共服务的供给范围，实现优质基本公共服务供给与经济社会发展"同频共振"。同时，引导有条件的地区不断增强与其富裕水平相适应的公共服务的均衡性和可及性，促进公共服务从注重"量上的补齐"向"质上的提升"

---

① 张康之：《把握服务型政府研究的理论方向》，《人民论坛》2006 年第 5 期。
② 李培林：《准确把握共同富裕的是与不是》，《探索与争鸣》2021 年第 11 期。

转化的"内涵式"发展之路。

四 建构利益相关者政策过程有效参与机制

根据政策过程理论及公共政策的现实状态，我们可以将政策负向排斥过程分为：政策制定过程中的负向排斥、政策执行过程中的负向排斥、政策评估中的负向排斥等。从政策供给过程来看，公共政策负向排斥防范涉及政策决策者、试图影响决策的强势利益集团、与决策利益相关的弱势利益群体以及其他与决策相关或试图影响决策的人员。如前所述，政策排斥过程是一个涉及多元利益主体的复杂利益博弈过程，因此，公共政策负向排斥防范需要建构利益相关者有效参与政策过程机制，促进利益相关者的协作和参与，并创建制度保障其对政策过程的实质影响，维护诸利益相关者的共同利益，即每个利益相关者承担起"社会责任"，实现诸利益相关者的和谐共存。[①]

如何将有序的公民参与行动与有效的公共管理过程有机结合，成为公民参与理论必须直面的重要问题。为回答这一问题，约翰·克莱顿·托马斯提出了"公共决策有效参与模型"。他认为影响公民参与适宜度的核心变量主要是政策质量要求和政策可接受性。在具体界定公民参与范围和程度时，必须衡量二者之间的权重：对政策质量期望较高的公共问题，则对公众参与的需求较低，而对政策接受度期望较高的问题，则对公众参与的需求较高；如果这两种需求都很重要，就有必要寻求两者的平衡。他指出，要明确厘清公民参与的范围和程度，需依次回答七个问题：（1）决策的质量要求是什么？（2）政府有充足的信息吗？（3）政策问题是否被结构化？（4）公民接受性是决策执行必需的吗？如果没有参与，决策执行是不可能的吗？（5）谁是相关公众？（6）相关公众与公共管理机构目标是否一致？（7）在选择优先解决问题的方案时，相关公众存在冲突吗？[②] 对上述问题的回答决定是否需要公民参与及如何选择

[①] ［美］阿奇·B.卡罗尔、安·K.巴克霍尔茨：《企业与社会：伦理与利益相关者管理》（原书第五版），黄煜平等译，机械工业出版社2004年版，第23页。
[②] ［美］约翰·克莱顿·托马斯：《公共决策中的公民参与：公共管理者的新技能与新策略》，孙柏瑛等译，中国人民大学出版社2005年版，第49页。

参与。根据政策议题性质，公共管理者可以在改良式自主管理决策、分散式公民协商决策、整体式公民协商决策、自主式管理决策、公共决策等方式中选择有效的决策方式实施不同程度的公民参与。

托马斯的思考为利益相关者有效参与决策提供了理论参考：其一，政策议题的专业化程度和结构化程度约束公民参与的进入性这一观点，为哪些领域和议题引入公众参与辅助决策提供了启示。其二，政策制定的信息状况，即政府对社情与民意是否充分了解，是否已经掌握比较充分的决策信息，制约公民参与的广度和深度。这一论断为进一步理解发展民众参与的重要性提供理论和经验支撑。其三，政策问题涉及利益相关者状况，即政策问题涉及的利益相关者数量越大，参与的范围越广，参与的要求越高，这一观点为选择参与代表成员和成员能力培养提供有益视角。其四，政策是否只有被公众充分理解、接受才能顺利执行，将决定公民参与的需求程度。这一发现为进一步探寻民众参与的发展路径提供了理论基础。

促进利益相关者对政策过程的有效参与，尤其要注意解决如下问题。

第一，参与的代表性问题。从公共决策来看，代表构成上存在一些缺失：一是参与的代表基本是精英群体，缺少弱势群体；二是社团参与不够；三是阶层分布不均衡，普通工人、无固定职业者、外来人口等人群的代表欠缺。由此，在未来的发展中，可考虑更多地纳入弱势群体代表，使其能更全面地反映民意，从而制定更具包容性和公共性的政策；同时，政府也应进一步深入基层，倾听人们的诉求和建议，为决策者提供更广泛的基层民意参考。

第二，公众地位问题。在决策实践的参与人员、参与话题、参与过程、成果运用等方面，政府都居于主导地位，公民处于被动地位，这对公民参与意愿和公共决策的有效参与有一定影响。因此，应进一步拓宽自下而上的参与渠道，增强民众参与的主动性。一是在政府网站上专设"草根提案"，进一步加大宣传，扩大"草根提案"的影响。二是在官方网站上专设"民意直通车"栏目，实现民意与决策者直接对接。三是精心设计和选择公民参与方式，健全公共政策过程的公民参与机制。完整的政策过程包含四个阶段：政策议题设定、政策方案规划、政策选择、政策评估。首先，在政策议题设定阶段，可采用公民调查、关键公民接触的公民参与形式来引导社会公众直接参与发表意见,使其成为民生问题政策议题设定主体;其次,在政策方案规划阶段,可采用听证会等形式从外部输入公众的意见或利益偏好;再次,在公共政策选择阶段,开展政府与公民间的公开讨论和协商,回应公众意见,对那些非专业性的、与公众切身利益密切相关且公众凭借自身认知能够做出合理选择的问题,可由公众讨论直接作出选择。最后,在政策评估阶段,民众是政策作用直接承受者,民众的评价更能反映公共政策的政治效用和社会效用,以及社会公平与正义的实现程度,因而要把人民群众的评价意见作为主要依据。

第三,制度建设问题。利益相关者的有效参与必须走法治化道路,通过法规形式把决策参与渠道确立为公民参与公共生活的制度化渠道,消除领导者个人工作习惯对公众决策参与的不良影响。可以从制度层面对公众决策参与的地位、功能定位、运行机制、经费保障、成果使用等作出明确规定,保障公众决策参与的常态运行和实践延续性;还可以推动建立健全公众参与决策咨询相关制度,如制定《政府行政事项实施开放式决策程序规定》和《关于对涉及群众切身利益的公共政策实行事前公示的规定》,进一步明确信息公开要求、公众参与条件、方式、程序、公众协商程序、参与结果使用规则和政府回应要求等,搭建和畅通"智力"对接"权力"的渠道,以法治保障公民参与实效。

第三节 改善互动环境与技术:推进公共政策正向排斥之外部环境建设

促进政策负向排斥向正向排斥转化是一项社会工程,它不仅关涉政府组织内部的权力运行,更需要社会生态环境的支持和改进。从行政生态学视角来看,如果没有良好的外部生态环境的支持,政府的公共权力将难以有效运行,进而影响公共政策的科学性、合理性和公平性。公共决策负向排斥防范需要强化权力制衡,还需要加强外部环境建设,为政府决策提供外部资源支持。

第五章　优化政策供给：推进公共政策正向排斥的根本路径

一　完善政府决策信息获取、分析和供给技术

当代社会，信息是重要的决策资源，是决定决策科学性的关键因素。决策之所以会出现失误，就是因为对未来信息掌握得不全。而制度经济学则认为，信息不完全和不充分会导致各种机会主义行为，进而增加决策难度。正是在这个意义上，简·芳汀才说："在某种程度上，信息是一种权力。"[①] 也有学者认为，政府决策过程实质上是政府信息的采集、整理、开发、利用、管理的一系列过程，政府信息资源是政府决策的基础。[②] 目前，在世界各国，不管是公共部门还是私营部门的决策者，都非常重视决策信息资源的重要性，部分国家甚至将决策信息资源建设作为国家决策科学化的基础工程。美国政府在1993年实施"信息高速公路建设计划"，确定实施"重点建设数据库，促进网络信息资源开发和利用"的信息发展战略，制定了电子政务建设目标，为政府决策提供信息支撑和信息服务。英国政府从1994年开始政府信息服务计划，并建立了"英国政府信息中心"，通过该中心为政府和社会用户提供信息服务。日本政府则早在第二次世界大战后就实施"信息资源化政策"以提高政府信息管理效率，促进信息管理和流通，在战后日本经济迅速崛起过程中发挥了重要作用。

改革开放以来，中国政府也逐渐开始重视决策信息的获取和利用，注意发挥决策信息对提高政府决策科学性的作用。国务院于1984年批准国家计委成立信息管理办公室。1993年，国务院批准成立国家经济信息化联席会议。1994年，广东省在全国率先成立了省现代信息基础设施建设领导小组。此后，国务院于1996年成立了国务院信息化工作领导小组。此后，国家信息化工作持续推进。党的十六届三中全会明确提出："完善政府重大经济社会决策的科学化、民主化、规范化程序，充分利用社会智力资源和现代信息技术，增强透明度和公众参与度。"到2006年，中共中央办公厅和国务院办公厅联合印发《2006—2020年国家信息化发展战略》，将信息化和电子政务上升到国家战略的高度。通过努力，各级政府目前基本上都建立了专门的信息机构从事信息管理服务工作，形成了较为全面的政府

[①] [美]简·芳汀：《构建虚拟政府：信息技术与制度创新》，邵国松译，中国人民大学出版社2004年版，第40页。

[②] 谭必勇等：《基于政府决策的政府信息资源管理研究》，《情报理论与实践》2009年第4期。

决策信息网络。

但从实践来看，目前中国政府在决策信息获取方面还存在诸多不足：行政决策信息的非法商品化、行政决策组织内的信息垄断、行政决策信息消费的不对称等。这些使公共政策负向排斥防范决策过程中的信息供给严重不足：一方面政府垄断了大量决策相关信息资源，另一方面多元参与主体又无法及时获得相关决策信息；一方面社会个人或群体对决策存在诸多利益诉求、政策建议，另一方面政府对这些社会信息又可能存在选择性无视或"理性的无知"。

为提高公共政策负向排斥防范决策的科学性和有效性，需要在政府决策信息获取、分析和供给技术方面作出更多努力。首先，强化政府决策信息理念。要在各级政府机构，尤其是领导机构和领导人员中树立全新的决策信息理念，真正将决策信息视作决策科学化的前提和基础。同时还要树立决策信息公开化理念，做到决策信息透明与共享，便于决策参与者做出理性行为选择。其次，加强决策组织建设。进一步优化现有决策组织机构之间的连接和联动关系。当前，散置于各大机构和部门的决策信息部门之间缺少必要和及时的信息沟通，造成部门信息垄断和区隔，导致大量决策信息未能得到及时"盘活"与"利用"。有必要整合利用现有决策机构之间的信息存量，打破信息垄断和区隔，促进机构内部及机构间的信息交流和共享，充分发挥信息交流和生成效应，提高信息使用效率。再次，构建决策信息技术平台。利用互联网建立信息交流和咨询的快速通道，构建互联网信息管理系统，打造信息资源综合利用和分析平台，促进信息交流与共享。最后，加强决策分析技术开发与供给服务。在充分利用现有决策分析技术的基础上，鼓励开发决策信息分析技术，尤其是鼓励第三方决策分析技术开发与供给，充分整合利用民间决策分析技术开发与供给能力，降低政府决策分析技术开放与供给成本，提高决策分析与供给效率。

二 完善公共政策过程的专家参与制度

古今中外的公共决策实践表明，公共政策决策是一项专业性非常强的政府政治过程。转型期的中国，社会问题纷繁复杂，社会矛盾凸显，政府公共政策决策问题往往牵涉范围广泛，社会影响巨大，这些都使政府公共决策面临前所未有之挑战。林毅夫曾经指出：对于转型发展的国家，政府政策的合适与否决定了国家发展成效的好坏。① 然而，政府资源和决策时间的有限性、政府决策信息的不确定性、政府决策问题的复杂性、政府部门和决策人员的经济人自利性，以及政府官员决策能力的有限性等，都决定了作为专业性极强的政府决策仅仅依靠政府自身，必然难以应对日益复杂的社会问题，更不可能解决公共政策负向排斥防范的专业性、技术性难题。

中国历来有"决策咨询"和专家参与政府决策的传统，中国古代幕僚制度被视为公共决策咨询的制度雏形。幕僚制度在古代统治者的决策中发挥了一定作用，但在人治传统下，幕僚本身对统治者和决策者的依赖性和依附性，封建统治者的"乾纲独断"决定了幕僚制度对决策影响的有限性，幕僚制度并没有真正摆脱个人决策和个人独断的决策体制。改革开放以来，随着中国政治民主化和决策科学化进程的发展，国家在很多重大决策的制定出台方面都引入了专家决策咨询制度。近年来，大到政府宏观政治经济发展决策，小到基层城市规划改造等，专家参与已经呈现出常态化发展趋势，政府公共政策决策过程中专家参与的广度和深度不断拓展，但受各种因素的影响，中国公共政策过程中的专家参与还存在诸多问题，主要表现为：公共政策专家参与主要局限于政策制定领域而未能拓展到政策执行及评估过程；公共政策过程的专家参与制度不健全，缺少专家参与公共政策过程的制度性保障和刚性要求；专家意见未能成为影响政府决策的重要因素，多数时候专家参与沦为政府论证政策合法性的工具；专家自身素质素养及社会责任感缺失，"砖家"现象降低了专家参与在社会弱势群体中的信度和效度。

公共政策过程中专家参与诸多问题的存在，在事实上影响了公共政策过程中专家参与的公信力和合法性，导致公共政策过程不仅没有发挥专家参与对提升公共政策科学性和公平性的推动作用，反而使专家参与成为政策负向排斥和政策垄断的"帮凶"。当前，要真正发挥公共政策过程中专家参与的应有作用，通过公共政策过程中的专家参与促进政策负向排斥现象的有效防范，需要进一步完善公共政策过程的专家参与制度。首先，应建立保障专家参与公共政策过程的制度性专家参与吸纳机制。既要建立公共政策过程中引入专家参与的公共政策决策制度，又要建立保障专家独立

---

① 林毅夫：《发展与转型：思潮、战略和自生能力》，《北京交通大学学报》（社会科学版）2008年第4期。

性的制度性保障机制，还要建立保障专家意见进入政策议程和最终决策的制度性专家意见吸纳机制，保证公共政策过程中专家参与制度化、独立化和有效性。其次，要建立成熟的公共政策专家库。根据当前公共政策的复杂性和专业性，有必要建立成熟的公共政策专家库，专家库应该实行分类管理，保障专家库人才的专业性。同时应建立有效的进入和退出机制，对专家实施动态管理，对缺乏责任感和专业水平的"砖家"，要及时清退；对专业素养高，有独立精神和批评精神的专业人士，应该及时吸纳。最后，要建立有效的专家参与激励和保障机制。为提升专家的责任感和安全感，保障专家的独立性，应建立鼓励专家参与公共政策过程、提出真知灼见的激励制度。同时应该鼓励专家对公共政策提出批评意见，要建立行之有效的专家批评意见保障机制，使专家能做到畅所欲言。

三 优化政府与民众之间的互动机制和技术

在中国现有决策体制中，政府在政策问题界定、政策议程设置、政策方案草拟、政策方案选择中，都处于主导地位，发挥着主导作用。可见，整个政策过程中政府是否能积极主动地回应民众的利益诉求以及政府回应民众利益诉求的方式方法，往往在很大程度上决定了公共政策负向排斥防范能否及时进入政府政策议程。同时，对于民众来说，能否理解政府公共政策决策的意图及利益导向，也在很大程度上影响民众对政府政策的认同度和支持度，进而影响政策负向排斥防范的有效性。换言之，政府与民众的协作互动程度对公共政策负向排斥防范乃至整个公共政策过程都至关重要。

改革开放以来，随着政治民主化进程和服务型政府建设的持续推进，中国政府对社会的回应性不断增强，但面对转型期众多的社会问题，尤其是面对近年来日益频发的网络危机事件和微博问政、网络问政的兴起，国内各级政府对民众诉求的回应意识和回应能力还存在很大不足。在政府主导的政治现状和政策过程中，政府常常缺乏回应公众诉求的积极性，缺少与民众沟通的主动性，缺少正确回应民众诉求的意愿、能力和方法，因而导致政府和社会的互动和协调受到诸多限制。

推动公共政策正向排斥是多元主体的利益互动与博弈过程，在这个过程中，没有占主导地位的政府与民众之间的互动与回应，多元主体之间就不可能真正达成理解与合作，也就无法实现真正推进公共政策正向排斥。为有效促进公共政策负向排斥向正向排斥转化，可以从以下几个方面不断优化政府与民众的互动基础和技术。

首先，重塑政府公共管理理念，增强政府回应意识。要从根本上打破传统统治型政府理念和阶级斗争意识，真正在政府人员心中树立为人民服务的服务型政府意识和契约型政府理念，进而在政府及其政府人员中树立起积极回应民众诉求的意识，确保其积极回应民众诉求。在建设电子政府、发展数字政府的过程中，政府还可以通过民意热线（如12345）、公民论坛等为民众利益表达、参与决策提供便利的途径。另外，还要加强公民教育，培育公民精神。互动回应的有效性取决于互动回应双方的态度和素质。政府在加强自身观念建设的同时，要积极承担推进民主政治建设的职责和功能，积极培育公民社会基础。要通过多种渠道，加强公民意识和公共精神培育，不断提升公民素质，提高公民表达诉求的有序性，培养公民表达和利益博弈能力。同时要通过公民精神教育，增强强势群体的社会责任感和使命感，减少强势利益集团对推动公共政策正向排斥的阻力。

其次，加强政府信息公开度和电子政务建设，增强政府回应能力。没有沟通了解就没有互动合作。在公共政策过程中，政府信息公开程度常常决定了民众对政府公共政策的理解接受与合作程度。而民众表达诉求的便捷快速程度，也决定了政府回应公众诉求的互动回应程度。可以说，政府与公众之间互动回应的程度主要取决于政府和民众之间信息传递交流的便捷程度，因此，有必要大力推进政府信息公开并积极推进电子政务建设，在政府和民众之间建立起信息交流与沟通的快速通道，促进政府与民众之间的信息交流与共享。

再次，健全利益协商平台。利益协商是指决策者和公民就政策问题和利益分歧，通过对话、商谈和讨论等协商方式促成具有公共约束力的政策过程。随着社会阶层的分化及随之而来的利益多元化，地方政府需要在决策方式上进行相应变革，而协商机制是政府和公民共同解决政策利益冲突、推进公共政策正向排斥的有效途径。政府可以通过听证会、公民会议和公共讨论等形式把不同利益诉求的主体都囊括到决策的过程中，为决策者全面了解民意、协调公民利益矛盾、最大化地实现公共利益提供可能。一是完善公民会议的运行机制。公民会议是国外实行多年的公民协商方式，目的在于提高一般公民对于公共政策的参与，让普通公民能够在具备充分信息的情况下对公共政策进行审议,促成社会公众对于公共利益分歧广泛而理性的讨论。① 公民会议希望参与的公民在审慎考虑各种利益诉求后,能够协商出大家都能接受的政策意见。公民会议的程序通常包括筹备阶段、召开阶段和整理阶段。在正式召开公民会议之前,政府需要召开预备会议,让公民熟悉所要讨论的议题,公民需拟定他们在正式会议中要讨论的问题。正式会议召开时,决策者、专家和公民就政策和利益分歧点展开讨论,最后协商的结果以报告形式送交与此议题相关的政府部门。② 在中国化解矛盾实践中,新时代"枫桥经验"是实现利益协商的实践样本。其主要内容是建立"治安联防、矛盾联调、问题联治、事件联处、平安联创"机制,形成"依靠群众、源头预防、依法治理、减少矛盾、促进和谐"格局,整合力量资源,开展基层协商,就地化解矛盾,保障民生民安。新时代"枫桥经验"为不同利益、观点和价值的沟通与协商提供了平台,对开展公民利益协商具有很强的借鉴意义。二是完善公共讨论的程序。公共讨论要求公民从个人理性出发并诉诸公共理性,公共政策问题的解决方案只有符合公众利益,才能获得公众的普遍认同,因此,要通过设置公共讨论程序,保障每个公民都能平等地参与公共讨论。就中国国情来看,互联网和公民社区是地方公众开展公共讨论的重要空间。网络作为公民参与公共事件、协商利益矛盾和影响地方决策的集体行动平台,为公民提供一种不分身份、地位都可以便捷地接触信息、自由地表达和协商的路径。③ 公众通过网上论坛、自媒体、直播等形式,表达对公共事务的关怀。杭州的"开放式决策"是公共讨论在政府决策领域的实践。杭州政府在决策前,邀请地方公众参与互联网公开决策讨论。政府决策会议进行互联网视频直播,列席人员与网民可以在现场或网上表达意见,会后相关部门对市民通过网络提出的意见给予答复。在"开放式决策"中,公众通过互联网这一公共领域,参与到地方决策中去,就自身利益参加议题的讨论和协商,通过民意与官意的双向互动,保证了公共决策是政府与公民之间讨论、协商的结果。

最后,完善公民利益汇聚机制。面对日益复杂的公民利益诉求,利益汇聚模式亟待进一步完善。加强地方党委和政府的利益表达的功能,一是

---

① 詹中原:《公共政策问题建构过程中的公共性研究》,《公共管理学报》2006年第4期。
② 马奔:《公民会议:协商民主的一种制度设计》,《山东社会科学》2009年第10期。
③ 徐珣:《网络民主:公共协商与制度创新》,《浙江社会科学》2011年第4期。

需加强党和政府与地方民众之间的联系,通过其合法的利益代表的身份广泛吸纳公民利益诉求,将公民合理利益要求纳入决策系统。二是地方党委和政府决策须以公民利益为导向,遏制自身逐利行为,科学配置地方公共资源满足公众需求。三是应改善现有内部输入程序,充分发挥咨询专家的作用,畅通"中介式"公民利益汇聚渠道。要不断增加基层代表尤其是弱势群体的代表比例,让代表发出弱势群体的声音。要提高人大代表和政协委员的素质,尽快实现代表委员的专职化,使其有更多时间和精力直接关注民众切身利益的需求,以形成准确反映民意的政策提案。还需以法律或规章的形式明确规定信访机构的职责,确立民众来访受理的范围、时间、程序以及处理权限等,改变以上访率为指标的地方政绩考核体系,将信访"解决率"和民众的"满意率"作为地方政府政绩考核的标准之一。①

四 构筑良好的界面协商关系

为了保持公众意见与政策决定之间的连续性,界面协商承担将公共领域的意见过渡到正式的政策决定的功能。在这一过程中,官僚体系把交流的力量转变为行政的力量——过滤非规制性协商使之成为规制性协商,将其转变为决策性因素,并最终成为可实施的政策。② 界面的良好协商关系可以沿着两条进路展开:一是在官僚体系的决策机构中嵌入公共领域的公众协商,二是在公共领域中嵌入正式的官僚体系的协商,从而实现两种协商形态之间的相互渗透并保持公众协商与政策决定之间的连续性。官僚体系层面的决策应当具有开放性,在界面协商中应当保障各个主体能够自由、平等地表达而不能试图去控制它们的表达和论证。因此,要保障这两条进路的有序展开,就需要进一步完善听证会、论证会和座谈会等的制度安排。

首先,优化听证会制度设计。公共政策听证是在公共政策出台前或实施后,就公共政策问题、公共政策方案或公共政策效果等方面听取政

---

① 乔晓毅:《从群体性事件频发透视我国的利益表达机制》,《太原师范学院学报》(社会科学版) 2012 年第 4 期。
② [南非] 毛里西奥·帕瑟林·登特里维斯主编:《作为公共协商的民主:新的视角》,王英津等译,中央编译出版社 2006 年版,第 92 页。

策相关者的意见,是一种对称性的公共政策辩论。① 在中国,虽然听证会大量进入政策的决策过程,然而,实践表明其没有产生应有的论证和说服功能。要真正发挥听证会的民主协商功能,还须做到以下五点:第一,保证听证代表的民选性,被选出的听证代表要实质性地体现某一具有代表性的观点;第二,需要充分阐述和辩论问题各方的观点、理由和证据;第三,听证会的主持方必须保持中立,不能偏袒任何一方的观点;第四,听证过程必须公开透明,接受公众监督和审查;第五,听证会的结论应该具有约束力,并对最终的政策决定产生重大影响。

其次,完善论证会制度设计。论证会是邀请专家对政策的合理性、可行性和科学性等进行论证并作出评估的一种制度。专家作为界面协商的一方,只有其意见能够得到合理评估和衡量的情况下,才能达到论证会的界面协商效果。但是,在现实中,有些参与论证的专家往往是决策者指定的,这些专家只是决策者挑选出来重复自己声音的人,此时,论证会只是决策者证明其决策正确合理的手段,论证会演变成了证明其决策正确的一种形式。因此,论证会的制度设计应充分考虑以下因素:参与论证的专家要体现不同的意见和观点;促使专家的立场真正做到客观、中立;持不同观点和意见的专家在论证会上可以相互辩护;要充分保障官僚体系的决策机构对专家协商论证的尊重与使用。

再次,构筑座谈会制度平台。座谈会就是政府邀集与某一议题相关的人来听取意见的互动方式。良好的座谈会机制可以有效促使民众的意愿得到表达,也可以使决策者掌握更加全面的信息,这两方面都可以有效改善决策的质量。座谈会的质量一定程度上取决于座谈会的发起者是否具有意见交流的真实意愿。因此,构筑座谈会制度平台要求发起者树立群体意识,放手发动群体;同时,还应采取民主恳谈会等形式保障民众真实意愿的表达;另外还须建立民众意愿回应机制,从制度上保障座谈会取得应有的实效。

最后,发挥媒介的协商功能。媒介是公共领域关键的参与者和建构者,它既是向决策者传送政治要求的信息传输者,又是社会公正的重要维护者。在发挥传统的大众传播媒介的信息与批判功能之外,尤其要发挥好互联网的作用。与其他的公共协商方式相比,互联网公共论坛更能体现自

---

① 陈潭:《旁听、听证与公共政策民主》,《理论探讨》2003年第6期。

由、平等原则，它可以不受时间、地点、距离，以及金钱和权力的控制。在这个民主论坛中，不管是法律还是代码都不能阻碍思想和信息的自由交流，"网络制造了许多新的声音，使信息分享更为便利，因此，网络已成为一种民主化的力量"①。同时，要加强媒体与公民间的日常交流和互动，使公民在协商中获得对政策的理解、认同，引导公民开展说服、辩论等方式的平等协商，共同提升公共政策的包容性。

第四节 提升决策水平：推进公共政策正向排斥之政府能力建设

现代政府决策能力是指政府为其管理运行做出有效决策的能力，主要由其决策价值导向能力、决策目标获取与锁定能力、决策资源动员与整合能力、决策制度（程序、机制等）完善与运行能力、决策环境协调能力、政策学习与适应能力、政策供给能力以及决策技术应用与创新能力等要素构成。政府决策能力能否优化对于促进政策负向排斥向正向排斥转化，增进和维护公共利益至关重要。

一 以坚守民生路径强化政府决策的价值导向能力

现代公共政策是对社会利益的权威性分配，是促进公共利益最大化的工具，公共政策只有体现这样的价值才具有真正的合法性。因此，政府决策必须坚守正确价值导向，秉持以人为本理念，促进社会公平正义。第一，要坚持政府决策的公共性，依据建设服务型政府的要求，建构有利于体现最大多数人的意志和利益的政策议程设定机制和决策机制。从医改视域看，即是以优先保障所有人的基本医疗需求为目标，以逐步建立突破城乡藩篱、覆盖全民和一体化的公共医疗卫生体制。第二，要着力建设权利、机会、规则公平并不断促进实际公平的政策体系，使具有同样能力的人拥有同样的发展空间和发展机遇，使社会成员能公平地共享经济社会发

---

① [美]理查德·斯皮内洛：《铁笼，还是乌托邦：网络空间的道德与法律》（第二版），李伦等译，北京大学出版社2007年版，第48、76页。

展的成果。对医改决策而言,政府要实施政策倾斜,致力于向贫困人群、弱势群体提供基本的健康服务,公民对基本健康的享受不应完全建立在其支付能力的基础上。第三,基于现代民主政治与法治理念,保障和充分实现公民对公共决策的知情权、表达权、参与权、监督权和批评权,积极探索促进公民参与公共决策的路径与方法。第四,政府决策必须把社会公平作为首要价值目标,由效率导向转变为公平公正价值导向。如果政府仅仅以效率和结果作为制定公共政策的依据标准,忽视社会公平公正,不仅公共政策无法经受实践考验,而且政府的合法性和权威性也将受到影响。因此,政府决策应以社会公平正义为第一要义。具体来说,公共政策中的元政策要符合人类社会发展规律,体现社会发展的制度公平与正义;基本政策要符合当代社会发展的实际需要,体现社会发展的规则公平与公正;具体政策要解决社会经济发展的具体问题,解决问题的过程与结果等都要体现公平公正。

二 以共享发展路径优化政府决策资源动员整合力

要提高决策效能,需要充分动员整合决策资源,形成配置优化的决策资源合力。首先,通过促进社会资本建设增强社会互信和价值认同路径,提升政府的决策资源动员整合力。譬如,通过建构和运行法律保障获取民意与实现政府和公众有效沟通互动的体制平台与机制,激发决策系统内外各主体参与决策的积极性,增强政府对民意的体认和公众对政府决策的影响力与认同度。其次,通过理顺财税体制路径提升政府的财政汲取能力。医疗卫生体制市场化改革失败的一个重要原因可以说是财税体制没有理顺(1994年的财税体制改革大大削减了地方政府的财税收入,致使许多由地方政府来承担经费的医疗政策难以落到实处)。因此,要提高决策效率、保障政策的有效性就需要进一步理顺财税体制。在公共服务方面,应由中央和地方政府共同承担。对提供基本公共服务的机构进行全额预算保障,而诸如地方公共设施的基本建设等费用,则主要由地方政府来承担。通过建立健全财力与事权相匹配的财税体制来保障地方公共服务决策的经济支撑。最后,以建构智力资源、技术资源吸纳配置的体制平台来提升政府的智力、技术资源整合能力。包括建设和完善人才任用机制、形成专家建言献策机制、优化决策支持系统等。

共享发展要求政府决策必须兼顾或照顾少数人的利益要求，切实保护弱势群体的正当利益。为了有效解决社会利益分配失衡、贫富差距悬殊、两极分化严重等问题，政府决策必须切实保护弱势群体的正当利益。为此，政府要牢固树立让全体人民"共享改革发展成果"理念，促进社会稳定协调发展。第一，要着力建设权利、机会、规则公平并能够不断促进实际公平的公共政策体系，使具有同样能力的人拥有同样的发展空间和发展机遇，使能力不同的人都能有自己的发展空间和机遇，使社会成员能公平地共享经济社会发展的成果。第二，要坚持政府决策的公共性，依据建设服务型政府的要求，建构有利于体现最大多数人的意志和利益的政策议程设定机制和决策机制，保障和充分实现公民对公共决策的知情权、表达权、参与权、监督权和批评权。第三，建立利益平等共享机制，在基础教育、医疗卫生、社会保障、住房、交通、环境保护等领域实现基本公共服务均等化。

三 以促进协商路径提升政府利益协调能力

协商民主是在政治和公共管理活动中通过利益相关主体平等的、非强制性的、理性的协商互动方式来实现更好的民主，从而更有效地促进公平正义，维护和增进公共利益。协商决策思维为政府提高决策能力提供了新的视角。戴维·米勒指出："当决策是通过公开讨论过程而达成，其中所有参与者都能自由发表意见并且愿意平等地听取和考虑不同的意见，这个民主体制就是协商性质的。"[1] 依据哈贝马斯的程序主义协商民主观，协商的形式应该是辩论；协商是公共的、包容的；协商应该是排除外在强制的；协商是排除任何可能有损于参与者之平等的内在强制。[2] 因此，协商决策确保政策制定过程建立在公众选择的基础上，通过鼓励公民的理性参与来破解受制于决策主体的决策困境，同时也有助于抵制公共政策制定过程中的"隐蔽"问题，保障公共政策制定过程的公开性。首先，以

---

[1] [英] 戴维·米勒：《协商民主不利于弱势群体?》，载 [南非] 毛里西奥·帕瑟林·登特里维斯主编《作为公共协商的民主：新的视角》，王英津等译，中央编译出版社2006年版，第139页。
[2] [德] 哈贝马斯：《在事实与规范之间：关于法律和民主法治国的商谈理论》，童世骏译，生活·读书·新知三联书店2003年版，第380页。

完善社会讨论决策机制促进政府与社会公众之间的利益整合。从应然状态看，政府应该与社会公众的利益一致并能够代表后者，但是在政府管理的实际运行中，由于多重原因二者之间会产生分歧甚至是矛盾冲突。社会讨论决策机制就是通过建构各种沟通互动的渠道与平台，使社会公众能够充分参与公共事务管理，对国家重大决策问题表达意见和交换意见，进行分析论证，并与政府共同磋商以实现科学决策的一种决策机制。这种机制大大缩短决策者和公众信息交流的途径，有助于吸纳民智民意，有助于拓展政府社会资本存量，增强公共政策合法性，提升政府的政治资源动员整合能力。其次，以完善协调补偿机制促进各社会群体间的利益整合。即各群体之间建立起既竞争又合作的平等、互利、协作的利益伙伴关系，实现各方利益的均衡协调。同时，政府应该通过建立相应的规范的利益补偿机制和救济机制，对利益受损群体给予合理的补偿和救济。最后，以保障各利益群体的平等参与促进对弱势群体的扶助及其利益的实现。协商性决策应该确保参与到决策过程中的公民是平等的。正如约书亚·科恩（Joshua Cohen）所说，决策结果只有在公民平等自由、理性地形成共识的情况下才真正具有合理性。[1] 要提升各利益群体平等参与决策的能力，现阶段最重要的就是要创设多元主体平等博弈的平台，增强弱势群体的博弈能力，提高他们对政策的影响力。

优化利益协调要求政府决策必须坚持公共利益原则，切实维护和实现公共利益。公共利益是一切公共政策的出发点和归宿。以人民为中心执政理念的提出，从理论上为政府决策指明了方向，要求政府决策者必须确立正确的公共利益观，在维护人民群众整体利益的基础上进行决策活动，公正地平衡各种利益。其一，要引导和约束社会各主体包括政府能够以有序化的行动来增进社会公共利益。其二，公共政策不能仅仅关注短期效果，要把政策的短期效果与长远发展统一起来，既要维持当代社会经济发展，又要保证人类的长远利益。其三，坚决纠正以环境污染、生态破坏为代价换取经济发展的功利做法，要做到经济发展与生态环境保护、资源永续利用的统一，实现可持续发展。其四，公共政策要兼顾物质利益与精神生活，追求经济效益与社会效益的统一。

---

[1] Joshua Cohen, "Deliberation and Democratic Legitimacy," in Alan Hamlin and Philip Pettit, eds., *The Good Polity: Normative Analysis of the State*, Oxford: Basil Blackwell, 1989, pp. 21-22.

四 以激发创新路径增强政府政策协调能力

创新是对原有事物的替代、覆盖或变革。激发政策创新活力要求政府决策必须走出功利性思维误区，转变过度倚重政策的经济价值而忽视政策伦理价值的不当认识。公共政策在坚持以经济建设为中心的前提下，应转变过度倚重政策的经济价值而忽视政策伦理价值的不当认识，把公共政策的现实主义与理想主义统一起来，牢牢把握创新、协调、绿色、开放、共享的新发展理念，以系统性和前瞻性的眼光，站在构建人类命运共同体的高度，处理好个体利益与国家利益、当前利益与长远利益、局部利益与整体利益之间的关系，促进更高质量、更可持续、更为安全的发展，不断满足人民日益增长的美好生活需要。

创新是基于已然存在的自然资源或社会要素，创造新的社会产品或社会建构的行为及其结果。从创新角度观之，对政策供给能力评估可依据政策供给的效率与效能两个方面，即一方面要考察政策供给的及时性，另一方面要考察所供给政策能够解决政策问题、实现政策目标的效度。实现这两方面的目标，都取决于决策主体的政策创新能力。当下中国激发政策创新活力，以政策创新来促进正向排斥，主要应在如下两个方面有所作为。一方面，以政策本身之创新来破解政策排斥困境。当下医改政策之创新要着力解决以下三个难题：一是如何平衡政府与市场的关系，破解公共服务发展中所出现的政府失灵与市场失灵的双重困境；二是如何处理好各种利益群体间的利益平衡，特别是既得利益者与弱势群体之间的矛盾；三是如何克服政策负向排斥形成中难以避免的政府自利性问题等。另一方面，以其他配套制度之创新来推动公共政策创新，即通过对制定约束规制者之规制推动创新。一是通过健全决策前的政府决策承诺制、公示制度和民意咨询制度，决策中的重大决策听证制度和决策后的民意评估制度、决策否决权制度，建构民意表达与政府回应良性互动机制，来保障政府决策的科学性；二是通过健全和强化政府决策问责追究制度，促使政府相关部门能够在有效监督约束之下加强自律，励精图治，不断提升政府决策的效率和效能。

第五节 遏止决策异化：推进公共政策正向排斥之决策行为制约

政府决策异化是政府行为偏离公共性的一种表现，"政府的本质是经公众授权后服务于公众的机构，因此政府决策应是为实现、增进公共利益进行有效决策。而如果这样的作用发生了变异，政府趋向作出有损或是违背公共利益的决策，就是它的异化"①。政府作为公共利益的代表，其政策和行为必须时刻恪守"公共精神"，实现公共利益之目标。但是，在现实的政治生活中，政府政策常常出现公共利益价值偏离的状况，进而导向负向排斥的结果。主要表现为：其一，指向短期利益，忽视长期利益。追求短期利益，忽视长期利益是由于政策短视造成的。所谓政策短视，就是指政府部门（特别是在长官意志决定论背景之下）在制定公共政策的时候常常表现出急功近利的倾向，片面追求当前利益和眼前利益，而对它可能引起的不良后果不加重视。其二，指向局部利益，忽视整体利益。主要表现为：一是在社会结构上，重经济轻社会。追求经济发展成为政府决策的优先目标，而忽视了社会保障、环境保护等方面的政策考量。二是在现代化发展战略上，重城市轻农村。比如中国现在的户籍、医疗、社保、公共服务等方面的政策都带有城市偏向性。三是在过去的区域发展布局上，重东部轻西部。这种"政策倾斜"在推动东部地区经济快速成长的同时也带来了东西部地区间经济发展的不平衡，从而影响整体的经济发展。其三，指向部门利益，忽视公共利益。部门利益是指政府部门的行政行为偏离了"公共利益"导向，以追求部门自身局部利益的形式来变相地实现个人利益。②

不管是追求短期利益，还是追求局部利益、部门利益，都形成了对公共利益的严重侵害，是政府决策异化的基本表征。公共利益表示构成一个政体的大多数人的共同利益，它基于这样一种思想，即公共政策应该最终

---

① 黄健荣：《中国若干重要领域政府决策能力论析》，《南京社会科学》2013年第1期。
② 宋世明：《遏制"部门职权利益化"趋向的制度设计》，《中国行政管理》2002年第5期。

第五章 优化政策供给：推进公共政策正向排斥的根本路径

提高大家的福利而不只是几个人的福利。① 政府决策中短期行为、局部利益行为、部门利益行为等现象的发生，不仅与政治体系的政绩观和制度设计有关，而且与政府决策中的长官意志决定论密切相关。因此，遏止政府决策异化，应从摒弃短视行为、摒弃片面效率观、遏止部门利益、摒弃长官意志决定论等决策导向建设方面发力。

一 摒弃决策的短视行为

按照美国著名心理学家维克托·弗鲁姆提出的期望理论，人们都是寻求利益最大化的。人们在制定自己的行为决策时，总是力图使自己的行为有利于自己利益的实现，或避开对自己不利的情况。因此，可以通过制度安排促使政府摒弃短视行为，树立长远发展、可持续发展的观念。

一方面，要改革政绩考核体制，摒弃错误的政绩观。必须树立起科学的政绩观，建构科学的政府绩效评价体系，使官员从长期行为中获得的收益多于短期行为中的收益，这样才能从根本上鼓励长期行为，遏止短期行为。科学的政府绩效评价体系的建立应该体现以下理念：一是对政府政绩的评价应该把历史状况与长远发展、现阶段发展与可持续发展、经济发展与社会发展统一起来，不是只看当下的经济发展；二是干部绩效考核不仅关注经济数量、增长速度指标，更要关注经济增长的高质量发展指标与社会效益指标。三是建构自上而下与自下而上相结合的考核方法，其中关键是要发挥民意在政府官员考核中的作用，加大公众的评价力度和权威性，同时将利益相关者引入到官员政绩评价中来，合理设定各类主体在评价结果中所占的权重；同时还可以把公众评价中所反映的问题作为改进政绩的突破口，建构多元利益主体参与的政绩评价互动系统。

另一方面，要建立健全决策失误追溯制度。政府决策的短视行为往往是短期见效益，但长期来看可能是给社会带来重大危害的决策失误行为。弗里德利希·冯·哈耶克指出："欲使责任有效，责任必须是有限度的；

---

① [美] E. R. 克鲁斯克、B. M. 杰克逊：《公共政策词典》，唐理斌等译，上海远东出版社1992年版，第930页。

欲使责任有效，责任还必须是个人的责任。"① 因此，要健全官员责任追究的追溯制度，努力探索构建使决策责任有长期追溯力的制度，即以法律确定官员决策责任向前追溯的时间界定、情形条件、程序、责任认定等，以制度促使官员自觉选择长期发展的决策目标，摒弃追求短期效益的短期行为。

二 摒弃决策的片面效率观

片面效率观主要体现为机械效率观②和效率至上观。在以经济建设为中心的发展目标指引下，某些地方出现了效率至上的发展观，政府决策常常被要求服务于促进经济发展效率，从而使政府决策偏离了公共利益的方向。因此，亟须扭转这种片面的效率观，树立凸显公共性的社会效率观。

其一，凸显公共性的社会效率观是全要素效率观。衡量效率不仅要看单一生产要素的效率，如资本、劳动力、土地和矿山等生产要素的效率，还要看全社会所有生产要素的总体效率和长期效率；不仅要看企业的效率，更要看个体的效率。实现全要素效率意味着要公平地对待各种人所拥有的劳动、智力、管理、知识产权和资本等生产要素，使这些生产要素能够获得公平的参与权、选择权、行为权、所得权与分配权。

其二，凸显公共性的社会效率观是社会整体效率观。社会整体效率观意味着政府决策要致力于提高社会全体成员的生活质量，促进经济社会和人的全面发展，最大限度地发挥公共政策的正效力，把负效力减少到最小的程度。具体表现为：政府决策在坚持以经济建设发展增加财富积累的同时，更加注重我们在政治建设和社会建设中的薄弱环节，更关注财富的分配和共享，促进社会整体发展，实现政府、市场、社会三种社会构成力量之间的和谐、经济发展与社会发展的和谐、人与人之间的和谐以及人与自

---

① ［英］弗里德利希·冯·哈耶克：《自由秩序原理》，邓正来译，生活·读书·新知三联书店1997年版，第99页。
② 机械性效率是指可以用具体数字表示的投入与产出之比，机械效率观是一种基本测验标准，它把行政中的人力、财力、物力、时间和信息的投入与消耗以明确的百分比关系表现出来，它强调的是以最少的投入取得最大的产出。参见陆道平《论公共行政伦理视野中的效率观》，《理论探讨》2007年第1期。

然环境的和谐。①

其三，凸显公共性的社会效率观是致力于政策公共性的效率观，即伦理与功利统一的效率观。这种效率观要求政府决策以实现政策公共性为目标，致力于公平与有效的公共服务，重视公共行政的伦理，特别是人道主义和社会公平的伦理，将增进民生、促进公共福利作为至高无上的追求。正如乔治·弗雷德里克森所说："把效率和经济作为公共行政的指导方针是非常有必要的，但仅此是不够的。必须加上社会公平作为公共行政的第三个理论支柱，使公共行政能够回应公民的需要。"② 同时，在实践中要求以政策的高质量发展为目标，即在追求政策产出中坚持效率与公平的统一，个人利益、集体利益与国家利益的协调与平衡，短期利益与长期利益、微观利益和宏观利益的有效统筹，通过政策的有效产出促进公共利益的实现。

三 遏制决策的部门利益魔咒

公共选择理论认为，政府及其官员也是理性经济人，在政策制定和执行过程中具有自身的利益取向。正如威廉姆·A. 尼斯坎南认为，"工资、办公室津贴、公众声誉、权力、奖金、官僚机构的输出、变革的难易度、管理官僚机构的难易度"③ 等都是官僚的目标。政府及其官员的经济人意识驱动其追求自身的部门利益。总的来说，政府部门追求的部门利益主要涉及两个方面：其一是"权"，即职权范围及其所对应的部门权威；其二是"利"，即与权力伴生的实际利益。因此，遏止部门利益要从这两个方面付出努力：

第一，落实"职权法定"，优化权力运行机制。实现部门利益最直接的方式是通过部门"职权自定"来实现部门利益。因此，遏止部门利益，就要弱化部门"职权自定"的色彩，提高"职权法定"的实现程度。但是现实中，在行政权力的设定上，政府部门有时缺乏清晰的权责

---

① 黄健荣：《论现代社会之根本性和谐——基于公共管理的逻辑》，《社会科学》2009年第11期。
② [美]乔治·弗雷德里克森：《公共行政的精神》，张成福等译，中国人民大学出版社2003年版，第88页。
③ [美]威廉姆·A. 尼斯坎南：《官僚制与公共经济学》，王浦劬等译，中国青年出版社2004年版，第37页。

分工，这会导致出现难以监督的权力"边缘地带"，为"权力自定"留下了空间。因此，政府部门职权应通过法律来规定，落实"职权法定"要求，从源头上铲除部门利益的实现机制。

第二，优化"制度设计"，遏制政府部门的"不当得利"。一要以法律促进政务公开，确保政府的透明度。政府部门不合理的自利行为之所以能存在，很重要的一个原因就是政府过程不公开，政府行为"暗箱操作"。由于政府部门缺乏透明度，公民和社会乃至体制内监督部门就很难对政府部门不合理的自利行为进行有效的监督。因此要从根本上遏止部门利益，就必须实行政务公开。要尽快制定《政务公开法》，强制政府行政机关向社会公开明示自己的职责范围、行政内容、行政标准、行政程序、行政时限和惩戒办法的方式，公开机关工作计划、工作总结、人员管理和经费开支等情况，增强公共行政过程的透明度。

二要建设公共财政体制，强化社会公众对财政收支的监督。建设公共财政制度是遏止部门利益产生的有效途径。正如宋世明所说，如果行政部门的经费来源与开支完全由国家预算控制，行政部门都吃"皇粮"，没有多少"杂粮"可吃，"部门职责利益化"的实现就不会有很大的空间。[①]一方面要全面清理收费，规范非税收入，实行收支两条线管理，打破部门收费与支出挂钩的格局，切断部门经济利益与收费及管理对象的联系，遏制部门权力利益化。另一方面要建设透明财政，推行预算公开，完善政府采购制度，实行"阳光工资"，增强社会公众对财政收支的监督。

三要实行审计的社会化，追究政府"不当得利"。针对当前审计机关"审计失灵"[②]的现象，要建立健全独立的决策审计和评价制度，围绕决策前、决策中和决策执行等各个环节，聚焦政策的效率、成本、效益等开展系统的第三方审计和评估，让政府部门有一个外部审计机构的制约机制，而这个外部审计机构的审计权力来源于人大授权，向人大负责。通过外部审计机制的建设，可以大大提高政府追求部门利益的风险，从而有效遏止

[①] 宋世明：《试论从"部门行政"向"公共行政"的转型》，《上海社会科学院学术季刊》2002年第4期。

[②] 在地方，审计机关从属于地方政府，地方各级审计机关由地方各级政府管辖，地方各级审计机关与地方各级政府有着很大的利益共同性，各级审计机关即使审计出了问题，没有地方政府点头，也很难依职权对被审计者作出处罚，地方政府对符合地方利益的被审计者的问题，可能会采取纵容的态度。金太军、张劲松把这种现象称为审计机关的"政府失灵"问题。参见金太军、张劲松《政府的自利性及其控制》，《江海学刊》2002年第2期。

政府追求部门利益的动机。

四 摒弃决策的长官意志决定论

"长官意志"一词，是列宁在同俄国的反马克思主义者进行论战时提出来的。列宁在《什么是"人民之友"以及他们如何攻击社会民主党人?》一文中说："马克思也推翻了那种把社会看作可按长官意志（或者说按社会意志和政府意志，反正都一样）随便改变的、偶然产生和变化的、机械的个人结合体的观点。"① 长官意志在现实中主要表现为：行政决策者主观武断，缺乏民主作风，缺乏对他人的尊重，在班子内部唯我独尊，搞"一言堂""家长制"。"规划规划，墙上挂挂，不如领导一句话"，"挥手一条路，落笔一栋楼"就是这种决策观的生动写照。2007年甘肃行政学院受国家行政学院委托所作的调查深刻揭示了这种现象：虽然在决策前一把手大都能够听取班子成员意见，而且多数班子成员能够充分地表达意见，但在决策中一把手专断的现象仍较常见（意见不一致时一把手即拍板定案，在各项指标中所占比例最高）；行政首长负责制与集体决策制度并不矛盾，但在实际决策中往往将二者对立起来，误把首长负责制等同于一把手拍板决策的现象并不少见，占60%以上。②

长官意志决定论在政府决策中带来诸多负面效应：第一，决策更多地考虑上级的意见。由于下级官员的"乌纱帽"由上级决定，致使下级在处理地方或部门问题时，往往更多地考虑上级的想法和意见，而不考虑或者较少地考虑实际情况，热衷于"面子工程""政绩工程""首长工程"的建设。第二，决策更多地考虑地方（部门）利益的需要。在压力型体制和官员任期制的作用下，地方政府官员的决策难免会受个人功利主义思维的影响，导致决策更看重任期效果、短期效果，而忽视决策的长远效应。第三，形成以政府为中心的政府决策惯性。在长官意志决定论的影响下，形成现实中的"一切决策领导拍板"的认识定势和习惯模式，排斥了公民和其他社会主体的决策参与权，加大了决策的风险。

---

① 《列宁选集》第一卷，人民出版社1995年版，第10页。
② 甘肃行政学院课题组等：《地级市政府民主决策机制问卷分析报告》，《甘肃行政学院学报》2007年第4期。

现实中，长官意志决定论一般通过三条途径来实现：一是"程序型民主"的途径。比如，有些地方和单位凡属重大问题都"由党的委员会集体讨论作出决定"，讨论问题时允许大家"畅所欲言、各抒己见"，但是，最后还是按照一把手的意见"拍板"，变成了"大家纷纷发言是民主，最后书记个人意见为集中"。这种民主实质上是"借集体集中之名，行个人集中之实"。二是"无能型民主"的途径。即在讨论决策重大经济社会政策措施时，由于班子成员缺乏相关知识，难以表达有建设性的意见，这时即使按正常程序民主讨论也难以吸收正确的意见，只好依据主要领导的意见作出集体决定。三是"代言型民主"的途径。即指利用"专家论证"这一幌子和招牌，表达某人的一家之言，达到所谓的民主决策的效果。这种民主的实质是借"专家论证"来压制民主。① 这三种"民主"途径既反映了权力监督的缺位，也反映了决策民主性的缺失。因此，摒弃长官意志决定论，强化权力制约，加强"一把手"的权力监督成为关键。

一方面，要谋划和制定有利于班子成员发扬民主、行使权利的制度安排，适度分权、合理分权，防止权力过于集中，以班子成员行使权利来制约"一把手"权力；健全党政"一把手"施政行为公开制度，实行委员质询制度，接受班子成员和群众的监督。另一方面，要实现用权程序化、法治化。决策程序一般应包括：一是明确当议事项。根据有关法律的规定，政府工作中的重大问题须经政府常务会议或全体会议讨论决定。何谓"重大问题"？法律应予以明确。二是规定议事程序。在政府决策方案论证过程中引入非可行性论证方法，凡是重大问题的决策，除突发性、应急性的事件之外，都应设置听取人民群众的意见和咨询专家进行研究论证的程序，变金字塔式的集中型决策结构为自下而上的多线平行式直接民主制。三是规定决策方式。领导班子在集体决策时，根据讨论事项的不同内容，分别采取无记名投票、记名投票、举手等方式进行表决，同时赋予人大对政府决策行使否决权，切实做到不遵循决策程序不能决策，不符合议事规则不能决策。

---

① 王建社：《论民主集中制中"民主虚泛"现象及其治理对策》，《理论前沿》2007年第1期。

第六章 理论应用：构建保障性住房管理的正向排斥政策体系

利益分配是公共政策的基本功能，正如戴维·伊斯顿所言，公共政策的本质体现为"对全社会的价值所作的权威性分配"①。传统的政策分配分析框架主要关注的是"谁应该得到"，即每个人是否"得其所应得"②，而政策排斥分析框架把人们的关注点直接指向被排斥对象，即被排斥群体是否"失其所应失"的问题。政策排斥分析框架比政策分配分析框架具有更强的针对性。以保障性住房管理为例，传统的保障性住房管理主要着眼于"谁应得到保障性住房"，而对"谁不应该得到"和"谁没有得到"这两个根本性问题关注不够，导致管理措施的针对性不够，大大降低了保障性住房管理的有效性。本书运用政策排斥分析框架，从"谁不应该得到"和"谁应得到"双重视角出发，检视保障性住房管理政策存在的问题及其优化路径，以期对增进保障性住房管理的有效性和公正性有所裨益。

第一节 保障性住房管理的政策排斥分析框架

核心概念是一个理论命题和理论框架的分析基础。由于社会资源的稀缺性，作为公共资源配置核心主导者的政府不可能对所有社会成员的利益

---

① David Easton, *Political System: An Enquiry into the State of Political Science*, New York: Knopf, 1953, p.129.
② [美] E. 博登海默：《法理学：法律哲学与法律方法》，邓正来译，中国政法大学出版社2004年版，第201页。

诉求予以满足，这就需要通过政策对各种利益诉求进行区分对待，以保障最适当的利益诉求者在国家所主导的价值框架下"得其所应得"。以排斥角度观之，这种区分和选择体现为将部分社会成员或群体排斥出政策受益范围，以维护某些个体或群体的利益，为实现决策者的最终价值目标服务。排斥性是公共政策的基本属性，即在资源稀缺的条件下，制定与执行一项公共政策，必然会使某些社会成员或群体的利益排斥出政策的受益范围，而这部分社会成员或群体可能是不应当受益政策对象，也可能是应当受益政策对象，因此，政策排斥揭示了政策作为社会利益分配工具的内在本质。据此，依据排斥是否公正，公共政策排斥可分为正向排斥与负向排斥，如果政策将本不应受益的对象排除出政策受益范围，最终有利于促进、实现和维护社会公正，即为政策正向排斥，政府和社会应积极推动；反之，即为政策负向排斥，政府和社会应予治理与遏止。

一　公共政策排斥分析框架对保障性住房管理的适用性

市场经济条件下，住房是一种商品，应当充分发挥市场在住房资源配置中的基础性作用。只有充分发挥市场机制的作用，才能较好地适应居民差异化的住房需求，从而更好地改善居民的居住条件和生活水平。然而，低收入者的住房问题很难完全依靠市场的力量解决。为解决困难群体的住房问题，现代政府建立了旨在解决中低收入住房困难家庭基本居住条件的城市住房保障政策。土地和住房都是一种典型的稀缺性资源，政府要保障中低收入者更多、更好地获得保障性住房，就必须把那些本不应当获得保障性住房的人群排除出保障性住房的受益范围，较好地实现住房的合理分配，最终实现公共利益的最大化。把中高收入者列为保障房政策的排斥对象，这是政府为了最大程度地实现公共利益而不得不付出的公共代价，也是住房资源的配置要依赖市场机制发挥基础性作用、有效适应居民差异化住房需求的客观要求。然而，受保障性住房政策排斥出受益范围的对象可能是不应当受益政策对象（如中高收入人群），也可能是应当受益政策对象（如低收入人群）。因此，运用政策排斥的理论分析框架来检视中国保障性住房管理政策的针对性、有效性具有很强的应用价值。

一般地说，一个国家或地区住房保障政策是否有效，关键看它是否有效地把应该享受保障性住房的困难群体纳入保障的范围，而把不应该享受保障性住房的社会成员排斥在保障性住房政策受益范围之外。一个国家或地区住房保障政策可以从坚持积极推动政策正向排斥和治理政策负向排斥并行的策略来实现上述目标。一是推动强化住房保障政策的正向排斥，政策主导者要旗帜鲜明地对那些不应享受保障性住房的人群发出排斥禁令，即从收入、资产、住房面积、行为规范等方面设置准入条件，将不符合住房保障标准的社会成员排除出保障性住房的受益范围，实现对保障性住房的公正分配。二是治理住房保障政策的负向排斥，即政策主导者要深刻认识政策具有负向排斥性特性，甄别保障性住房分配过程中的负向排斥行为，在政策的制定和执行中最大可能地减少保障性住房政策负向排斥的发生，降低保障性住房的政策风险。有效促进保障性住房政策的负向排斥向正向排斥转化，使住房困难群体真正享受到住房保障权，实现保障性住房的"得其所应得"（见图6-1）。

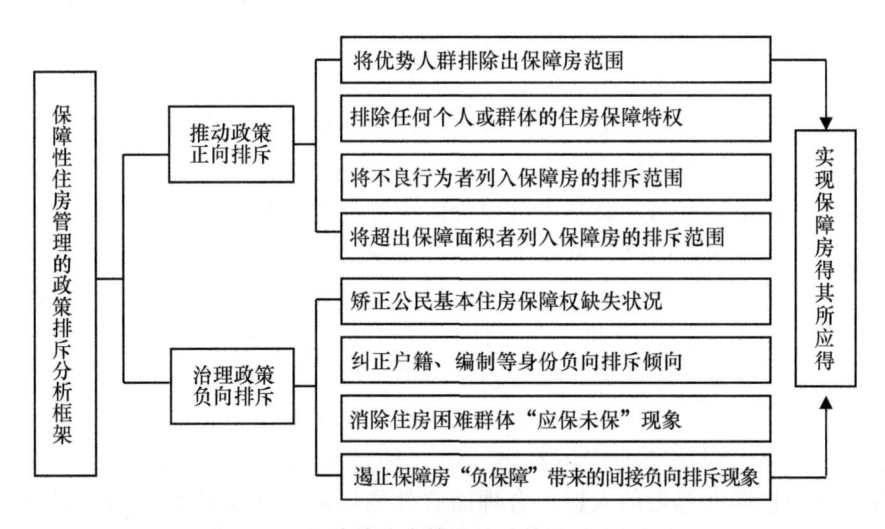

图6-1 保障性住房管理的政策排斥分析框架

二 积极推动保障性住房政策正向排斥

积极推动公共政策的正向排斥，就是政府要善于发挥政策的正向排斥功能，把不应得到保障性住房的人群排斥出保障性住房的受益范围。在资源稀缺的条件下，每一个个体对资源的占有就意味着别人所用资源的减少，为实现资源的公正有效配置，将某些社会成员或群体排斥在政策受益范围之外是必要的。保障性住房是稀缺的公共资源，政府需要运用保障性住房政策对不同利益群体进行合理区分，即排斥那些本不应当获得保障性住房的人群，以达到保护、满足那些很难完全依靠市场力量解决住房的真正困难群体的基本住房需求，从而实现对保障性住房的合理分配，最终实现公共利益的最大化。那些"不应获得保障性住房的人群"主要有：一是有能力从市场购买商品房的优势人群。把中高收入者列为保障房政策的排斥对象，究其本质而言，这是政府为了最大程度地实现公共利益而不得不付出的公共代价，也是住房资源的配置要依赖市场机制发挥基础性作用、有效适应居民差异化住房需求的客观要求。二是不属于困难群体的人员，如公务员、事业单位的工作人员。这是住房优势人群当中的特殊群体，需要在住房政策排斥设计中作为特别的人群予以关注。保障性住房是政府为解决中低收入者居住问题而直接投资或参与提供的住房，不应该成为某些特权群体的福利房。三是超出保障标准的保障对象。保障性住房政策是为解决困难群体的基本住房而制定的，那么，按照所得与应保障相适应原则，当保障对象获得了与其应当享受的基本住房面积之外的部分，则应当被排斥出保障性住房政策的受益范围，排除任何个人或群体获得政策的庇护而得到与其应得不相称的过高保障，超出部分可按照商品房的相关政策来处理。四是具有与社会基本伦理价值相背离的不良行为者。主要有两种人：第一种是通过隐瞒、欺骗等违法、违规手段获取保障性住房的社会成员。法律的正义原则要求一个人的所得必须要通过正当的手段去获得，不然法律将不予保护，因此，保障性住房的准入资格必须要通过透明、公开、公平等合法程序获得，任何通过虚报、伪造材料等违法违规手段来获得保障房的行为或搞内部交易的行为都是非正义的，都不应当得到法律的保护，而应受到法律的严厉打击。第二种是有违法犯罪劣迹（一定期限内）或好吃懒做恶习的人群。合理而有效的保障性住房政策应当既能保护目标对象基本生活，又能激励社会成员努力工作与劳动，因此，那些近期具有违法犯罪记录的社会成员和游手好闲、不思进取的"懒汉"不应当受到保障性住房的恩惠，谨防保障过度而引起福利依赖。

三 有效治理保障性住房政策负向排斥

有效治理保障性住房政策负向排斥，就是政府在政策制定和执行中要认真检视保障性住房政策中的负向排斥现象，有效防范和纠偏保障性住房政策的负向排斥情形。在保障性住房领域，常见的政策负向排斥现象主要有：其一，由于保障房准入门槛过于苛刻，致使很多城市住房困难却又达不到保障性住房准入资格的人群被排除在保障房政策受益范围之外，其基本住房的底线需求未能得到基本的满足，导致大量夹心层的出现。一是由于收入门槛要求过高，导致一部分群体既不符合购买经济适用住房条件，又无力在市场上购买商品住宅，形成第一个夹心层；二是由于廉租房保障范围过窄，导致一部分群体既不符合廉租房的条件，又无力购买经济适用住房，形成第二个夹心层；三是由于限价商品房价格过高，导致一部分既不符合经济适用房的准入条件，又买不起限价商品房，形成第三个夹心层。其二，由于户籍身份原因，如各大中型城市的保障性住房政策几乎都把户籍作为最基本的准入条件，导致那些不具有城市户籍却在城市工作、生活同时又是低收入、住房困难的家庭被排斥出住房保障范围。其中两大群体最为典型。一是农民工群体。由于没有城市户籍，农民工群体无法进入某城市的住房保障范围。二是部分刚毕业的大学生群体。一些刚毕业的大学生，或是待在某城市找工作，或是未达到某城市的入户标准而没有获得某城市户口，这些人群往往收入低但却被排斥在住房保障的体系之外。其三，保障房供给结构不合理间接导致"应保未保"的负向排斥困局。在现行的住房保障供给体系中，地方政府在地方财政和公共租赁住房、廉租房建设成本难以收回的双重压力下，倾向于供给集资合作建房和限价商品房，形成保障性住房的双重负向排斥现象：一是直接造成经济适用住房、公共租赁住房、廉租房建设比例偏低，供给严重不足，从而产生城市低收入住房困难家庭"应保未保"的负向排斥现象。二是间接造成"应保未保"的负向排斥现象。譬如，那些有实力的国有企业、事业单位常常能够申请到集资合作建房的资格，让其单位职工享受集资建房政策优惠，而实际上这部分群体（如教授、国企员工）中大部分人却不是应当获得保障房的住房困难群体。这种供给结构保障了一些不应获得保障房的对象，从而剥夺中低收入群体所应获得的保障份额，形成对这些群体的负向排斥效应。其四，退出机制不健全，导致低收入家庭由于没有被轮上而被排斥在保障房的受益范围之外的间接负向排斥现象。随着家庭收入的提高或者家庭人口变化等因素，保障房的受益家庭应该随情况的变化退出保障或者相应减小保障面积，但由于退出机制的不健全和不合理，造成事实上本应被排斥的保障房政策受益群体依然继续享受着政策保障，形成"该排斥却没有被排斥"的负保障效应，进而产生那些本应享受保障性住房的低收入家庭由于没有被轮上而被排斥在保障房的受益范围之外的负向排斥现象。增强保障性住房政策管理的有效性、针对性，毫无疑问，需要政府充分认识到现有保障性住房政策的负向排斥问题，积极采取有效措施进行纠偏，力促负向排斥向正向排斥转化，实现保障性住房的公正合理分配。

第二节 基于政策排斥框架的保障性住房管理政策检视

我们选取中央与北京、上海、杭州、广州、武汉、南京等一些典型地区的政策个案，并以公共政策排斥整体性分析框架对每个政策的排斥状况进行评估，以期更直观地考察中国当下公共政策排斥的实践现状。

一 保障性住房政策正向排斥的实践状况

近十多年来中央出台了《经济适用住房管理办法》《廉租住房保障办法》《关于加快发展公共租赁住房的指导意见》《关于公共租赁住房和廉租住房并轨运行的通知》《关于进一步做好城镇棚户区和城乡危房改造及配套基础设施建设有关工作的意见》《关于加快发展保障性租赁住房的意见》《关于规划建设保障性住房的指导意见》等一系列住房保障政策，地方也出台了一系列配套的住房保障政策。这些政策从收入、资产、住房面积等方面设置准入或排斥标准，将不符合住房保障标准的社会成员排除出保障性住房的受益范围，发挥了良好的正向排斥效应。一是构建了涵盖经济适用房、廉租房、公共租赁住房、棚户区改造、农村危旧房改造等内容的住房保障政策体系。随着政策的实施，2019年中国城镇居民人均住房建筑面积达到 $39.8m^2$，农村居民人均住房建筑面积达到 $48.9m^2$，累计建设各类保障性住房和棚改安置住房8000多万套，帮

第六章 理论应用：构建保障性住房管理的正向排斥政策体系

助2亿多困难群众改善住房条件，低保户与低收入住房困难家庭基本实现应保尽保，使城镇中低收入家庭的住房困难问题得到缓解，有效地改善了真正困难群体基本住房保障权缺失的状况。二是建构了较为完整的保障性住房正向排斥政策体系：（1）初步建立了家庭收入、住房状况等准入标准，为排斥对象的精准确定和正向排斥的实施提供了基准；（2）初步将资产纳入排斥范围（如广州的做法），为综合评估困难人群的困难程度、精准确定保障性住房的受益人群作出了有益的探索；（3）建立了较为严格的退出机制，为建立动态的保障房正向排斥管理体系、保障最应该享受保障性住房的困难群体的基本居住需求发挥了良好作用。三是建立了具有中国特色的过滤型住房保障供应政策体系，即对于中低收入阶层中的夹心层群体，为其提供公共租赁房；对于中等收入阶层，为其提供经济适用房和政策性商品房；对于中高收入阶层中尚不具备购买商品房能力的群体，为其提供政策性商品房。这一政策的实施为实现保障性住房的动态流转和正向排斥的动态展开提供了有效的政策保障。

但是，从保障性住房正向排斥的实践状况可以看出（见表6-1），由于政策设计或政策执行不完善，保障性住房政策正向排斥的有效性还有较大的提升空间。一是现有的政策都是从"谁应得到"的角度来设计，而对于"谁不应得到"关照不足，从而导致对排斥范围和排斥对象的确定比较模糊，大大降低了保障性住房管理的针对性。二是尚未建立明确清晰的财产排斥基准，导致财产很难成为有效的排斥指标。除了广州等少数城市列举了家庭资产排斥规定，其他大多数城市并没有明确财产排斥规定，更没有提出明确的财产计算方法和排斥范围，需要进一步健全。三是虽然建立了收入排斥标准，但是一些地方家庭收入审核机制不太科学，可能把部分名义收入低，但是隐性收入较多的人群纳入保障范围，从而产生保障房"保不应保"的负面效应。比如，"住着经济适用房，开着高级小轿车"的现象，在各地屡见不鲜。[①] 四是尚未建立不当价值和不良行为的排斥清单，使不当行为很难成为保障性住房政策正向排斥的考量指标。五是退出机制不健全，造成"该排斥却没有被排斥"的负保障效应。保障房的受益家庭如果因为后期收入提高导致不符合资格条件，或者因为家庭人口变化等因素，已经享受的保障住房应该随情况

---

① 张贵峰：《土地是大众的　经适房改革怎成为政府"减负"》，《中国青年报》2006年8月11日。

的变化退出保障或者相应减小保障面积,但由于退出机制的不健全和不合理,造成了事实上本应被排斥的保障房政策受益群体,依然继续享受着政策保障,进而导致那些本应享受保障性住房的低收入家庭由于没有被轮上而最终被排斥在保障房的受益范围之外。六是尚未建立起第三方和利益相关者参与的保障性住房政策制定和执行情况的公正性审查机制,一定程度上降低了政策对象对保障性住房政策的满意度。吕维霞等通过对北京市保障房政策实施情况的调研认为,"保障房住房本身存在建筑质量问题,同时还需要不断完善子女上学、交通、医疗、购物服务等公共服务,进一步解决低收入者的就业问题等"[①]。还有人对公众对北京限价房政策的满意度进行了调查,认为北京限价房政策所定的收入条件是"合适的"只占24.52%,认为限价房政策不能解决中低收入家庭住房的却占65.60%。[②]

表6-1　　　　　　　保障性住房政策正向排斥的实践状况

政策文件	收入排斥规定	财产排斥规定	面积排斥规定	不良行为排斥规定	公正性审查规定
《经济适用住房管理办法》	家庭收入符合市、县人民政府划定的低收入家庭收入标准	无	无房或现住房面积低于市、县人民政府规定的住房困难标准	无	无
《廉租住房保障办法》	城市低收入住房困难家庭	无	应当将单套的建筑面积控制在50m²以内	无	无
《关于加快发展公共租赁住房的指导意见》	城市中等偏下收入住房困难家庭	无	单套建筑面积要严格控制在60m²以下	无	无

---

① 吕维霞、王永贵、赵亮:《保障性住房新政下公众对政府评价的实证研究——以北京市为例》,《国家行政学院学报》2011年第4期。
② 高阳:《北京市中低收入家庭住房保障制度研究》,硕士学位论文,首都经济贸易大学,2008年。

续表

政策文件	收入排斥规定	财产排斥规定	面积排斥规定	不良行为排斥规定	公正性审查规定
《上海市共有产权保障住房管理办法》（2016）	可支配收入低于规定限额	财产低于规定限额	住房面积低于规定限额	无	无
《广州市公共租赁住房保障办法》（2016）	家庭年可支配收入限额分为35321元（1人家庭）、64755元（2人家庭）、88303元（3人家庭）、105963元（4人以上家庭）四档	家庭资产净值限额分为18万元（1人家庭）、33万元（2人家庭）、46万元（3人家庭）、60万元（4人以上家庭）四档	无房；人均居住面积低于$15m^2$	无	无
《北京市共有产权住房管理暂行办法》（2017）	申请家庭应符合本市住房限购条件且家庭成员名下均无住房	无	共有产权住房以中小户型为主	无	无
上海市《关于进一步完善本市共有产权保障住房工作的实施意见》（2018）	符合本市共有产权保障住房收入和财产准入标准	在本市无住房	无	无	无
北京市《关于调整本市市场租房补贴申请条件及补贴标准的通知》（2020）	申请当月前12个月家庭人均月收入不高于4200元；3人及以下家庭总资产净值57万元及以下，4人及以上家庭总资产净值76万元及以下	申请家庭成员在本市均无住房且在本市生活	无	无	无

续表

政策文件	收入排斥规定	财产排斥规定	面积排斥规定	不良行为排斥规定	公正性审查规定
《关于加快发展保障性租赁住房的意见》（2021）	住房困难的符合条件的新市民、青年人等群体	无	建筑面积不超过70m²	无	无
《南京市发展保障性租赁住房实施办法》（2022）	项目所在区无房的居民，重点供应新市民、青年人等群体	无	建筑面积70m²以内	无	无
《关于规划建设保障性住房的指导意见》（2023）	住房有困难且收入不高的工薪收入群体	无	无	无	无

资料来源：笔者自制。

二 保障性住房政策负向排斥的主要表现

值得关注的是，由于保障房准入条件、供给结构、退出机制及相关配套政策不够合理、不够科学，导致仍然有大量低收入群体被排斥出住房保障的受益范围，形成了住房保障领域的负向排斥现象。

第一，收入准入门槛设计过高，导致较为严重的"应保未保"负向排斥后果。

由于地方政府设计的保障房收入准入门槛过于苛刻，导致了大量负向排斥现象的出现。一是由于对收入要求过高，导致一部分群体既不符合购买经济适用房条件，又无力在市场上购买商品住宅，形成第一个夹心层；二是由于廉租房保障范围过窄，导致一部分群体既不符合廉租房的条件，又无力购买经济适用房，形成第二个夹心层；三是由于限价房价格过高，一般定价低于商品房10%，导致一部分既不符合经济适用房的准入条件，又买不起限价商品房，形成第三个夹心层。以南京市保障性住房的准入门槛（2016年）为例（见表6-2），2016年，南京市商品房价格基本上达到10000元/m²以上，而人均月收入1000元以下的家庭才有资格购买经济适用住房或轮候廉租房，显然，那些人均月收入1000元以上又买不起商品房的家庭大量存在，这部分群体既无资格购买经济适用房，又没有能力购买商品房，实际上并未享受到应有的住房保障，而是被排除在住房保障体系之外，构成了住房保障的巨大夹心层。此外，这部分群体也无法纳入公共租赁住房政策的保障范围。2016年，南京市的公共租赁住房准入标准为家庭人均月收入1700元以下（含1700元），显然，夹心层人群被排除在外。这部分"夹心层"的人员主要包括就业不久的大学毕业生、青年教师、青年医务工作者、年轻公务员和引进人才等。而且，对于经济适用房8000—10000元/m²的价格①来说，实际上人均月收入1000元以下的大多数家庭无力购买，在廉租房保障范围过窄的条件下，有相当一部分人均月收入1000元以下的家庭实际上被排斥在住房保障的范围之外，形成保障性住房政策的经济负向排斥。限价商品住房的政策设计也有同样的问题。依据相关政策，2016年南京市限价商品住房的定价低于商品房10%左右（普遍在1万元以上），对于家庭人均月收入在1700元以下的合格人群来说，无疑是难以实现的购房梦想，这部分群体已经被排斥出限价商品房的受益范围，加上由于收入过高（人均月收入超过1700元）而被排斥出限价商品房的家庭，限价商品房实际构成了人均月收入1700元以下和人均月收入1700元以上家庭的双重负向排斥。

表6-2　　　　　　南京市保障性住房的准入门槛（2016年）

类型标准	保障对象	收入标准	面积标准	户籍标准	面积标准
经济适用房	城镇低收入住房困难家庭	人均月收入1000元以下	家庭人均住房建筑面积15m²以下	具有本市市区城市的常住户口已满5年	40—60m²
廉租房	城镇低收入住房困难家庭	人均月收入在1000元以下	家庭人均住房建筑面积15m²以下	本市市区城镇常住户口满5年	50m²左右

---

① 据房产局公开数据，2016年位于南京南站板块的宁南农花村经济适用房，一季度指导价格为7900元/m²，到四季度已经达到8700元/m²，岱山小区全年维持在8900元/m²左右。

续表

类型标准	保障对象	收入标准	面积标准	户籍标准	面积标准
公共租赁住房	大中专院校毕业不满5年，在本市有稳定职业的新就业人员；城市中等偏下收入家庭；在本市有稳定职业，非本市户籍的外来务工人员	家庭人均月收入1700元以下	住房困难标准为人均住房建筑面积在15m²以下（含15m²）	具有本市市区常住户口满5年	50m²左右
限价商品住房	拆迁户；中等收入住房困难的城镇居民家庭	家庭人均月收入1700元以下（适用本地居民）	住房建筑面积在人均15m²以下的城市中等偏下收入家庭（适用本地居民）	城市常住户口满5年（适用本地居民）	90m²以内

资料来源：南京市住房保障和房屋管理局。

第二，以户籍等身份因素为基准，形成住房保障的身份主导型政策负向排斥①。目前，中央把住房保障的具体政策交给地方去制定和执行，而主要大城市的住房保障政策几乎都把户籍作为最基本的准入条件（见表6-3）。这种户籍排斥，实际上把那些不具有当地户籍的低收入、住房困难家庭排斥出了住房保障范围。其中两大群体最为典型。一是农民工群体。由于没有城市户籍，在城市长期工作、生活且收入低、住房困难的农民工群体无法进入某城市的住房保障范围，导致其要么去市场租房而降低自己的生活水平，要么只能居住在工棚，生活长期处于边缘化状态。二是部分刚毕业的大学生群体。一些刚毕业的大学生，还没有达到某城市的入户标准，因此不能获得城市户口，这类人群往往收入低但却被排斥在住房保障体系之外。住房保障以身份因素而不是收入高低和住房困难程度作为

---

① 为了实现或保护自身利益或所代表群体的利益，户籍、性别、编制等社会身份因素常常成为政策主导者排斥他人分享某种利益和机会的杠杆，这种政策负向排斥可称为"身份主导型政策负向排斥"。参见钟裕民、陈侨予《身份主导型政策负排斥：演变轨迹与形成机理——以当代中国为视角》，《探索》2015年第5期。

判断标准,将会背离其本应保障困难群体的初衷,形成身份主导型政策负向排斥的现象。

表6-3　　　　　主要大城市保障性住房的户籍门槛

	经济适用住房	廉租住房	公共租赁住房
北京	本市城镇户籍时间满3年	取得本市户籍满5年(家庭为单人的申请人,应当符合晚婚年龄;离异的,应当满3年)	参加社会保险证明
上海	具有本市城镇常住户口连续满3年,且在提出申请所在地的城镇常住户口连续满2年	具有本市城镇常住户口满3年,且具有申请所在地城镇常住户口满1年	具有本市常住户口或持有《上海市居住证》两年以上,并连续缴纳社会保险金(含城镇社会保险)达到一年以上
广州	具有本市市区城镇户籍	具有本市市区城镇户籍	具有本市市区城镇户籍
武汉	具有本市城镇常住户口	具有本市城镇常住户口	具有本市城镇常住户口
杭州	申请家庭至少有一人具有当地常住城镇居民户口(不包括学生户口)并居住5年以上	申请家庭至少有一人具有当地常住城镇居民户口(不包括学生户口)并居住5年以上	具有市区常住城镇居民户籍5年(含)以上

资料来源:根据主要城市保障房相关政策规定整理。

第三,信贷等相关配套政策不合理,导致住房保障政策的经济负向排斥后果。保障性住房是旨在解决中低收入住房困难家庭基本居住条件的政策性住房。在保障性住房的租售方面,政府应针对困难群众制定特殊的购买首付、信贷支持等政策优惠。但是,从各地保障性住房政策来看,政府虽然制定了信贷政策的方向性规定,却没有明确的、可操作的政策条款(见表6-4)。有些城市虽然制定了"可提取其住房公积金用于购买经济适用房"的政策规定,但是,实际上有资格购买经济适用房的群体由于没有住房公积金或公积金很少而使这一政策的扶持效果不佳。由于缺乏明确的首付或信贷优惠政策支持,从而产生一些经济困难群体没有能力支付首付和住房贷款而放弃购买保障房的经济负向排斥现象,或者发生即使购买

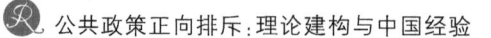

了却要背负巨大的债务压力而进一步降低其生活水平的负向效应。

表6-4　　　　　主要大城市共有产权住房的贷款政策

	政策文件名称	信贷政策规定	是否有明确的政策优惠
上海	《上海市共有产权保障住房管理办法》(2016)	购房人可以按照规定申请住房公积金、商业银行等购房贷款，并可以按照国家规定，享受税收优惠政策	无
北京	《北京市共有产权住房管理暂行办法》(2017)	购房人可以按照政策性住房有关贷款规定申请住房公积金、商业银行等购房贷款	无
广州	《广州市共有产权住房管理办法》(2020)	取得住房公积金贷款、金融机构政策性融资支持及贷款利率优惠	无
武汉	《武汉市经济适用住房管理办法》(2020年修订版)	住房公积金管理机构应当优先办理购买经济适用住房的公积金贷款业务	无
南京	《南京市保障性住房共有产权管理办法》(2020年修订版)	鼓励商业银行开发相关金融产品，为符合条件的保障对象提供信贷支持	无

资料来源：根据主要大城市共有产权住房相关政策规定整理。

除了准入条件造成保障性住房政策的负向排斥效应，供给结构的不合理也导致了政策负向排斥的后果。如现有政策并没有规定各种保障房之间的刚性比例，就造成了地方政府建设保障房的随意性。这种随意性集中体现为：在地方财政和公共租赁住房、廉租房建设成本难以收回的双重压力下，地方政府倾向于供给集资合作建房、限价商品房，进而造成经济适用房、公共租赁住房、廉租房建设比例偏低、供给量严重不足的现状，导致城市低收入住房困难家庭"应保未保"的负向排斥效应。另外，现有政策都将经济适用房、廉租房和公租房的建设面积规定为50平方米左右，容易产生对人口多但收入低家庭的负向排斥效应。假设一个三口之家申请到一套50平方米的保障房，那么，其家庭人均住房面积约为16平方米；如果是一个五口之家,由于没有更大户型的保障房,该家庭也只能申请到50平方米的保障房,那么,其家庭人均住房面积仅有10平方米。这种保障房的供给面积"一刀切"实际带来了人口多收入低家庭住房保障的负向排斥效应。

第三节 构建保障性住房管理正向排斥政策体系的主要路径

如前所述,虽然中国已经建立了较为完善的保障性住房管理政策体系,但是,仍然存在正向排斥不足和负向排斥的问题,因此,按照政策排斥的分析理路,保障性住房管理要坚持积极推动政策正向排斥和遏止与治理政策负向排斥并行的策略。具体言之,可以从如下方面作出努力。

一 科学制定保障性住房的排斥标准

保障房排斥或准入标准的科学性是保障性住房政策有效发挥保障功能的前提,也是保障性住房政策排斥框架有效运行的基础。若准入门槛过高,就无法起到保障中低收入家庭的目标,产生负向排斥效应;若准入门槛过低,则会使得本来不应保障的家庭也被纳入保障范围,产生负保障效应。住房保障排斥条件一般由收入、财产和面积等条件构成,因此,要科学确定保障房排斥的收入、财产和住房面积标准,把不应该享受保障性住房的社会成员有效排斥出保障房政策的受益范围,把真正属于住房困难的人群切实纳入住房保障的范围,实现所有居民"住有所居"之目标。首先,科学制订保障房准入的收入标准。保障对象收入标准确定的方法主要有三种。一是剩余收入法,即如果家庭的可支配收入减去家庭维持生活的最低消费支出后的余额不能满足住房消费的最大支付额,则表明购房家庭存在着住房支付能力困难问题,应列入保障对象。[1]这种方法欠缺对不同收入群体的基本生活支出差异性的考虑,导致难以普适性地反映所有购房

---

[1] 周仁、郝前进、陈杰:《剩余收入法、供需不匹配性与住房可支付能力的衡量——基于上海的考察》,《世界经济文汇》2010年第1期。

者的住房支付能力水平。二是统计分组法,即按年家庭收入水平对城镇家庭进行排列,按20%的比例划分为低收入户、中等偏下收入户、中等收入户、中等偏上收入户和高收入户五个组。这种办法能够较容易地根据地方政府的经济能力来确定住房保障数量,但是,该方法欠缺对保障对象实际购买或租赁能力的充分考量,导致这种方法所确定的中等偏上收入人群仍然没有能力购买价格高企的商品房,致使他们仍然无法解决住房困难问题。三是房价收入比法,即通过计算城镇家庭实际的房价收入比和理论上的合理值,进一步确定住房保障范围。这种方法能够较好地反映居民的实际购房能力,便于把缺乏购房能力的困难群体纳入政府的保障计划中。我们认为,第三种方法较能动态反映居民实际购房能力,是一种相对科学的保障性住房收入准入确定方法。我们可以从居民购房困难程度出发,以二手房房价(或新房价格的80%)为基准,按照国际通行标准,把房价收入比的6倍作为保障房准入或排斥的收入标准。其次,科学制订保障房的财产排斥标准。家庭住房以外的财产与住房之间存在替代关系,所以家庭财产也应作为保障性住房的准入或排斥条件之一。我们可以把银行存款、土地、汽车、投资类资产和珍贵收藏品等大件财物作为保障房排斥的考量门槛。保障性住房是专门为保障住房困难群体基本居住需要而供给的政策性住房,那么,基本居住标准应成为保障性住房面积的准入条件。《中华人民共和国国家标准:住宅设计规范 GB50096—2011》规定,住房要具备吃饭、睡觉、起居和分室等基本功能,单人卧室为6平方米,双人卧室为10平方米,起居室(厅)为12平方米,厨房不能低于5平方米。① 以此为标准,一人的基本居住面积标准在15平方米左右。国家也按此标准规定廉租住房单套建筑面积控制在50平方米以内,经济适用房面积为60平方米左右,公共租赁住房面积控制在40平方米以内。那么,自有住房人均15平方米(对于人口多的家庭而言)、廉租房(50平方米)、经济适用房(60平方米)、公共租赁房(40平方米)则可确定为保障性住房的面积准入标准。以此为基准,高于此标准的,可把这部分人群列入保障性住房的排斥范围,充分发挥保障性住房政策的正向排斥功能;低于此标准的,应把他们列入保障性住房政策的受益范围,谨防出现保障不足的负向排斥后果。

---

① 《中华人民共和国国家标准:住宅设计规范 GB 50096—2011》,中国建筑工业出版社2011年版,第8—9页。

二 完善保障性住房管理的正向排斥推进策略

由于保障性住房资源比较稀缺，为最大程度地保障低收入者更多、更好地获得保障性住房，需要充分发挥保障性政策的正向排斥功能，将不应当享受保障性住房的人群排斥出政策的受益范围之外。为此，要在现有政策的基础上，进一步完善保障性住房的正向排斥清单制度。

第一，建立明确清晰的财产、收入排斥制度，将中高收入家庭排斥出保障性住房范围。一般地，以下四种情形可列入财产排斥清单：一是超出某城市规定的购买保障性住房的财产限额的家庭和个人；二是持有或从事有价证券买卖及其他投资行为，以及收藏有字画、古币、瓷器、邮票等的家庭；三是有与商品房支付能力相称的银行存款的家庭；四是家庭成员持有并使用高档移动电话，或拥有贵重首饰，或拥有自己出资购买的汽车等非生活必需高档消费品的家庭。

第二，除财产、收入指标之外，一些消费行为也应列入保障性住房的排斥范围，如经常享用高档烟酒等非生活必需品或经常参加高消费娱乐休闲活动的家庭；饲养高档宠物的家庭；安排子女出国留学或者在贵族私立学校就读的家庭。

第三，建立"保障性住房拟保障对象"的道德审查和犯罪审查机制，将那些严重违法乱纪者和不自食其力者列入保障性住房的排斥范围，使保障房成为通过自己努力而未能解决基本住房的客观困难群体的保障住房。在道德审查和犯罪审查中，以下几种人员应当列入保障性住房的排斥范围：一是在一定期限内（如三年）参与赌博、嫖娼、吸毒等严重违法乱纪者；二是曾经有虚报、隐瞒、伪造等手段骗取保障房名额、住房补贴和廉租房以及承租后寻租等行为的人员；三是故意隐瞒家庭真实收入（包括隐性收入）及家庭人口变动情况，提供虚假申请材料及证明的家庭；四是有具备劳动能力的成员却无正当理由拒绝就业或拒绝有关部门提供就业机会的家庭。

第四，建立保障性住房市场中的特权群体识别与退出机制，把一些拥有公权力的群体明确列入保障房政策的排斥范围。譬如，要进一步加强对大型国企、事业单位建房行为的审批和审查，谨防一些大学或科研机构利用与政府的亲密关系或较高的博弈能力，争取地方政府划拨土地违规为单位职工建福利房。

第五，建立法定机构负责政策公正性审查，推进平等住房保障权利的落实，保障利益关系人对保障性住房政策制定、执行、评估各环节全程有效参与，最大程度地保障排斥基准设定和排斥对象确定的公允性与合理性。

三 完善保障性住房政策负向排斥治理对策

在努力推动保障性住房政策发挥正向排斥的同时，要采取纠偏措施，有效治理现有保障性住房政策的负向排斥问题。

首先，建立公民基本住房权的法律保障机制，保障公民基本住房权。住房权不是指每个公民买房和买得起房的权利，而是指公民"住有所居"的权利，即每个公民都应有能休息、静思和生儿育女的栖身之地。保障公民的基本住房权，实现"住有所居"目标，立法是关键。一是在宪法中规定基本住房权，赋予公民以正当理由向国家要求满足自身基本住房需求的资格和权利。杰克·唐纳利曾宣称，"拥有权利就被赋予力量来坚持权利要求，这种要求通常比功利、社会政策以及人的活动的其他道德或者政治基础更加重要"[①]。二是通过制定《住房保障法》确定公民住房的最低保障标准，明确国家保障居民基本住房权的核心义务，倒逼政府以积极履行国家义务的方式来实现公民"住有所居"之目标，通过有计划、分步骤地把住房困难人群纳入保障性住房的受益范围，进一步矫正公民基本住房权缺失的状况。正如姜明安所言："如果公民住房标准低于一个普通人基本生活需要的最低标准，如像目前一些城市'蚁族'的居住情况那样，则不能认为政府已履行或履行好了其保障公民住房权的义务和责任。"[②] 三是赋予居民"可抗辩住房权"。"可抗辩住房权"意味着公民的基本住房权被纳入诉讼的受案范围，无房者或尚未达到基本住房标准的居民可向法院提起诉讼，通过司法机关的干预来强化政府的义务意识，保障公民基本住房权利的有效实现。

其次，建立住房困难人群的渐进保障机制。建立住房困难人群的渐进

---

① ［美］杰克·唐纳利：《普遍人权的理论与实践》，王浦劬译，中国社会科学出版社2001年版，第3页。
② 姜明安：《住房权绝不等于住房所有权》，《人民论坛》2010年第16期。

保障机制就是要有计划、分步骤地把住房困难人群纳入保障性住房的受益范围。保障居民的基本居住需要是国家建设保障性住房的根本出发点，那么，只要属于尚未达到基本居住条件的住房困难人群，就应获得住房保障，反之，则构成对其保障房政策的负向排斥后果。因此，地方政府在确定住房保障准入条件和保障性住房的供给数量时，不应以地方政府的财力为基准，而应以本地区住房困难人群和困难程度为基准，把符合保障准入条件的对象有序纳入保障房的保障范围。在地区经济财政能力的约束面前，一方面，国家应通过法律法规确定保障性住房投入占地方政府财政收入的比例，保证保障性住房的财政投入；另一方面，以收入为标准，细分保障对象住房困难程度，在此基础上划分住房保障的优先次序，构建保障性住房的梯度供给体系。第一层级可为双困低保户、伤残、优抚等特殊家庭，以及其他最低收入户；第二层级可为低收入住房困难户，这部分可占整体保障人群的50%左右；第三层级可为中低收入家庭。住房保障瞄准的阶梯推进次序应是：第一层级住房困难群体→第二层级住房困难群体→第三层级住房困难群体。通过逐年实现一个目标的方式，分步骤地把困难人群纳入保障性住房的受益范围，争取在3—5年完成困难人群保障性住房全覆盖。

最后，摒弃户籍身份标准，对符合住房困难标准的常住人口一视同仁。摒弃户籍身份标准就是要建立住房困难群体的平等保障机制，对符合住房困难标准的常住人口一视同仁。虽然各地保障房的申请条件有所差异，但是几乎都把具有当地城镇户口作为最基本的准入条件。就廉租房来说，北京市规定申请人必须取得"本市户籍满5年"，上海市规定"具有本市城镇常住户口满3年，且具有申请所在地城镇常住户口满1年"，广州和武汉都规定要具有"本市市区城镇户籍"。这种户籍排斥，实际上把不具备当地户籍的外来务工人员都排除在保障房的保障范围之外。在各城市的快速发展进程中，外来务工人员已经成为建筑业、餐饮业、家政业等诸多行业的主体力量，是一个城市快速发展不可或缺的依靠力量，理应与城市居民一样平等享有包括住房保障权在内的社会权利。虽然外来人口的住房保障在短期内一蹴而就并不现实，但是可分两步走：第一步，放宽保障房的申请条件，弱化户口约束。将保障房的"具有当地城镇户口"的条件修改为"当地常住人口，并在当地具有稳定的工作"，常住人口可以定义为在当地居住满五年以上，缴纳个税或者社保满五年以上，与当地企业签订五年以上用工合同等，从而将在迁入地稳定生活并具有稳定工作的外来务工人员纳入保障房的受益范围；第二步，逐步剥离附在户籍上的保障房待遇，还原户籍登记管理的本来功能，摒弃对保障对象的双重或多重标准现象，努力纠正户籍负向排斥倾向，消除户籍决定身份等级的功能，打破城乡保障房供给的二元格局。

四 构建保障性住房政策排斥机制有效运行的配套制度

要完善相关配套政策，促进财政政策、土地政策、信贷政策、信息核查政策与住房保障政策的有效协同。

第一，完善住房保障的财政预算与规划制度。一是要强化财政预算，建立以本地区住房困难人群和困难程度为基准的保障性住房建设预算制度，确保每年保障房建设的财政足额投入。二是要加强保障房用地规划，以法律法规明确保障性住房用地占地方土地供应计划的比例，保证保障性住房建设土地的优先供应。三是要完善信贷政策，如进一步降低购买共有产权住房的首付比例，将共有产权住房信贷利率降为正常利率的80%或更低。

第二，完善申请人的信息归档与财产公示制度。一方面，家庭工资性收入、资产性收入以及其他形式的收入财产状况是保障房准入审查的基础性数据，如果这些数据无法获取，就难以保证保障性住房分配和清退过程的公正性，所以应建立申请人家庭收入归档制度，及时全面掌握申报人的家庭资产、家庭收入、家庭人口的变化等情况。同时，将申请人从入住到退出过程中的弄虚作假、违反规定等不良行为记录在案，并与银行的个人信用档案联网，既可为实施保障性住房政策的正向排斥提供依据，又可进一步加大申请者的违规成本，降低其违规的动机。另一方面，建立申请人个人及家庭财产公示制度。要及时全面公示申请对象的个人及家庭收入的状况和受保家庭遴选与排序的方案及结果，畅通社会监督渠道，让保障房的分配与退出置于社区民众的有效监督之下，努力做到保障性住房的"应保尽保"和"及时退出"。

第三，建立多方协同的保障性住房信息核查制度。一是按照"横向住房保障、财政、民政、税务、公安、银行等部门，纵向市、县（区）、街道、社区、物业"的框架，打造基本住房数据信息管理系统和若干相关联的信息系统为基础的共享平台，建立多部门、多层次的信息共享和监督联动机制，准确全面把握申请人的家庭收入，以便及时发现家庭收入超出准入范围之外的申请人，实现保障房动态流转。二是建立第三方机构对申请人的资格审查机制，增强审核把关的公平性。三是设立专门保障房社会监督举报电话，与物业、社区、街道等单位联动，形成动态的部门核查与社会监督相结合的核查监管体系。四是居民举报奖励制度。通过对举报属实的举报群众予以奖励，充分了解群众参与保障性住房分配与退出过程，最大限度地保证最终保障对象的准确性。

第四，优化保障性住房供给制度。完善住房供应机制，实现各类住房在具有不同支付能力的居民家庭中实现动态过滤。一方面，《住房保障法》应明确规定各类保障性住房的供给类型比例。加大廉租房、公租房的供给比例，减少经济适用房、集资房的供给比例，充分实现住房困难群体"应保尽保"。同时，在新建保障性住房时，既要考虑优先建设小户型以满足更多困难群体的住房需求，又要考虑建设一定比例的中户型以满足人数多的家庭的基本居住需求，还要同步实施符合国家标准的配套设施建设。另一方面，要建立过滤型住房保障供应制度。对于中低收入的夹心层群体，政府应为其提供公共租赁房；对于中等收入群体而言，其住房支付能力尚可，地方政府可以根据当地实际情况为中等收入群体提供经济适用房和政策性商品房；对于中高收入群体中尚不具备购买商品房能力的群体，政府为其提供政策性商品房。

传统的保障性住房管理分析框架主要关注的是"谁应该得到"，而保障性住房管理的政策排斥分析框架直接指向被排斥对象，着眼于"谁不应该得到"和"谁没有得到"，有利于增强保障性住房管理的针对性和有效性，为优化保障性管理提供了一个新的视角。本书所提出的政策排斥整体性分析框架对于优化保障性住房管理具有较强的适用性，但是，对于医疗、教育、社会保障等领域的适用性问题还有待进一步的理论研究与实证检验。

结语　负向排斥到正向排斥之间：公共政策排斥议题的研究空间

一　基本结论

本书以公共政策正向排斥为研究对象，建构其分析框架，并以双层政策供给模型检视其公共政策正向排斥的阻滞因素，探究其推进路径。本书的主要结论可归纳为如下六个方面。

结论一：推动公共政策正向排斥是政府推动公共政策排斥的应然向度。公共政策是国家治理的核心工具，公共政策排斥是这一核心工具的常用手段。在资源稀缺的条件下，为实现、增进和维护社会公正和促进公共生活良性运行的需要，国家有必要充分运用公共政策正向排斥这一重要手段：或是将不应当享受政策益处的社会成员、群体排除在政策受益范围之外；或是否定、遏止、排斥某种不当价值、理念或行为。可见，公共政策正向排斥是公共政策排斥的应然属性，其本质是依据社会公正原则的价值分配。据此，公共政策正向排斥，是指以政府为主的政策主导者依据公正原则，通过政策手段将不应当享受政策利益的社会成员或群体排除在政策受益范围之外，或是否定、遏止、排斥某种不当价值、理念或行为，实现对社会利益的合理分配，有效增进公共利益、促进社会公正的过程和结果。

结论二：促进公共政策负向排斥向正向排斥转化对于实现社会公平正义具有根本性意义。公共政策负向排斥，是指政策主导者通过政策手段，自觉或不自觉地将本来应当同等受惠于某项或某些政策的个人、阶层或群体排除在政策受益范围之外，使其未能公平享受某种权利和社会机会，不

结语　负向排斥到正向排斥之间：公共政策排斥议题的研究空间

能依据公正原则参与社会生活甚至被边缘化的过程和状态。在民生思想的推动下，人类社会开展了大量追求平等的行动，这些行动对遏止政策负向排斥的蔓延具有重要作用，但是仍然存在诸多政策负向排斥现象：收入分配中的"同工不同酬"、经济赔偿中的"同命不同价"、妇女和少数民族等群体社会权利的缺失、所有制运行中的差序格局，以及劳动就业中的性别排斥、教育考试中的地域排斥和城乡二元格局中的户籍排斥等。这些问题不仅会加深民众的社会不公正感，而且也会激化社会矛盾。因此，促进公共政策负向排斥向正向排斥转化是政府的重要使命。

结论三：必要性、合法性、合理性是公共政策正向排斥的基本标准和实施路向。基于政治哲学角度，公共政策正向排斥应遵循必要性、合法性、合理性要求。如果坚守这三项原则来实施公共政策排斥手段，那么，公共政策排斥不仅不会带来负向结果，而且还会带来社会的公正和良序。同时，政府和社会也要积极防范公共政策排斥偏离必要性、合法性与合理性原则而走向负向排斥的泥沼。首先，以必要性基准来思考公共政策排斥的适用边界问题。任何一项涉及限制公民权利的公共政策排斥手段的出台都要经过严密的必要性审查。第一，审查公共政策排斥行为是否具有法律的授权依据。第二，审查公共政策排斥的目的是否具有正当性。第三，权衡是否有必要采取相应手段，即，在相同有效性下对各种不同手段进行损害大小比较，所选择出的手段是否有助于实现最小损害。其次，以合法性思维来推动公共政策正向排斥。在制定和实施排斥性政策的过程中，一定要贯彻以人民为中心的理念，更好地维护、实现人民的利益，最终以人民认可为评价标准，最大程度地满足人民的愿望，增进公共政策排斥的合法性。最后，以合理性思维来审视和制定排斥性公共政策。合理性思维意味着要从历史主义视角来审视排斥性政策。譬如，1980年中国确立的计划生育政策，其本质是对公民基本生育权的排斥，是一种负向排斥，但是，这一政策是在中国人口快速增长并对国家产生越来越大的负面影响的背景下提出来的。这一政策排斥有其历史的合理性。合理性思维意味着要从民族性或地方性视角来审视排斥性政策。我们判断一项政策排斥合理与否时，不能离开一个民族或地方的特定历史与文化。正如黑格尔所言："如果要先验地给一个民族以一种国家制度，即使其内容多少是合乎理性的，这种想法恰恰忽视了一个因素，这个因素使国家制度成为不仅仅是一个思想上的事物而已……每一个民族都有适合它本身……的国家制度。"①

结论四：公共政策正向排斥的要因在不同类型领域有所差异，但更有其突出的共性。在政策前台，体制转轨与行政型分权、功利主义决策价值取向、锦标赛式政治晋升机制、异体问责乏力的行政问责制等构成了阻滞公共政策正向排斥的制度环境。在政策后台，决策者的政策偏向、强弱群体之间的影响力差距及信息鸿沟、政策均衡的非中性等构成了阻滞公共政策正向排斥的社会网络因素，致使政策往往成为强势行动者精心设计而强加于其他行动者的产物，最终导致政策偏离正向排斥的轨道。而前后台的对话结构失衡、强弱群体利益实现程度不均衡、利益相关者参与决策的制度不健全、界面协商制度不完善更是阻隔了利益相关者特别是弱势群体的政策诉求进入官僚体系层面，导致利益相关者特别是弱势群体在决策过程中的"决策失声"，从而阻滞公共政策正向排斥的实施。总之，政策前台的制度环境、政策后台的博弈格局和界面的互动结构共同阻滞公共政策正向排斥的实施。

结论五：推动公共政策正向排斥须建构民主式政策供给模式。从综合角度看，推动公共政策正向排斥须建构决策权力有效制衡、多元主体平等协商、官僚体系与社会网络有效互动的民主式公共政策供给模式，保障各政策主体特别是各利益相关者以平等的身份在决策舞台上表达、谈判、论辩，保障各政策主体的决策参与权和决策否决权，最大限度地减少利益相关人遭受政策负向排斥的风险，从源头上实现对公共政策负向排斥的有效防范和治理，推动公共政策负向排斥向正向排斥转化。

结论六：政策排斥分析框架在公共服务管理中具有很强的适用性。研究认为，传统的保障性住房政策主要着眼于"谁应得到保障性住房"，而对"谁不应得到"和"谁没有得到"这两个问题关注不够，大大降低了保障性住房管理的有效性。从"谁不应得到"和"谁没有得到"双重视角出发，建构政策排斥的整体性分析框架，对于分析中国保障性住房管理问题具有重要的理论和实践意义。运用此分析框架，构建以制定保障性住房排斥标准、保障性住房的正排斥管理、保障性住房的负向排斥治理及相关配

---

① ［德］黑格尔：《法哲学原理》，范扬、张企泰译，商务印书馆1961年版，第261—262页。

套制度为内容的管理体系是优化中国保障性住房管理的根本路径。本研究所提出的政策排斥整体性分析框架对于优化保障性住房管理具有较强的适用性，但是，对于医疗、教育、社会保障等领域的适用性问题还有待进一步的理论研究与实证检验。

二 建构政策排斥学：公共政策排斥研究的理论空间

作为一个新的概念，建构分析框架是研究的基础工作。与传统的分析框架不同的是，政策排斥分析框架把研究对象直接指向被排斥的对象，重点关注利益受损对象是否"失其应所失"的问题，本书将考察和分析政策排斥的相关理论与方法称为政策排斥学。一个新的学术论域研究对象的具体化最终要落实到厘清锁定的研究内容上。公共政策排斥论的研究内容可从如下六个方面展开（见图7-1）。

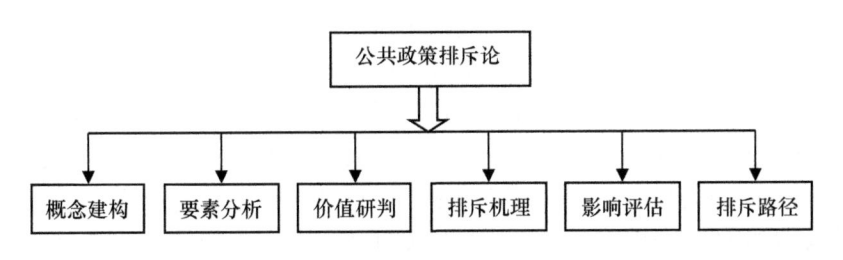

```
                  公共政策排斥论
                        ⇓
    ┌──────┬──────┬──────┬──────┬──────┬──────┐
  概念建构 要素分析 价值研判 排斥机理 影响评估 排斥路径
```

图7-1 公共政策排斥论的研究范畴

第一，概念建构。概念建构就是要界定公共政策排斥的核心概念，建立政策排斥论的概念群。建构规范统一、界定明晰、体系完整、逻辑严密的概念体系，是一个分析框架成熟的标志。构建可信的概念体系是公共政策排斥研究的核心任务。因此，须进一步系统地阐释公共政策排斥的内涵，科学划分公共政策排斥的类型，追溯公共政策排斥的思想源流，揭示其本质，确立区分政策正向排斥与负向排斥的价值界标，探究公共政策排斥的理论基础，努力建构科学准确的公共政策正向排斥与公共政策负向排斥概念体系，为其研究确立基础理论框架。公共政策排斥论的概念体系如下（见图7-2）。

第二，要素分析。要素分析指向影响政策排斥性生成、排斥向度与强

```
                    公共政策排斥论
                   ┌──────┴──────┐
              政策正向排斥        政策负向排斥
```

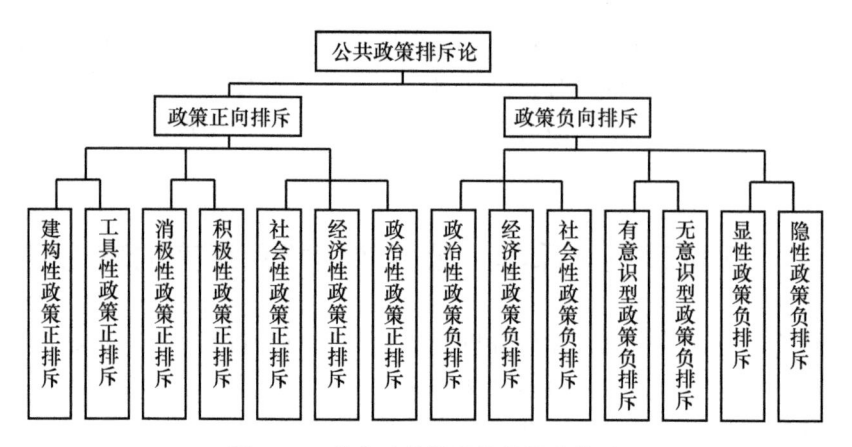

图 7-2　公共政策排斥论的概念体系

（正向排斥分支）建构性政策正排斥、工具性政策正排斥、消极性政策正排斥、积极性政策正排斥、社会性政策正排斥、经济性政策正排斥、政治性政策正排斥

（负向排斥分支）政治性政策负排斥、经济性政策负排斥、社会性政策负排斥、有意识型政策负排斥、无意识型政策负排斥、显性政策负排斥、隐性政策负排斥

度的产生、排斥性政策实施及其后果的各主要因素。需要分析的要素包括政策排斥的主客体，产生排斥的制度背景与政策环境，正向排斥与负向排斥的作用机理及其效应，等等。政策排斥论的要素分析主要涉及制度环境和行动者两个要素。行动者分析就是要研究政策排斥过程中行动者网络的行为动机、行为策略和行为效果。行动者包括排斥主体和被排斥主体，因此，行动者分析既要分析排斥行动的主导者，也要分析被排斥对象，更要研究两者间的关系。导致政策排斥生成运行的主体不仅是政府，还包括各种能够影响政策产生和执行的利益相关群体，特别是能够在政策博弈中起重要作用的人，因此，政策主导者主要包括政策制定者、政策执行者和政策推动者，主要有政府、利益团体、社会组织、媒体、政策企业家等；排斥行动的核心主导者是以政府为主的政策供给者，因为政府作为公共政策法定化主体，在公共政策过程中发挥着主导作用。正如拉雷·N. 格斯顿所言："一份政策制定者的清单还是有益的：它使我们对处在公共政策程序中心的行为者以及潜在权力的行为者变得敏感。"[1] 迈克尔·豪利特等也指出，"行动主体和机构在政策过程中都扮演着重要角色"[2]。强势利益群体是政策排斥行动的参与者，因为政策排斥过程实质上就是各政策主体相

---

[1] ［美］拉雷·N. 格斯顿：《公共政策的制定——程序和原理》，朱子文译，重庆出版社2001年版，第100页。
[2] ［加］迈克尔·豪利特、M. 拉米什：《公共政策研究：政策循环与政策子系统》，庞诗等译，生活·读书·新知三联书店2006年版，第90页。

互博弈的过程，在此过程中，强势利益群体会利用自身对资源的控制、结构位置、行动能力的优势地位，通过各种途径渗入政策过程，影响政策供给，阻碍对自身不利的政策的出台或推动符合自身偏好的政策的施行。除了精英和利益群体，其他利益相关者如政策企业家和媒体也是政策排斥过程的重要参与者。被排斥对象是政策排斥的利益受损者，考察其的利益受损正当与否有助于揭示政策排斥的性质。

第三，价值研判。从本质上说，政策排斥就是一种社会价值分配方式。因此，按照什么价值标准进行排斥就成了判断政策排斥性质的根本依据。在公共政策的生成运行过程中，价值取向决定政策价值分配与资源配置的路向。任何一种政策排斥向度与强度的生成，都是某种价值导向使然。对政策排斥的价值研判就是要研究一项具体的政策是基于何种价值偏好来制定和实施的，以及为何这样的价值能够在政策的制定实施中起到主导作用。研究政策排斥的价值选择不仅是揭示公共政策排斥性质的需要，也是建立政策排斥评价指标体系的需要。政策排斥论是对一般选择理论的研究。把谁列为排斥对象，往往涉及在财富、健康、安全、合法、正义、平等、自由、适当性等价值中做出取舍。因此，政策本身所依据的价值观在政策排斥分析框架中居于极为重要的地位，探讨合法性理论、公共性理论、正义理论、效率理论、社会排斥理论、社会融合理论等与政策排斥的关系构成了政策排斥研究的重要内容。因此，对价值研判的进一步研究不仅是现在，而且在将来都是政策排斥学需要加强的基础工作。

第四，排斥机理。从根本上说，无论是政策正向排斥还是负向排斥，都是政策主导者之间、利益相关者之间、政策主导者与利益相关者之间进行政策博弈的结果。因此，排斥机理应主要研究政策排斥的形成过程以及各政策主体是如何影响政策过程的；探讨何种力量参与，并以何种方式推动政策正向排斥与负向排斥的形成与实施；政策博弈的力量对比、博弈方式起到了何种作用；如何优化政策博弈的动力机制，使之有利于形成政策正向排斥而不利于生成政策负向排斥。具体可从四个方面展开：一是研究政策排斥形成的过程，即政策排斥主导者是通过什么途径把被排斥对象排斥出去的。从政策过程看，政策问题界定、政策议程设置、政策方案制定、政策执行、政策评估、政策终结等都可能成为政策主导者实现排斥目标的途径；二是研究政策排斥形成的自变量。权利和社会机会是政策排斥形成的自变量，人们的某种权利和社会机会被剥夺或被限制将不可避免地导致其被置于被排斥的处境。三是研究政策排斥的因变量。实物、资金、权力、职位、荣誉、服务、尊重等构成了政策排斥的因变量，被排斥对象权利和社会机会的变化，这些因变量也会产生变化。对政策排斥因变量的研究不仅可以考察政策排斥的状态，也有助于分析主导者和推动者影响公共政策的动机，因为利益驱动实际上构成政策主导者和推动者实施行为的动机。四是研究排斥主体影响政策排斥过程的资源和策略。经济资源、政治资源、组织资源、信息资源和关系资源构成排斥主体的资源结构网络；政府掌握对政策问题、政策议程、政策方案、政策合法化的控制权，对政策排斥的方向起决定性的作用。因此，需要研究资源和行动策略是如何影响政策排斥过程这一命题。

第五，影响评估。影响评估主要考察政策排斥行为对被排斥对象和公共生活发展运行产生的影响。政策排斥既是一种过程，也是一种结果或状态，因此，研究政策排斥的影响评估既需要探究如何从宏观上考察一项政策排斥对社会产生的总体性影响，也需要从微观上探究如何考察政策对相关社会成员、阶层或群体所造成的具体影响。其中，包括评价一项正向排斥政策以何种方式，并在多大程度对促进社会公正与提升资源配置效率起到作用；一项负向排斥政策以何种方式，并在多大程度上影响了被排斥对象的生存状态。为此，需要研究进行政策排斥性结果评估的指标体系与评估方法。具体言之，政策排斥的影响评估研究可从以下三个方面展开：一是加强教育、社保、住房、就业、医疗等领域的典型政策排斥研究，特别是要深入开展某些具体政策的正向排斥效应和负向排斥程度的评估研究，为具体政策的负向排斥治理、促进社会公正提出对策；二是加强对某一社会群体的政策负向排斥的针对性研究，开展这类群体的负向排斥程度的评估研究；三是引入定量研究方法，加强政策正向排斥效应与负向排斥评价指标体系的研究。

第六，排斥路径。在资源稀缺的条件下，国家为保障最适当的利益诉求者在其主导的价值框架下"得其所应得"，公共政策排斥成为必要和合理的一种治理方略。纵观政治发展的历史，政治思想、政治身份、家庭出身、经济资本、社会身份、学历资历、能力贡献、公民资格、阶层地位等常常成为利益分配的杠杆与路径，但是，何种路径是正当的？何种路径是不正当的？政策排斥论需要深入地研究。具体言之，主要涉及两个方面。

一是梳理当代中国政策排斥的主要路径及演变趋势,分析排斥路径的公正性和合理性,梳理公共政策排斥的基本模式,总结公共政策排斥的经验与教训,研究运用某一或某些排斥路径的条件。二是依据公正价值标准,揭示公共政策正负向排斥路径的类型、特征,研究如何对负向排斥政策进行调整,以达到纠错矫正的目的;同时,还要制定对政策负向排斥的受损者进行补偿救济的措施,以减少和弥补他们的损失,消解社会矛盾,避免酿成社会冲突。

三 促进合法性与公共性的融合:公共政策正向排斥研究的实践指向

推动公共政策负向排斥向正向排斥转化的根本目标就是要改善公共政策的排斥功能,实现公共政策正向排斥。公共政策的对象指向共同体范围内全体社会成员。公共政策的公共属性决定全体社会成员都有同等的权利享受同等的公共政策。但是,公共政策负向排斥却走向了相反的情形。这种公共政策必然难以实现其合法性目标,因为这种公共政策将不会得到被排斥对象甚至是大部分社会成员的认可而使其合法性大大衰减;同时,这种公共政策也严重背离政策公共性要求,"现代公共管理的公共性决定了两点:一是以公共利益为目标,即公共利益而非统治者的利益,所有合法公民的利益而不是一个或一些阶层的利益;二是要求民主参与价值在公共管理过程中的实现"①。

推动公共政策负向排斥向正向排斥转化的首要目标是实现政策的合法性。一般而言,政策合法性主要由三个维度构成:第一,政策合法性的价值基础,即从人们的价值观、信仰、意识形态等方面获得对公共政策的认同;第二,政策合法性的法理基础,即政策制定和实施必须遵循的法理依据;第三,政策合法性的民意基础,即民众在经验生活中对公共政策的认同感。

在漫长的历史长河中,政策合法性被政策主导者所定义。纵观人类文明发展史,诸多政策负向排斥现象被执政者论证为合理的存在。在前工业时代,以人身依附关系为特征的身份等级型政策排斥尤为突出。例如,在

---

① 黄健荣等:《公共管理新论》,社会科学文献出版社2005年版,第59页。

古希腊，梭伦把公民按照地产和收入的多少分成四个等级，"500、300及150袋谷物（1袋约等于41升），为前三个阶级的最低限度的收入额；只有较少地产或完全没有地产的人，则属于第四等级。一切公职只有三个上等阶级的人才能担任；最高的公职只有第一阶级的人才能担任；第四阶级只有在人民大会上发言和投票的权利"①。在古罗马，塞尔维乌斯·图利乌斯也效仿希腊确立权利与财产关系的模式，即按财产的多少将罗马全体自由居民（贵族和平民）划分为六个等级并确定其不同的权利与义务。到了工业时代和后工业时代，虽然以人身依附关系为特征的身份等级型政策负向排斥基本上已经消弭，但金钱为媒介的资本政策负向排斥仍然存在于公共生活的许多领域。例如，在18世纪的英国，虽然生命权、财产权等基本权利受到法律的确认，但议员仍然是有钱人的特权，每年拥有300镑以上不动产收入的社会成员才有资格当选市镇议员，每年拥有600镑以上土地收入的社会成员才有资格当选郡议员（1711年的英国法律规定），而且，实行选举人等级投票制度，即按照纳税多少，把选举人分三级次序，每一级选举人各选出相同数目的议员。在这一时期，英国的法律也把男女进行区别对待，妻子没有独立的人格，如妇女结婚后，要以丈夫的处所为住所，妻子的婚前财产归丈夫所有，妻子没有处分家庭财产的权利。在法国，1814年宪法规定，缴税超过300法郎的人才有选举权，缴税超过1000法郎的人才有被选举的资格；1875年的宪法规定，军人、妇女都不享受选举权。婚姻家庭领域的男女不平等也深度存在，1804年的《法国民法典》规定，未经丈夫同意，妻子不能处置家庭乃至自己的财产，即使遇到不平等待遇，妻子也不能提起民事诉讼。

　　在封建社会的中国，以人身依附关系为特征的身份等级型政策负向排斥也极为突出。中国封建社会妇女极其低下的地位深刻地反映了身份等级型政策负向排斥的严重程度，例如，政治上，妇女没有参政议政的权利，要隶属男人的统治；经济上，妇女没有独立的财产所有权，不能继承家庭财产，甚至连自己的嫁妆也不能归自己所有；生活上，必须遵循"三从四德"的礼教，不能出去"抛头露面"，被剥夺了最基本的人格自由。到了近代中国，在民主人士和部分民众的奋力抗争下，那种赤裸裸的身份等级型政策负向排斥有所减弱，但资本政策负向排斥也存在于公共生活的各个

---

① 《马克思恩格斯选集》第四卷，人民出版社2012年版，第130页。

结语 负向排斥到正向排斥之间：公共政策排斥议题的研究空间

领域。以选举政策为例，在中华民国时期，只有"有值500元以上不动产或者年纳直接税2元以上者"才具有选举权；1917年北洋政府的选举法修正案更是把这一要求提高到"年纳直接税4元以上或有1000元以上不动产者"，从而把大部分民众排斥在正常选举活动之外；1928—1947年，在"以党治国"观念下，国民党更是干脆停止普通公民的选举权与被选举权。即使在今日之中国，政策负向排斥现象也未彻底清除。由此看来，推动公共政策负向排斥向正向排斥转化的首要条件就是转变政策主导者对政策合法性的认知，确立政策合法性的民意观念，"某种政治秩序被认可的价值以及事实上的被承认"①。

推动公共政策负向排斥向正向排斥转化，离不开政策环境的优化。一方面，要从信息公开、技术、制度等方面创造条件，让多方人员参与，尤其是允许相关社会群体有参与的机会，使之能够充分表达自己的意见，维护自己的利益。另一方面，要持续推动经济发展，不断扩大社会成员基本权利的范围，最大化地满足社会成员的基本需求。只有基本权利得到平等保障，社会成员才能平等参与社会事务。然而，基本权利的实现又需要依赖国家财力的保障，正如有学者指出的那样，国家"救济范围的广狭和救济程度的强弱，不能不受制于国家的财力"②。从满足社会成员的公共服务需求和政策参与双重维度提高社会成员对政策的认同度，有效提升政策的合法性。

推动公共政策负向排斥向正向排斥转化的最终目标是实现政策的公共性。一项政策具有较高的合法性并不意味着其具备较高的公共性，公共性是公共政策追求的更高目标。公共性是公共政策的本质属性，是一种应然状态。从广泛意义上说，公共政策的公共性应该包含以下五个方面：第一，公益性，即公共政策在价值取向上以追求公共利益最大化为依归；第二，公有性，即主权在民，政府理应主动回应社会公共需求以及公众期待；第三，公正性，即公共政策必须致力于维护社会公平，实现公共利益；第四，公治性，即公共决策理应由全体社会成员共同参与；第五，公开性，即必须保证公众对公共决策过程的知情权。因此，政府应致力于增进和弘扬公共精神，使政策最大程度地指向公众的共同利益和根本利益；建构科学的评价机制，以评估政策是否体现公共性，防止政策供给主

---

① [德]哈贝马斯：《交往与社会进化》，张博树译，重庆出版社1989年版，第184页。
② 郝铁川：《权利实现的差序格局》，《中国社会科学》2002年第5期。

体利用公权力去谋取他们自己认定却不被公众认可的所谓的"公共利益";必须以高度的负责精神、担当精神服务社会和增进公众的福祉,并对公众诉求和期望予以积极有效的回应。

然而,一项政策具有较高的公共性也并不意味着其具备较高的合法性,因为如果大部分民众对政策不理解或者目光短浅,即使再好的政策也难以换回民众的认可。因此,在不断增进政策公共性的同时,也要提高公民的素质,加大对政策的宣传,实现政策论辩的常态化,最终实现政策合法性与公共性的归一。

参考文献

一 译著

《马克思恩格斯全集》第一卷,人民出版社1995年版。
《马克思恩格斯全集》第二卷,人民出版社1957年版。
《马克思恩格斯选集》第三卷,人民出版社1972年版。
《马克思恩格斯选集》第四卷,人民出版社2012年版。
[澳]约翰·S. 德雷泽克:《协商民主及其超越:自由与批判的视角》,丁开杰等译,中央编译出版社2006年版。
[德]哈贝马斯:《公共领域的结构转型》,曹卫东等译,学林出版社1999年版。
[德]柯武刚、史漫飞:《制度经济学:社会秩序与公共政策》,韩朝华译,商务印书馆2000年版。
[法]卢梭:《社会契约论》,何兆武译,商务印书馆1996年版。
[法]托克维尔:《论美国的民主》,董果良译,沈阳出版社1999年版。
[古希腊]亚里士多德:《政治学》,颜一、秦典华译,中国人民大学出版社2003年版。
[加]迈克尔·豪利特,M. 拉米什:《公共政策研究:政策循环与政策子系统》,庞诗等译,生活·读书·新知三联书店2006年版。
[美]E. 博登海默:《法理学:法律哲学与法律方法》,邓正来译,中国政法大学出版社2004年版。
[美]本·巴格迪坎:《传播媒介的垄断》,林珊等译,新华出版社1986年版。
[美]查尔斯·沃尔夫:《市场或政府——权衡两种不完善的选择/兰德公司的一项研究》,谢旭译,中国发展出版社1994年版。

[美] 戴维·波普诺：《社会学》（下），刘云德、王戈译，辽宁人民出版社1987年版。

[美] 戴维·伊斯顿：《政治生活的系统分析》，王浦劬译，华夏出版社1999年版。

[美] 戴维·伊斯顿：《政治体系——政治学状况研究》，马清槐译，商务印书馆1993年版。

[美] 丹尼斯·缪勒：《公共选择》，王诚译，商务出版社1992年版。

[美] 道格拉斯·C.诺斯：《制度、制度变迁与经济绩效》，刘守英译，上海三联书店1994年版。

[美] 德博拉·斯通：《政策悖论：政治决策中的艺术》（修订版），顾建光译，中国人民大学出版社2006年版。

[美] 格雷厄姆·E.威尔逊：《利益团体》，王铁生译，五南图书出版公司1993年版。

[美] 汉密尔顿、杰伊、麦迪逊：《联邦党人文集》，程逢如等译，商务印书馆1982年版。

[美] 赫伯特·A.西蒙：《管理行为》，詹正茂译，机械工业出版社2014年版。

[美] 加布里埃尔·A.阿尔蒙德、西德尼·维巴：《公民文化：五国的政治态度和民主制度》，马殿君等译，浙江人民出版社1989年版。

[美] 加布里埃尔·A.阿尔蒙德、小G.宾厄姆·鲍威尔：《比较政治学：体系、过程和政策》，曹沛霖等译，上海译文出版社1987年版。

[美] 凯斯·R.孙斯坦：《设计民主：论宪法的作用》，金朝武、刘会春译，法律出版社2006年版。

[美] 康芒斯：《制度经济学》（上册），于树生译，商务印书馆1962年版。

[美] 拉雷·N.格斯顿：《公共政策的制定——程序和原理》，朱子文译，重庆出版社2001年版。

[美] 罗伯特·D.帕特南：《使民主运转起来》，王列、赖海榕译，江西人民出版社2001年版。

[美] 罗伯特·达尔：《论民主》，李柏光、林猛译，商务印书馆1999年版。

[美] 迈克尔·沃尔泽：《正义诸领域：为多元主义与平等一辩》，褚松燕译，译林出版社2002年版。

[美] 曼瑟·奥尔森：《国家的兴衰：经济增长、滞胀和社会僵化》，李增刚译，上海人民出版社2017年版。

参考文献

[美] 曼瑟尔·奥尔森：《集体行动的逻辑》，陈郁、郭宇峰、李崇新译，上海三联书店、上海人民出版社1995年版。

[美] 诺曼·杰·奥恩斯坦、雪利·埃尔德：《利益集团、院外活动和政策制订》，潘同文等译，世界知识出版社1981年版。

[美] 乔·萨托利：《民主新论》，冯克利、阎克文译，东方出版社1998年版。

[美] 史蒂文·凯尔曼：《制定公共政策》，商正译，商务印书馆1990年版。

[美] 塔尔科特·帕森斯、尼尔·斯梅尔瑟：《经济与社会》，刘进等译，华夏出版社1989年版。

[美] 托马斯·R. 戴伊：《理解公共政策》，彭勃等译，华夏出版社2004年版。

[美] 托马斯·R. 戴伊：《自上而下的政策制定》，鞠方安、吴忧译，中国人民大学出版社2002年版。

[美] 约翰·克莱顿·托马斯：《公共决策中的公民参与》，孙柏瑛译，中国人民大学出版社2005年版。

[美] 约翰·罗尔斯：《正义论》，何怀宏等译，中国社会科学出版社1988年版。

[美] 詹姆斯·E. 安德森：《公共决策》，唐亮译，华夏出版社1990年版。

[美] 詹姆斯·M. 布坎南：《自由、市场和国家：20世纪80年代的政治经济学》，吴良健等译，北京经济学院出版社1989年版。

[美] 詹姆斯·博曼：《公共协商：多元主义、复杂性与民主》，黄相怀译，中央编译出版社2006年版。

[美] 詹姆斯·博曼，威廉·雷吉主编：《协商民主：论理性与政治》，陈家刚等译，中央编译出版社2006年版。

[南非] 毛里西奥·帕瑟林·登特里维斯主编：《作为公共协商的民主：新的视角》，王英津等译，中央编译出版社2006年版。

[以] 叶海卡·德罗尔：《逆境中的政策制定》，王满传等译，上海远东出版社1996年版。

[意] 安东尼奥·葛兰西：《狱中札记》，曹雷雨等译，中国社会科学出版社2000年版。

[英] F. A. 哈耶克：《个人主义与经济秩序》，贾湛、文跃然译，北京经

济学院出版社1991年版。

[英] 安德鲁·埃德加:《哈贝马斯:关键概念》,杨礼银、朱松峰译,凤凰出版传媒集团,江苏人民出版社2009年版。

[英] 安东尼·吉登斯:《第三条道路及其批评》,孙相东译,中共中央党校出版社2002年版。

[英] 安东尼·吉登斯:《批判的社会学导论》,郭忠华译,上海译文出版社2007年版。

[英] 戴维·米勒、韦农·波格丹诺主编:《布莱克维尔政治学百科全书》,邓正来译,中国政法大学出版社1992年版。

[英] 弗里德利希·冯·哈耶克:《自由秩序原理》,邓正来译,生活·读书·新知三联书店1997年版。

[英] 米切尔·黑尧:《现代国家的政策过程》,赵成根译,中国青年出版社2004年版。

二 中文著作

薄贵利:《中央与地方关系研究》,吉林大学出版社1991年版。

陈成文:《社会弱者论:体制转换时期社会弱者的生活状况和社会支持》,时事出版社2001年版。

陈家刚选编:《协商民主》,上海三联书店2004年版。

陈振明主编:《政策科学》,中国人民大学出版社2003年版。

段若鹏等:《中国现代化进程中的阶层结构变动研究》,人民出版社2002年版。

郭玉锦:《中国身份制及其潜功能研究——一个国企的实证分析》,黑龙江人民出版社2002年版。

何增科:《公民社会与第三部门》,社会科学文献出版社2000年版。

胡伟:《政府过程》,浙江人民出版社1998年版。

胡象明:《政策与行政:过程及其理论》,北京大学出版社2008年版。

黄健荣等:《公共管理新论》,社会科学文献出版社2005年版。

黄健荣主编:《公共管理学》,社会科学文献出版社2008年版。

黄少安主编:《制度经济学研究》(总第二十六辑),经济科学出版社2009年版。

孔繁斌：《公共性的再生产：多中心治理的合作机制建构》，江苏人民出版社 2008 年版。

李道揆：《美国政府和美国政治》，商务印书馆 2004 年版。

李惠斌、杨雪冬主编：《社会资本与社会发展》，社会科学文献出版社 2000 年版。

林尚立：《当代中国政治形态研究》，天津人民出版社 2000 年版。

刘祖云：《当代中国公共行政的伦理审视》，人民出版社 2006 年版。

彭和平等编译：《国外公共行政理论精选》，中共中央党校出版社 1997 年版。

乔耀章：《政府理论》，苏州大学出版社 2000 年版。

荣敬本等：《从压力型体制向民主合作体制的转变》，中央编译出版社 1998 年版。

桑玉成：《利益分化的政治时代》，学林出版社 2002 年版。

桑玉成、刘百鸣：《公共政策学导论》，复旦大学出版社 1991 年版。

史卫民、刘智：《间接选举》（上册），中国社会科学出版社 2004 年版。

孙立平：《断裂——20 世纪 90 年代以来的中国社会》，社会科学文献出版社 2003 年版。

陶东明、陈明明：《当代中国政治参与》，浙江人民出版社 1998 年版。

汪丁丁：《经济发展与制度创新》，上海人民出版社 1995 年版。

王传宏、李燕凌编著：《公共政策行为》，中国国际广播出版社 2002 年版。

王连昌主编：《行政法学》，中国政法大学出版社 1997 年版。

吴忠民：《走向公正的中国社会》，山东人民出版社 2008 年版。

伍启元：《公共政策》，商务印书馆 1989 年版。

辛向阳：《百年博弈——中国中央与地方关系 100 年》，山东人民出版社 2000 年版。

严强、王强：《公共政策学》，南京大学出版社 2002 年版。

杨光斌：《中国经济转型中的国家权力》，当代世界出版社 2003 年版。

殷志静、郁奇虹：《中国户籍制度改革》，中国政法大学出版社 1996 年版。

俞德鹏：《城乡社会——从隔离走向开放》，山东人民出版社 2002 年版。

俞可平：《治理与善治》，社会科学文献出版社 2000 年版。

俞吾金：《意识形态论》，上海人民出版社 1993 年版。

袁方等：《社会学家的眼光：中国社会结构转型》，中国社会出版社 1998

年版。

张成福、党秀云:《公共管理学》,中国人民大学出版社2001年版。

张凤阳:《现代性的谱系》,南京大学出版社2004年版。

张金马主编:《政策科学导论》,中国人民大学出版社1992年版。

张康之:《行政伦理的观念与视野》,中国人民大学出版社2008年版。

张维迎:《博弈论与信息经济学》,上海人民出版社2004年版。

张永桃主编:《行政管理学》,南京大学出版社2005年版。

赵德余:《公共政策:共同体、工具与过程》,上海人民出版社2011年版。

朱光磊:《当代中国政府过程》,天津人民出版社1997年版。

三 中文论文

陈光金:《身份化制度区隔——改革前中国社会分化和流动机制的形成及公正性问题》,《江苏社会科学》2004年第1期。

陈国权、付旋:《公共政策的非公共化:寻租的影响》,《中国行政管理》2003年第1期。

陈国权、王勤:《"政府公平"悖论》,《文史哲》2008年第6期。

陈家付:《包容性增长与社会公平》,《学术界》2011年第1期。

陈家刚:《协商民主引论》,《马克思主义与现实》2004年第3期。

陈玲:《官僚体系与协商网络:中国政策过程的理论建构和案例研究》,《公共管理评论》2006年第2期。

陈玲、赵静、薛澜:《择优还是折衷?——转型期中国政策过程的一个解释框架和共识决策模型》,《管理世界》2010年第8期。

陈瑞华:《走向综合性程序价值理论——贝勒斯程序正义理论述评》,《中国社会科学》1999年第6期。

程波辉、雷杨:《中国自贸试验区负面清单实施效果评估——基于2013—2021年负面清单版本的内容分析》,《亚太经济》2022年第6期。

褚松燕:《20世纪90年代以来中国公民资格权利的发展》,《政法论坛》2007年第1期。

崔浩:《功利主义价值取向的公共政策及其实践反思》,《浙江社会科学》2009年第4期。

丁开杰:《"社会排斥"概念:语义考察和话语转换》,《晋阳学刊》2009

年第 1 期。

杜永波：《市场准入负面清单制度与产业法协同性考量》，《中国政法大学学报》2020 年第 4 期。

冯婉桢：《教师职业道德规范的边界》，《教师教育研究》2009 年第 1 期。

龚柏华：《"法无禁止即可为"的法理与上海自贸区"负面清单"模式》，《东方法学》2013 年第 6 期。

郝铁川：《权利实现的差序格局》，《中国社会科学》2002 年第 5 期。

胡象明：《论地方政策的决策模式》，《武汉大学学报》（哲学社会科学版）1997 年第 2 期。

黄健荣：《论现代社会之根本性和谐——基于公共管理的逻辑》，《社会科学》2009 年第 11 期。

黄健荣：《论现代政府合法性递减：成因、影响与对策》，《浙江大学学报》（人文社会科学版）2011 年第 1 期。

黄健荣：《政策、决策及其研究》，《理论探讨》2001 年第 1 期。

黄健荣、钟裕民：《中国政府决策能力评价及其优化研究——以医疗卫生体制改革决策为例》，《社会科学》2011 年第 11 期。

黄少安、宫明波：《论两主体情形下合作剩余的分配——以悬赏广告为例》，《经济研究》2003 年第 12 期。

黄少安：《制度变迁主体角色转换假说及其对中国制度变革的解释——兼评杨瑞龙的"中间扩散型假说"和"三阶段论"》，《经济研究》1999 年第 1 期。

姜国兵等：《论公共决策体制的三种模式》，《四川行政学院学报》2009 年第 3 期。

蒋勤：《马歇尔公民资格理论述评》，《社会》2003 年第 3 期。

揭爱花：《单位：一种特殊的社会生活空间》，《浙江大学学报》（人文社会科学版）2000 年第 5 期。

金太军：《当代西方多元民主论评析》，《中国青年政治学院学报》1996 年第 3 期。

金太军、张劲松：《政府的自利性及其控制》，《江海学刊》2002 年第 2 期。

李成贵：《国家、利益集团与"三农"困境》，《经济社会体制比较》2004 年第 5 期。

李杰、吴永辉：《我国决策模式剖析》，《社会科学研究》2006 年第 6 期。

李路路:《再生产与统治——社会流动机制的再思考》,《社会学研究》2006年第2期。

李强:《改革开放30年来中国社会分层结构的变迁》,《北京社会科学》2008年第5期。

李强:《政治分层与经济分层》,《社会学研究》1997年第4期。

李寿荣:《法律身份的政治歧视对社会公平的影响》,《东疆学刊》2011年第4期。

李月军:《以行动者为中心的制度主义——基于转型政治体系的思考》,《浙江社会科学》2007年第4期。

林曦:《利益相关者管理理论的发展脉络与研究方向》,《学习与实践》2010年第5期。

刘溶沧:《中国经济体制转型与公共政策的重新定位》,《财贸经济》1999年第1期。

刘瑞、吴振兴:《政府人是公共人而非经济人》,《中国人民大学学报》2001年第2期。

刘星:《浅析公共政策中利益与代价的不均衡分布》,《探索》2000年第2期。

刘征峰:《负面清单、透明度与法治规则——兼评我国自贸区外资管理的路径改革》,《暨南学报》(哲学社会科学版)2018年第4期。

陆益龙:《1949年后的中国户籍制度:结构与变迁》,《北京大学学报》(哲学社会科学版)2002年第2期。

马力宏:《论政府管理中的条块关系》,《政治学研究》1998年第4期。

马玉超,刘睿智:《高校学术不端行为四维度影响机理实证研究》,《科学学研究》2011年第4期。

毛寿龙:《引咎辞职、问责制与治道变革》,《浙江学刊》2005年第1期。

宁骚:《中国公共政策为什么成功?——基于中国经验的政策过程模型构建与阐释》,《新视野》2012年第1期。

彭宗超、薛澜:《政策制定中的公众参与:以中国价格决策听证制度为例》,《国家行政学院学报》2000年第5期。

任喜荣:《平等机会委员会与平等权利保护——香港的经验》,《法制与社会发展》2006年第4期。

戎华刚:《高校教师学术道德失范问题的实证研究》,《大学教育科学》

2011年第6期。

汝绪华:《包容性增长:内涵、结构及功能》,《学术界》2011年第1期。

商舒:《中国(上海)自由贸易试验区外资准入的负面清单》,《法学》2014年第1期。

石凯、胡伟:《政策网络理论:政策过程的新范式》,《国外社会科学》2006年第3期。

唐钧:《社会政策的基本目标:从克服贫困到消除社会排斥》,《江苏社会科学》2002年第3期。

唐贤兴、唐豫鹏:《社会转型时期的公共政策:走出短期化的诱惑》,《理论学习月刊》1997年第2期。

陶立峰:《对标国际最高标准的自贸区负面清单实现路径——兼评2018年版自贸区负面清单的改进》,《法学论坛》2018年第5期。

王海明:《平等新论》,《中国社会科学》1998年第5期。

王林辉、董直庆、张屹山:《真实制度的均衡过程:基于非对等资源禀赋的视角》,《制度经济学研究》2009年第4期。

王绍光:《大转型:1980年代以来中国的双向运动》,《中国社会科学》2008年第1期。

王绍光:《中国公共政策议程设置的模式》,《中国社会科学》2006年第5期。

王太高:《公共利益范畴研究》,《南京社会科学》2005年第7期。

魏淑艳:《中国的精英决策模式及发展趋势》,《公共管理学报》2006年第3期。

吴忠民:《公正新论》,《中国社会科学》2000年第4期。

吴忠民:《论机会平等》,《江海学刊》2001年第1期。

武中哲:《"单位"资本与社会分层》,《浙江社会科学》2001年第5期。

谢新力:《从社会排斥的视角分析中国农民政治权利的实现》,《江西社会科学》2003年第10期。

谢宇:《认识中国的不平等》,《社会》2010年第3期。

熊光清:《欧洲的社会排斥理论与反社会排斥实践》,《国际论坛》2008年第1期。

徐湘林:《从政治发展理论到政策过程理论——中国政治改革研究的中层理论建构探讨》,《中国社会科学》2004年第3期。

许章润：《从政策博弈到立法博弈——关于当代中国立法民主化进程的省察》，《政治与法律》2008 年第 3 期。

薛澜、陈玲：《中国公共政策过程的研究：西方学者的视角及其启示》，《中国行政管理》2005 年第 7 期。

杨东平：《高等教育入学机会：扩大之中的阶层差距》，《清华大学教育研究》2006 年第 1 期。

杨光斌、李月军：《中国政治过程中的利益集团及其治理》，《学海》2008 年第 2 期。

杨瑞龙：《我国制度变迁方式转换的三阶段论——兼论地方政府的制度创新行为》，《经济研究》1998 年第 1 期。

洋龙：《平等与公平、正义、公正之比较》，《文史哲》2004 年第 4 期。

曾群、魏雁滨：《失业与社会排斥：一个分析框架》，《社会学研究》2004 年第 3 期。

张军、王邦虎：《从对立到互嵌：制度与行动者关系的新拓展》，《江淮论坛》2010 年第 3 期。

张康之：《走向合作治理的历史进程》，《湖南社会科学》2006 年第 4 期。

张群梅：《集团分利与社会公平——基于奥尔森集团政治视角》，《河南大学学报》（社会科学版）2008 年第 11 期。

张兴华：《对外来工的政策歧视：效果评价与根源探讨》，《中国农村经济》2000 年第 11 期。

张宇燕：《利益集团与制度非中性》，《改革》1994 年第 2 期。

张悦、许永斌：《市场准入负面清单制度与企业全要素生产率》，《财贸研究》2023 年第 9 期。

郑功成：《中国社会公平状况分析——价值判断、权益失衡与制度保障》，《中国人民大学学报》2009 年第 2 期。

郑辉、李路路：《中国城市的精英代际转化与阶层再生产》，《社会学研究》2009 年第 6 期。

郑勇：《反社会排斥：支持弱势群体的政策选择》，《南京政治学院学报》2005 年第 5 期。

钟裕民：《公共政策负排斥的生成逻辑：基于政策供给的视界》，《学海》2018 年第 4 期。

钟裕民、陈辉：《公共政策正向排斥的应然向度：政治哲学的视域》，《学海》2020年第3期。

钟裕民：《政策排斥分析框架及其应用：以保障性住房管理为例》，《中国行政管理》2018年第5期。

周光辉：《当代中国决策体制的形成与变革》，《当代中国史研究》2011年第5期。

周黎安：《中国地方官员的晋升锦标赛模式研究》，《经济研究》2007年第7期。

周林刚：《论社会排斥》，《社会》2004年第3期。

周业安：《中国制度变迁的演进论解释》，《经济研究》2000年第5期。

周叶中、司久贵：《中国公民权利发展的回顾与展望》，《武汉大学学报》（社会科学版）2001年第3期。

周怡：《贫困研究：结构解释与文化解释的对垒》，《社会学研究》2002年第3期。

周玉：《制度排斥与再生产——当前农村社会流动的限制机制分析》，《东南学术》2006年第5期。

朱水成：《公共政策与制度的关系》，《理论探讨》2003年第3期。

竺乾威：《地方政府决策与公众参与——以怒江大坝建设为例》，《江苏行政学院学报》2007年第4期。

四 外文著作

Almond, G. A. and Verba, S., *The Civic Culture: Political Attitudes and Democracy in Five Nations*, Boston: Little, Brown & Co, 1989.

Amartya Sen, *Development as Freedom*, NewYork: Alfred A. Knopf Inc, 1999a.

Arrow, K. J., *Social Choice and Individual Values*, New Haven CT: Yale University Press, 1963.

Benhabib, S. ed., *Democracy and Difference: Contesting the Boundaries of the Political*, Princeton, NJ: Princeton University Press, 1996.

Berghmam, Jos, "Social Exclusion in Europe: Policy Context and Analytical Framework," in Room ed., *Beyond the Threshold: The Measurement and Analysis of Social Exclusion*, Bristol: Policy Press, 1995.

Birkland, Thomas A. , *An Introduction to Policy Process: Theories, Concepts, and Models of Public Policy Making*, New York: M. E. Sharpe, Inc, 2001.

Brain Lund, *Understanding State Welfare: Social Justice or Social Exclusion*, London: SAGE Publications Ltd, 2002.

Burchardt, Le Grand and Piachaud. "Degree of Exclusion: Developing a Dynamic, Multidimensional Measure," in Hills et al. , eds. , *Understanding Social Exclusion*, Oxford: Oxford University Press. 2002.

Byrne, D. , *Social Exclusion in European Cities: Processes, Experiences and Responses*, London: Jessica Kingsley Publishers Ltd, 1999.

David G. Mayers, et al. , *Social Exclusion and European Policy*, Northampton: Edward Elgar, 2001.

David Knoke, *Political Networks: The Structural Perspective*, Cambridge: Cambridge University Press, 1990.

David Marsh and R. A. W. Rhodes, *Policy Networks in British Government*, Oxford: Clarendon Press. 1992.

Elster, John, *Deliberative Democracy*, Cambridge: Cambridge University Press, 1998.

Forester, John, *The Deliberative Practitioner: Encouraging Participatory Planning Processes*, Cambridge, MA: MIT Press, 1999.

Hajer, Maarten A. and Wagenaar, Hendrik, eds. , *Deliberative Policy Analysis: Understanding Governance in the Network Society*, Cambridge: Cambridge University Press, 2003.

John Hudson and StuartLowe, *Understanding the Policy Process: Analyzing Welfare Policy and Practice*, Bristo: The Policy Press, 2004.

Kelso, William A, *Poverty and The Underclass: Changing Perceptions of the Poor in America*, New York: New York University Press, 1994.

Lawrence A Cremin, *American Education, the Colonial Experience*, New York: Harper & Raw Publishers Inc.

Lieberthal Kenneth and Oksenberg Michel, *Policy Making in China Leaders Structures and Processes*, New Jersey: Princeton University Press, 1988.

Lieberthal, K. G. , Lampton, D. M. *Bureaucracy, Politics and Decision Moking in Post-Mao China*, California: University of California Press. 1992.

Littlewood, P. and Herkommer, S., "Identifying Social Exclusion: Some Problems of Meaning," In Paul Littlewood, Ignace Glorieux, Sebastian Herkommer, & Ingrid Jonsson (eds.), *Social Exclusion in Europe: Problems and Paradigms*, Aldershot: Ashgate Publishing Limited, 1999.

Lucian Pye, The Dynamics of Chinese Politics, Cambridge: Elgeschladerl, Gunn & Hain. 1981.

Maesen, L. V. D. and Walker, A., eds., *The Social Quality of Europe*, Bristol: Policy Press, 1997.

Martha C. Nussbaum, *Sex and Social Justice*, Oxford: Oxford University Press, 1999.

Michael Howlett and M. Ramesh, *Studying Public Policy: Policy Cycles and Policy Subsystems*, Oxford: Oxford University Press. 1995.

Paugam, Serge, "The Spiral of Precariousness: A Multidimensional Approach to the Process of Social Disqualification in France," in Room, Graham. ed., *Beyond the Threshold: The Measurement and Analysis of Social Exclusion*, Bristol: Policy Press. 1995.

Percy-Smith, J., "Introduction: The Contours of Social Exclusion," In Janie Percy-Smith ed., *Policy Responses to Social Exclusion*, Buckingham: Open University Press, 2000.

Peterl Hall, *Governing the Economy: The Politics State Intervention in Britain and France*, New York: Oxford University Press, 1986.

R. A. W. Rhodes. *Understanding Governance: Policy Networks, Governance, Reflexivity and Accountability*, Buckingham: Open University Press, 1997.

Room, Graham. "Poverty and Social Exclusion: The New European Agenda for Policy and Research," in Room, Graham ed., *Beyond the Threshold: The Measurement and Analysis of Social Exclusion*, Bristol: Policy Press, 1995.

Sabatier, Paul A. and Kank C. Jenkins-Simth, eds., *Policy Change and Learning: An Advocy Coalition Approach*, Boulder: Westview Press.

Sabatier, *The ories of the Policy Process*, Boulder: Westview Press, 1999.

Sen, Amartya, *Commodities and Capabilities*, Amsterdam, North Holland, Inequality Reexamined, Oxford: Clarendon Press, 1985.

Sen, A. *Social Exclusion: Concept, Application, and Scrutiny*, Asian Development Bank, 2000.

Shawn W. Rosenberg ed., *Deliberation, Participation and Democracy: Can the People Govern?* New York: Palgrave Macmillan, 2007.

T. H. Marshall, *Soeial Poliey*, London: Hutehinson, 1965.

Wang, Fei Ling, *Organizing Through Division and Exclusion: China's Hukou System*, Calif.: Stanford University Press, 2005.

Wilson, William Julius, *The Truly Disadvantaged: The Inner City, The Underclass, and Public Policy*, Chicago: Chicago University Press, 1987.

五 外文论文

Adams, D. and Hess, M., "Community in Public Policy: Fad or Foundation," *Australian Journal of Public Administration*, Vol. 60, No. 2, 2001.

Akihiko Higuchi, "The Mechanisms of Social Exclusion In Modern Society: The Dilemma of Active Labor Market Policy," *International Journal of Japanese Sociology*, Vol. 23, No. 1, 2012.

Andersen, J., "Post-industrial Solidarity or Meritocracy?" *Acta Sociologica*, Vol. 42 Issue 4, 1999a.

Atkinson, R., "Combating Social Exclusion in Europe: The New Urban Policy Challenge," *Urban Studies*, Vol. 37 Issue 5/6, 2000.

Berghmam, "Social Exclusion in Europe: Policy Context and Analytical Framework," in Room ed., *Beyond the Threshold: The Measurement and Analysis of Social Exclusion*, Bristol: Policy Press, 1995.

Bills, et al., "Scaled up 'Safety-net' Schooling and the 'Wicked Problem' of Educational Exclusion in South Australia: Problem or Solution?" The Australian Educational Researcher, 2019.

B. Julia and A. Matern, "Mobility and Social Exclusion in Peripheral Regions," *European Planning Studies*, 2019.

Bonmati-Tomas, et al., "Salutogenic Health Promotion Program For Migrant Women At Risk of Social Exclusion," *International Journal For Equity In Health*, Vol. 18, No. 1, 2019.

Carole J. Petersen, "Equality as a Human Right: the Development of Anti Discrimination Law in Hong Kong," *Columbia Journal of Transnational Law*, No. 34.

Charlene Lebleu and Ashley Steffens, "No Teens Allowed: The Exclusion of Adolescents from Public Spaces," *Landscape Journal*, Vol. 21, No. 4, 2002.

Charles Gore and José B. Figueiredo., eds., "Social Exclusion and Antipoverty policy: A Debate," ILO Publications: International Labour Office, No. 110, 1997.

C. L. Navarro and G. M. Arce, "Revisiting the Concept of Social Exclusion: It's Relevance to Policies against Poverty in Latin America," *Revista Del clad Reformay Democracia*, No. 65, 2016.

C. Sperfeldt, "Minorities and Statelessness: Social Exclusion and Citizenship in Cambodia," *International Journal on Minority and Group Rights*, Vol. 27, No. 1, 2020.

De Melo, et al., "Social Inequalities, Exclusion and Human Rights: Some Elements of Analysis For Tocantins' Reality," *Humanidades & Inovacao*, Vol. 6, No. 18, 2019.

D. Gordon, et al., "Poverty and Social Exclusion in Britain," York: Joseph Rowntree Foundation, 2000.

Done and Andrews, "How Inclusion Became Exclusion: Policy, Teachers and Inclusive Education," *Journal of Education Policy*, 2019.

D. Richter and H. Hoffmann, "Social Exclusion of People With Severe Mental Illness In Switzerland: Results From the Swiss Health Survey," *Epidemiology and Psychiatric Sciences*, Vol. 28, No. 4, 2019.

E. H. Klijn, "Analyzing and Managing Policy Process in Complex Networks: A Theoretical Examination of the Conceptpolicy Network and Its Problems," *Administration & Society*, 1996.

Ekholm and Sol, "Mobilising Non-participant Youth: Using Sport and Culture in Local Government Policy to Target Social Exclusion," *International Journal of Cultural Policy*, Vol. 26, No. 1, 2019.

E. Tuparevska, et al., "Equity and Social Exclusion Measures in EU Lifelong Learning Policies," *International Journal of Lifelong Education*.

Gary Orfield, "Exclusion of the Majority: Shrinking College Access and Public

Policy in Metropolitan Los Angeles," *The Urban Review*, Vol. 20, No. 3, 1988.

Gimenez-Bertomeu, et al., "Empirical Evidence for Professional Practice and Public Policies: An Exploratory Study on Social Exclusion in Users of Primary Care Social Services in Spain," *International Journal of Environmental Research and Public Health*, Vol. 16, No. 23, 2019.

G. Parodi and D. Sciulli, "Disability and Social Exclusion in Italian Households," *Social Indicators Research*, Vol. 144, No. 2, 2019.

Grant Jordan, "Sub-Government, Policy Communities and Networks: Refilling the Old Bottles," *Journal of Theoretical Politics*, Vol. 2, No. 3, 1990.

G. Rodgers, "What is Special about a 'Social Exclusion' Approach?" in G. Rodgers, Charles Gore and José B. Figueiredo eds., Social exclusion: Rhetoric, Reality and Responses, Geneva: International Institute for Labour Studies, 1995.

Hartz-Karp, Janette and Michael K. Briand, "Practitioner Paper: Institutionalizing Deliberative Democracy," *Journal of Public Affairs*, No. 9, 2009.

H. Silver, "Reconceptualizing Social Disadvantage: Three Paradigms of Social Exclusion," in Gerry Rodgers, Charles Gore and José B. Figueiredo. eds., *Social Exclusion: Rhetoric, Reality and Responses*, Geneva: International Institute for Labour Studies, 1995.

Joan Subirats, "Some Reflections on Social Exclusion and Public Policy Response: A Perspective from Spain," Document Prepared for the Seminar on "Good Social Inclusion Practices: Dialogue between Europe and Latin America and the Caribbean," Milan, Italy, March 21-22, 2003.

Kabeer, N., *Social Exclusion, Poverty and Discrimination: Towards an Analytical Framework*, Brighton: IDS bulletin, Vol. 1, No. 31, 2000.

Kabeer, N., "Social Exclusion. Poverty and Discrimination: Towards an Analytical Framework," *IDS Bulletin*, Vol. 31, No. 4, 2000.

Kabeer, N., "The Concept of Social Exclusion: What is its Value-added for Thinking about Social Policy? Paper Predared for the International Conference, Revisioning Social Policy for the 21st Century: What are the Key Challenges?" *Institute of Development Studies, University of Sussex*, October 28-29, 1999.

参考文献

K. Duffy, "Risk and Opportunity: Lessons from the Human Dignity and Social Exclusion Initiative for Trends in Social Policy," *Canadian Journal of Law and Society*, Vol. 16, No. 2, 2001.

K. Heggebo and V. Buffel, "There Less Labor Market Exclusion of People With Ill Health in 'Flexicurity' Countries? Comparative Evidence From Denmark, Norway, the Netherlands, and Belgium," *International Journal of Health Services*, Vol. 49, No. 3, 2019.

K. Lucas, "A New Evolution For Transport-related Social Exclusion Research?" *Ournal of Transport Geography*, Vol. 81, 2019.

K. Rich and L. Msener, "Playing on the Periphery: Troubling Sport Policy, Systemic Exclusion and The Role of Sport in Rural Canada," *Sport in Society*, Vol. 22, No. 6, 2019.

Lovering, J., "Globalization, Unemployment and 'Social Exclusion' in Europe: Three Perspectives on the Current Policy Debate," *International Planning Studies*, Vol. 3, Issue 1, 1998.

L. Serbulo, "The Kind of Things We've Heard Keep People in the District: White Racial Exclusion and the Evolution of School Choice Policies in Portland Public Schools," *Urban Studies*, Vol. 56, No15, 2019.

L. Sochas, "Women Who Break the Rules: Social Exclusion and Inequities In Pregnancy and Childbirth Experiences In Zambia," *Social Science & Medicine*, Vol. 232, 2019.

L. Todman, "Reflections on Social Exclusion: What is it? How is it Different U. S. Conceptualisations of Disadvantage? And, why might Americans Consider Integrating it Into U. S. Social Policy Discourse?" Italy: Social Policy Discourse, 2004.

Manion Melanie. "Policy implementation in the People's Republic of China: Authoritative Decisions Versus Individual Interests," *The Journal of Asian Studies*, Vol. 50, No. 2, 1991.

Markku Jahnukainen and Tero Jarvinen, "Risk factors and Survival Routes: Social Exclusion and a Life Historical Phenomenon," *Disability & Society*, Vol. 20, No. 6, 2005.

Max Weber, *Basic Concepts in Sociology*, Translated and Introduced by

H. P. Secher, Peter Owen Limited, London.

M., Botha, "Translation and Development: Translation and Material Exclusion In South Africa," *Southern African linguistics and Applied language Studies*, Vol. 37, No. 3, 2019.

Mclaverty, Peter and Darren Halpin, "Deliberative Drift: The Emergence of Deliberation in the Policy Process," *International Political Science Review*, Vol. 29, No. 2, 2008.

Melo, et al., large-scale Evaluation Policy: "Education For All" or Exclusion On Behalf of "Quality"? Revista On Line De Politica E Gestao Educacional, Vol. 21, 2017.

N. Kabeer, "Social Exclusion, Poverty and Discrimination: Towards an Analytical Framework," *IDS Bulletin*, Vol. 31, No. 4, 2000.

Parkinson, John, "Legitimacy Problems in Deliberative Democracy," *Political Studies*, Vol. 51. 2003.

Perreira Krista & Pedroza Juan, "Policies of exclusion: Implications For the Health of Immigrants and Their Children," *Annual Review of Public Health*, Vol. 40, 2019.

Peter A. Riach, Judith Rich, "An Experimental Investigation of Sexual Discrimination in Hiring in the English Labor Market," *The B. E. Journal of Economic Analysis & Policy*, Vol. 6, No. 2, 2006.

P. Littlewood and S. Herkommer, "Identifying Social Exclusion: Some Problems of Meaning," in Paul Littlewood, Ignace Glorieux, Sebastian Herkommer, eds., *Social Exclusion in Europe: Problems and Paradigms*, Aldershot: Ashgate Publishing Limited, 1999.

Preece, et al., "The Affordability of 'Affordable' Housing In England: Conditionality and Exclusion In A Context of Welfare Reform," *Housing Studies*, 2019.

Rochefort, David A. and Roger W. Cobb, "Problem Definition, Agenda Access, and Policy Choice," *Policy Studies Journal*, Vol. 21, No. 1, 1993.

Sabharwal, et al., "Hidden Social Exclusion In Indian Academia: Gender, Caste and Conference Participation," *Gender and Education*, Vol. 32, No. 1, 2020.

Saraceno & Walker, "The Importance of The Concept of Social Exclusion," in beck, W., Maeson, L. V. D. &: Warker, A, eds., The Social Quality of Eourope, Bristol: Policy Press, 1997.

Silver, Hilary and Frank Wilkinson, "Policies to Combat Social Exclusion: A French-British Comparison," in Gerry Rodgers, Charles Gore, and Jose Figueiredo. eds., *Social Exclusion: Rhetoric, Reality, Responses*, Geneva: International Institute for Labour Studies, 1995.

S. Kidd, "Social Exclusion and Access To Social Protection Schemes," *Journal of Development Effectiveness*, Vol. 9, No. 2, 2017.

S. Kos, et al., "Policies of Exclusion and Practices of Inclusion: How Municipal Governments Negotiate Asylum Policies in the Netherlands, Territory Politics Governance," c Spaces, Landscape Journal, Vol. 21, No. 4, 2002.

T. Burchardt, et al., "Social Exclusion in Britain 1991–1995," *Social Policy & Administration*, Vol. 33, No. 3, 1999.

T. Hall, et al. "Social Inclusion and Exclusion of People With Mental Illness in Timor-Leste: A Qualitative Investigation with Multiple Stakeholders," *BMC Public Health*, Vol. 19, 2019.

Van Gent, et al., "Exclusion As Urban Policy: The Dutch "Act On Extraordinary Measures for Urban Problems," *Urban Studies*, Vol. 55, No. 11, 2018.

Van Regenmortel, et al., "Accumulation of Disadvantages: Prevalence and Categories of Old-Age Social Exclusion in Belgium," *Social Indicators Research*, Vol. 140, No. 3, 2018.

索　引

B

保障性住房的排斥范围　252,253
保障性住房管理的政策排斥分析框架
　237,239,257
不当得利排除机制　52

C

财产排斥清单　253
长官意志　230,231,235,236

F

负面清单管理　18,24-26,30,81-84,
　89,91,96,98,101,103,104,135-137,
　139-141

G

公共决策评估体系　204
公共决策有效参与模型　214
公共政策的"能力塑造偏差化"　7,15
公共政策的"社会机会封闭化"　7,11
公共政策的权利分配差等化　7,8
公共政策负向排斥　1,2,24,35-37,39,
　67-70,72,74-79,173,212-214,218-
　221,258-261,265,267
公共政策排斥的划分标准　43
公共政策排斥论的概念体系　261
公共政策排斥论的研究对象　46
公共政策排斥性　3,39,41,43,45,263
公共政策正向排斥　1-5,18,24,26,27,
　30,33-37,39,42,43,46,49,51,52,54-
　56,60,80,81,135,136,142,172,174,
　177,181,184,186,187,201,209,210,
　216,220,221,258-260,265
公共政策正向排斥的必要性　57
公共政策正向排斥的合法性　60
公共政策正向排斥的合理性　63
公正　1-5,19,20,22-24,26,28,33,
　35,36,38,40,42-48,51,52,54-59,
　61,62,67,68,72,74,75,102,142,174,
　178,199,204,208,209,212,213,224,
　226,228,237-240,242,244,254,256,
　258,259,264,265,267
公正性审查机制　54,244
官员操控式座谈会　199

J

机械效率观　232

价值排斥型公共政策正向排斥 51

界面 37,154,163,193,198,200,223,224,260

界面协商关系 223

界面协商制度 198,260

锦标赛式政治晋升机制 184,260

精英决策模式 34,151,181,182

剧场理论 153

决策程序 143,156,182,197,203,216,236

决策过程 34,143,145,152,156,162-165,168-170,172,181-183,190,202,203,211,212,217-219,224,228,260,267

决策失误追溯制度 231

K

可行能力 15-18,28

L

利益集团 31,32,73,79,147,148,152,159,161,179,181,187,189,208-210,212,214,221

利益排斥型公共政策正向排斥 49

利益相关者决策参与前置制度 196

M

门槛设置机制 13

民主式政策供给模式 201,260

N

内输入 143,151,201

能力不足型社会排斥 15,27

P

排斥标准设定机制 52

排斥 1-24,26-46,48-54,56-63,65-81,136,137,142,148,152,171,172,174,177-179,181-184,186-188,190-194,197-205,208-214,216,219,220,225,229,230,235,237-244,246-267

片面效率观 231,232

Q

权利不足型社会排斥 27

权利排斥机制 72

全要素效率观 232

R

弱势群体 2-4,8,12,14-18,21,22,26-29,34,35,40,43-45,48,49,54,63,69,70,135,162,172,178,179,187-189,193-196,208-212,215,219,223,226-229,260

S

社会结构型社会排斥 27

社会整体效率观 232
社会政策 3-5,20,21,23,40,73,74,163,178,236,254
身份排斥机制 70
身份鉴别机制 53
身份区隔机制 12
身份主导型政策负向排斥 248,249
双层政策供给分析模型 37,142,146,151,153,154

T

特权制造机制 8
团体决策理论 146

X

宪法秩序 154,156,164,186,187
效率至上观 232
新制度主义理论 143,149,153
信息鸿沟 187,260
行为排斥型公共政策正向排斥 50
行政问责制 183,184,260

Y

研究对象 1,4,23,36,41,45,46,174,258,261
意识形态 9,40,41,51,72,74,77,78,82,87,89,116,137,154,158,164,169,188,265

Z

政策排斥过程 30,214,262-264
政策的非中性 31,32,192
政策风格 154,157,158,164
政策公共性 233,265,268
政策公共性的效率观 233
政策合法性 34,60-63,161,194,195,219,228,265,267,268
政策后台 146,154,159,162,163,165-168,171,172,184,185,193,200,260
政策结构 154,157,164
政策均衡的非中性 191,260
政策评估 2,204,205,214-216,263
政策前后台互动过程 161
政策前台 146,154,155,163,168,171,184,193,200,260
政策网络理论 148,149,160
政策性排斥 3,4,18-23,26,29,30,41,44
政府公共服务职能 208,212,213
政府决策的价值导向能力 225
政府决策能力 225,230
政府决策异化 229-231
政府决策主体 202
政府决策资源动员整合力 226
政府利益协调能力 227
政府政策协调能力 228
制度排斥 3,18-23,26,27
制度非中性 31,32,209
住房保障排斥条件 251
住房困难人群的渐进保障机制 254,255
专家点缀式论证会 199
资本排斥机制 71
资源禀赋决定论 191
资源分配方式 158,159,165
资源稀缺性 31,41

后　　记

经过四年多的努力，《公共政策正向排斥：理论建构与中国经验》一书将要出版了，这是《公共政策负排斥及其治理研究》（此书获国家社会科学基金后期资助项目立项，于2019年10月在北京大学出版社出版）的姐妹篇，是笔者关于公共政策排斥理论研究的第二部专著。

政策排斥是公共政策研究的一个新领域。二战后兴起的政策科学所建构的理论体系致力于探讨"谁得到"的问题，而对于"谁失去"的议题却疏于关注。与传统政策研究强调"谁获得、怎样得到、应不应得到"的话语体系不同，公共政策排斥分析框架反其道而行之，从"谁失去、怎样失去、应不应失去"的话语体系进行研究，提出排斥性是公共政策的基本属性之一。公共政策排斥体现为：或是将某些个人、群体、阶层、地区排除在政策受益范围之外，或是否定、遏止、排斥某种理念、价值或行为。如果被排斥对象是不应当受益政策对象，那么，这种排斥是正向的，是必要的；如果被排斥对象是应当受益政策对象，那么，这种排斥是负向的，是应当加以防范与治理的。

公共政策排斥本质上是一种社会价值分配方式。公共政策正向排斥是必要的、合理的、合法的政策排斥。政府理应充分发挥公共政策的正向排斥功能，将那些不应享受政策益处的个人或群体以及不当观念、价值、行为列入排斥范围，以维护、增进和实现社会公正，促进经济社会发展与公共生活的良性运行。具体言之，一是充分发挥公共政策的利益排斥功能，实现最适当的利益诉求者在国家所主导的价值框架下"得其所应得"；二是充分发挥公共政策的行为排斥功能，实现社会有机体健康发展和社会文明进步；三是充分发挥公共政策的价值排斥功能，保障国家的文化安全和长治久安。

涉及政策排斥主题的研究成果多散见于社会学领域，基本未见政治学视角和公共管理学视角，该议题研究可供参考的文献资料比较缺乏，加之笔者学力不逮，完成这部专著并不容易。在此书即将付梓出版之际，我要感谢很多老师、前辈和学人。

首先，我要特别感谢我的博士生导师黄健荣教授。恩师不仅为学生确定选题提供了极大的帮助，而且提出了"如果一项政策的排斥性有利于促进、实现和维护社会公正，有利于促进资源优化配置及资源配置效率的持续实现，即为公共政策正排斥；反之，则为公共政策负向排斥"等诸多深邃的思想，这些思想成为本书的重要理论基础。十多年来，恩师一直鼓励学生从事政策排斥理论研究，可以说，如果没有恩师的指导、鼓励和帮助，本书难以完成，在此要衷心向恩师表达我的敬意和谢意！

其次，我要特别感谢我的博士后合作导师赵晖教授。感谢赵老师对学生把"公共政策排斥"作为博士后研究选题的支持，也感谢赵老师在百忙之中对专著写作所给予的极大指导和帮助。

再次，我还要特别感谢著名行政管理学家、中国行政管理学会原执行会长高小平研究员为本书写专家推荐表。

最后，该书有幸入选第十一批《中国社会科学博士后文库》，并得到了中国社会科学院的出版资助，在此向资助方和《中国社会科学博士后文库》的评审老师表示深深的谢意。同时，本书还受到了南京师范大学全国民政政策理论研究基地、南京师范大学国家一流本科专业建设点"行政管理"、江苏省重点学科"政治学"和南京师范大学校级重点学科"公共管理学"的研究资助，在此向关心此书出版的领导和同事表示衷心的感谢。

需要说明的是，在政策排斥研究领域，许多方面属于拓荒性的工作，能够借鉴前人的研究成果并不多，加之囿于笔者的学术水平与眼界，书中难免存在疏漏和不当之处，热诚欢迎广大读者和学界同仁给予批评指正，不胜感谢。

钟裕民

2024 年 8 月于随园

附件 2：

第十一批《中国社会科学博士后文库》专家推荐表 1

《中国社会科学博士后文库》由中国社会科学院与全国博士后管理委员会共同设立，旨在集中推出选题立意高、成果质量高、真正反映当前我国哲学社会科学领域博士后研究最高学术水准的创新成果，充分发挥哲学社会科学优秀博士后科研成果和优秀博士后人才的引领示范作用，让《文库》著作真正成为时代的符号、学术的示范。

推荐专家姓名	高小平	电　话	13911127782
专业技术职务	研究员	研究专长	行政改革
工作单位	中国行政管理学会	行政职务	原执行会长
推荐成果名称	公共政策正向排斥：理论建构与中国经验		
成果作者姓名	钟裕民		

（对书稿的学术创新、理论价值、现实意义、政治理论倾向及是否具有出版价值等方面做出全面评价，并指出其不足之处）

　　《公共政策正向排斥：理论建构与中国经验》在国内首次对公共政策正向排斥理论进行系统深入的研究，是中国公共政策研究领域具有重要创新价值的研究成果。本书在区分政策正排斥与政策负排斥的基础上，完整系统地建构了一个公共政策正向排斥理论分析框架，对公共政策正向排斥的具体实践、阻滞因素及其推进路径等进行了深入研究，最后阐释了公共政策正向排斥理论在保障性住房管理中的实践应用。研究创造性地提出了政策排斥性、政策正排斥等基础概念，对公共政策排斥问题的相关研究具有重要的启发意义，具有重要学术价值。本书运用政治学、社会学等多学科的知识及研究方法对主题进行极其扎实的研究，并善于运用典型案例证明理论，达到了较高的学术水准。

　　该成果政治正确，基础概念梳理清晰，学理性强，论述科学深入，逻辑演绎到位，研究方法运用得当，可读性强，是近些年公共政策研究领域少见的优秀成果。该书具有较高的学术、使用和出版价值，相比于同类研究成果，达到了国内先进水平。

　　有鉴于此，特推荐钟裕民博士的著作《公共政策正向排斥：理论建构与中国经验》申报《中国社会科学博士后文库》，建议资助其出版。

签字：高小平

2022 年 3 月 17 日

说明：该推荐表须由具有正高级专业技术职务的同行专家填写，并由推荐人亲自签字，一旦推荐，须承担个人信誉责任。如推荐书稿入选《文库》，推荐专家姓名及推荐意见将印入著作。

第十一批《中国社会科学博士后文库》专家推荐表 2

《中国社会科学博士后文库》由中国社会科学院与全国博士后管理委员会共同设立，旨在集中推出选题立意高、成果质量高、真正反映当前我国哲学社会科学领域博士后研究最高学术水准的创新成果，充分发挥哲学社会科学优秀博士后科研成果和优秀博士后人才的引领示范作用，让《文库》著作真正成为时代的符号、学术的示范。

推荐专家姓名	赵晖	电话	18951891620
专业技术职务	教授	研究专长	政治学理论
工作单位	南京师范大学	行政职务	院长
推荐成果名称	公共政策正向排斥：理论建构与中国经验		
成果作者姓名	钟裕民		

（对书稿的学术创新、理论价值、现实意义、政治理论倾向及是否具有出版价值等方面做出全面评价，并指出其不足之处）

　　该成果为公共政策研究提出了一个新的学术论域，是国内关于公共政策基础理论研究的一部重要著作。本书理论性强，创新性突出，作者在借鉴"社会排斥"和"政策分配"等相关理论的基础上，创造性提出了"公共政策正向排斥"这一命题和理论，丰富了公共政策排斥理论，是对公共政策研究的拓展。研究从规范到实证，对当下中国公共政策正向排斥的实践经验进行了系统分析，深入考察了公共政策正向排斥的阻滞因素与推进路径，对于全面认知公共政策排斥理论具有重要学术价值。

　　该成果政治正确，论点新颖，逻辑论证严密，实证材料丰富，论述深入，富有启示性。与目前学界同类研究成果相比，该书无论在体系内容的设计，还是研究方法的使用，乃至研究深度上，都达到了国内先进水平。

　　有鉴于此，特推荐钟裕民博士的著作《公共政策正向排斥：理论建构与中国经验》申报《中国社会科学博士后文库》，建议资助其出版。

签字：赵晖

2022 年 3 月 17 日

说明：该推荐表须由具有正高级专业技术职务的同行专家填写，并由推荐人亲自签字，一旦推荐，须承担个人信誉责任。如推荐书稿入选《文库》，推荐专家姓名及推荐意见将印入著作。